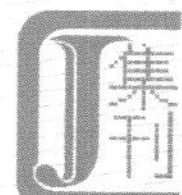

集人文社科之思　刊专业学术之声

集 刊 名：日本文论
主办单位：中国社会科学院日本研究所
主　　编：吴怀中
执行主编：叶　琳

COLLECTION OF JAPANESE STUDIES

2024年第1辑（总第11辑）

集刊序列号：PIJ-2019-365
集刊主页：www.jikan.com.cn/日本文论
集刊投约稿平台：www.iedol.cn

中文社会科学引文索引（CSSCI）来源集刊
AMI（集刊）核心集刊
中国学术期刊网络出版总库（CNKI）收录
集刊全文数据库（www.jikan.com.cn）收录

日本文论

COLLECTION OF JAPANESE STUDIES

1 2024
（总第11辑）

吴怀中 主编

社会科学文献出版社
SOCIAL SCIENCES ACADEMIC PRESS (CHINA)

2024年第1辑（总第11辑）
2024年6月出版

·专题：战后日本文化研究·

·历史篇·

·文学篇·

·思想篇·

·专题：战后日本文化研究·

编者按： 日本文化研究方法在一定程度上会因研究者各自的文化背景、所属国家的现实需求而异。自20世纪80年代以来，日本文化研究者一直在探讨如何打破现代社会科学的“西方中心主义”偏见，基于各自的历史文化经验，创新跨学科、跨国比较研究的方法。本期组织了三篇讨论“日本文化研究方法”的专题文章。传统艺能是日本文化的核心内容之一，川嶋将生认为应从艺能形态与思想背景两个方面强化东亚视域下的国际比较研究，进一步阐释了中国历史文化对日本文化的深刻影响。心理文化学以“心理社会均衡”与“基本人际状态”两个核心概念提供了一个整体把握“人”的模型，其概念工具参考了中国和日本文化对“人”的认知经验。这些概念是对中国等非西方文明经验的一种学理性提升，不仅克服了建立在西方文明经验基础上的现代社会科学的“西方中心主义”偏见，而且更能概括非西方文明社会。形象史学理论是近年来中国学者智慧的结晶，也是国内外文化史学者研究实践的产物。在未来的日本文化研究中，形象史学不仅可以作为一种方法论来运用，还可以作为一种新的历史写作方式和阅读方式，即通过形象化地呈现日本文明发展演进的丰富性与多彩性来立体地还原中日两国文化交流源远流长的风景，为推动中日间新时代文化认同的重构探索一条可能的路径。这三篇文章不仅是对战后日本文化研究的反思，也是对日本文化研究方法颇具开创性意义的探讨，对我们更好地理解日本文化发展，以及如何从事战后日本文化研究都具有理论价值与现实意义。

东亚视域下日本艺能文化的比较研究

〔日〕川嶋将生/著　张建立/译*

内容提要： 艺能文化是日本文化的重要构成部分，也是日本提升国家形象的重要文化软实力资源。跨学科、跨国的比较研究是二战后日本艺能文化研究采纳的主要方法。既有研究成果大多聚焦日本艺能形态方面的国际比较研究。本文通过对史料“河原卷物”的解读，梳理了近代以前日本艺能文化的主要传承者被歧视民众与中国盘古神话之间的关系，阐释加强东亚视域下日本艺能思想背景研究的必要性。此类典型个案研究不仅有助于深化对日本艺能文化的比较研究，而且有助于更多元地理解日本文化的特点。

关 键 词： 东亚视域　日本　艺能文化　被歧视民众　比较研究

引　言

正如《文化艺术基本法》（2000 年法律第 148 号，2017 年 6 月 23 日修订）第三章第十条所规定的那样，雅乐、能乐、文乐、歌舞伎等日本传统艺能是日本文化的重要构成部分，也是日本重要的文化软实力资源。研究日本文化，不能忽略对日本艺能文化特别是传统艺能的研究。在 1945 年以后的日本艺能文化研究领域，无论是对具体艺能形态及传承历史的考察，还是关于艺能文化研究方法的探讨，历任京都大学人文科学研究所所长、京都国立博物馆馆长、日本学士院会员、京都大学名誉教授、日本史研究会艺能史研究会初代代表的林屋辰三郎

* 川嶋将生，立命馆大学名誉教授，主要研究方向为日本社会文化史；张建立，中国社会科学院大学国际政治经济学院教授，中国社会科学院日本研究所研究员，中日社会文化研究中心副主任，主要研究方向为日本文化、日本国民性。

（1914~1998）是业绩尤为卓著者。林屋辰三郎的日本史研究视野广泛，从时代来看，涵盖了自古代至近代的日本；从学科领域来看，遍及政治、经济、文化、古文书学等。其中，最突出的业绩还是在日本文化史研究方面。林屋辰三郎的大学毕业论文题目是“近世初期的游艺研究”，后来又以专著《中世艺能史研究》（岩波书店，1960）获得文学博士学位，由此亦可见林屋辰三郎的主要研究方向是以艺能史为中心的日本文化史。

林屋辰三郎早在1954年岩波书店出版的专著《歌舞伎以前》的序章中就提出开展艺能研究的倡议。他认为，历史研究、文化史研究要加强地方史、部落史和女性史研究。日本艺能的发展离不开地方、部落与女性，全面深入地开展日本艺能研究，有赖于这三个领域的研究内容。另外，林屋辰三郎在其论文《艺能史研究的课题》里又强调了立足于国际视野开展艺能比较研究的必要性。他指出，为了明确日本艺能的真正形态，必须立足于国际视野，开展“艺能比较研究”。①

立足于国际视野开展日本艺能比较研究，对全面深入解析日本艺能无疑是极为重要的，但林屋辰三郎的倡议还仅停留在艺能形态方面的国际比较研究。笔者认为，在此基础上，应该进一步拓展艺能比较研究的视野和内容，对东亚视域下日本艺能的思想背景展开具体考察与分析。如此，不仅有助于深化日本艺能研究，而且有助于更多元地理解日本文化。因篇幅所限，本文拟基于以上问题意识，通过解读史料“河原卷物”，对近代以前的日本艺能主要传承者被歧视民众与中国盘古神话之间的关系进行一个大概的素描。关于盘古神话给予日本宗教的具体影响，学界既有研究尚不是很充分，目前仅见日本横滨市立大学教授松本郁代于2019年在中国社会科学院日本研究所与南阳师范学院共同举办的“中日人文对话”国际学术研讨会上，围绕盘古神话与日本宗教的相关问题，以“中世日本的创世神话解释中体现的国土观”为题做的

① 林屋辰三郎「芸能史研究の課題」、『藝能史研究』第42号、1973年8月；林屋辰三郎「芸能史研究の課題」、芸能史研究会編『日本芸能史　第1巻』、法政大学出版局、1981。

报告。[①] 本文希望通过对“河原卷物”这个具体的案例分析来说明加强东亚视域下日本艺能思想背景研究的必要性。

一 关于“河原卷物”

本文之所以选取了“河原卷物”这个史料，是因为该史料与部落史研究有着密切关系。部落史研究主要是分析和探讨近代以前日本的身份制中被划分为社会最底层、受尽各种各样歧视与蔑视的民众的历史。虽然因时代而异，那些被歧视民众主要是从事日本艺能的传承者，特别是那些从事庆祝新年、祈愿幸福的“千秋万岁（万岁）”等祝福艺能的表演者，以及年末为人们祛除净化一年里附着在家中和身体上的秽气物的“节季候”艺能的表演者。另外，除了特定的节假日外，这些艺能表演者一年四季也会随时走街串巷到各家各户表演应季应景的各种艺能。也就是说，他们宛如人生各种节点转换的润滑剂，近乎一种标识性存在，为人们顺畅地度过日常生活源源不断地提供着助力。

随着时代发展，这些艺能传承者开始逐渐有意识地制作一些主张其所拥有的各种权利由来的文书，借此宣称只有自己才是继承了正根正派贵种谱系的存在。特别是17世纪以后，各地涌现出大量这类文书。近年来学界将这类文书统称为“河原卷物”。也就是说，“河原卷物”并不是对某一件绘卷文书的命名，而是对这种内容类似的文书的统称。历史上的日本社会，在各种各样的领域，一些人为了主张其所拥有权益的正统性，一般会制作一些记述其拥有某种权益的经纬等文书，但这类文书有时会掺杂一些与事实不相符的内容。数量众多的“河原卷物”描绘的内容中与事实不符的就非常多，因而学界一般将“河原卷物”归类于所谓的“伪文书”。现在的历史学研究对这些伪文书的态度发生了

① 〔日〕松本郁代：《中世日本神佛与“盘古”的融合》，熊淑娥译，载刘玉宏主编《中日神话传说比较研究》，社会科学文献出版社，2021。

变化，已不再将其当作不值一顾、完全没有任何价值的东西予以排除，而是分析这样的文书为何会被制作出来？制作这类文书是为了满足制作者哪些需要？通过分析这些文书的制作背景等来探讨这些文书的历史地位。目前关于“河原卷物”比较有代表性的研究著作有盛田嘉德著《河原卷物》（法政大学出版局，1978）、胁田修著《河原卷物的世界》（东京大学出版会，1991）等。

在被歧视民众制作的“河原卷物”中，特别是在如今的近畿地区制作的文书，大体可以分为两大类，即以对祇园社（现在的八坂神社）的信仰为基础的文书与以对石清水八幡宫的信仰为基础的文书。[①] 下文分析以对祇园社的信仰为基础的“河原卷物”。由于原文内容较长，故择其要者予以介绍。[②]

垂仁天皇御判形写

一、本来河原人的氏神，乃是天竺毗舍利国叫作大王缘太郎的神。这个神本为判护天皇的王子。但是，因为这个缘太郎王子经常吃人或者草菅人命，所以释迦牟尼派遣使者责问缘太郎。在五百位佛弟子前，缘太郎进行了申诉。（中略）

一、缘太郎王子，在日本秋津岛（现在的本州）自断手指切割成七段掷出，其中一段手指落在近江国志贺浦（现在的滋贺县），变成人形，其名为粟舍利。其时，近江国有一个古继长者，该长者最为吝啬贪婪。祇园精舍的守护神牛头天王从天竺飞来近江国，将要处罚古继长者时，这个粟舍利的孩子中有个叫苏民将来的，刚好到该长者处拜访。（中略）

一、为牛头天王上的供品是粟饭。现在的日本兵库县播磨国弘岭（广峰）天王的御百膳也用粟饭做供品，其渊源于此。苏民将来的父亲粟舍利居住在志贺浦，成为河原人的先祖。粟舍利向志贺

① 間瀬久美子校注「河原由来書（抄）」、『日本古典偽書叢刊　第 3 巻』、現代思潮社、2004。

② 盛田嘉徳『河原巻物』、法政大学出版局、1978、22-25 頁。

明神表达祝意，对弘岭（广峰）殿也是恭敬有加，将苏民将来奉为冠者殿予以供奉。因此，近江国山王（日吉大社）、京都的祇园殿、播磨国弘岭（广峰）殿，这些都是手艺人的氏神。其中，对于山王廿一社之内的唐崎明神，三条河原彦次郎负责供奉。另外，每年祭祀唐崎明神时，都会安放好神舆，供奉舞蹈等。

（以下略）

另外，在该文书末尾标注的日期为“大宝元庚子年二月八日”，还有“垂仁天皇，左手捺印，右手捺印”的内容。

对以上节选的这个“河原卷物”史料进行全文读解内容会比较长，所以接下来仅对文化史方面的问题略做解析。

该史料开头提到的垂仁天皇是日本神话里出现的人物。大宝元年是阳历701年，干支纪年应该是辛丑年，但该史料中标记的是“庚子年”，所以首先史料的年代就存在问题。而且，为何要强调其与垂仁天皇的关系，理由也不是很明了。

该文章的主语“河原人”，本来含义是指居住在河边原野的人。在日本的中世社会，被称作“河原者”的是一些受歧视的人。这些人从事的工作最初多是土木工程等。到了15世纪以后，又出现了因在庭园建造方面技术优秀而被称为“山水河原者”“庭者”的一些人。到了17世纪以后的江户时代，虽然这些受歧视民众又被从庭园建造工作中排挤出来，但从日本的庭园发展史来看，河原者确实发挥了很重要的作用。另外，前文引用的史料中出现的“细工”与河原者几乎是同义词，经常以“河原细工丸”等表记方式出现于史料中。从史料文献里的出现时间来看，“河原细工丸”反倒比“河原者”出现得早。

二　“河原卷物”之中的盘古神

在“河原卷物”的记述中，那些“细工”“河原人”的祖先被称作“缘太郎王子”。不过，任何日本神话里面都没有出现过“缘太郎王子”这个名字，这是只在“河原卷物”里出现的特有的名字。在其他“河原卷物”中也会偶见关于“缘太罗王子”的记述，所以胁田修推测，这个称呼大概是“秽多”与“旃陀罗”这两个名词的组合。“秽多”是江户时代统治阶级对身份制中被列为社会最底层的人的一种称呼。那个“缘太郎”（缘太罗）是“判护天皇”的王子。[①]“判护”在日本的各类古文献中有多种称呼，如伴护、盘牛、饥吴、饭护、般牛、幡户等，都可以汉字表记为“盘古”。而且，之所以会有“缘太郎”是“判护天皇”的王子一说，我们很自然地会联想到，这大概是受到“盘古”有五个王子这一著名传说的影响所致。

盘古神被定位为“河原者”的先祖，以与牛头天王融合的形象现世。京都的祇园社在近代以前就是以牛头天王为祭神的。在近代日本，由于明治政府推行神佛分离政策，祇园精舍的守护神牛头天王作为佛教的神被排除了，与牛头天王融合的素戋鸣尊被奉为祭神，神社名也由此改为“八坂神社”。根据宽永十二年（1635）刊行的临济宗僧人、京都建仁寺的桂林德昌（1428～?）著《灯前夜话》记载，这个牛头天王在日本被视为与素戋鸣尊是同一尊神，素戋鸣尊与盘古同体，与牛头天王也是同体。[②]

那么，为何会产生这种说法？后人为何坚持如此主张呢？其实，盘古神与牛头天王融合的说法最早出现在《三国相传阴阳管辖簠簋传金乌兔集》（以下简称《簠簋传》）中。尽管关于该书的作者及成书时期诸说纷纭，尚未达成共识，但大多数观点认为，该书大概成书于14世纪，是祇园社内部或者以某种形式与祇园社有交往的祇园社周边的“法师阴阳师”之类人物所著的日历注书。[③] 但是，根据“河原卷物”中盘古神与牛头天王融合现世的记述，可以推导出结论：“河原卷物”的写作受到过《簠簋传》的影响。也就是说，虽然不清楚“河原卷物”的作者究竟是谁，但其作者对于《簠簋传》的内容有一定理解。虽说

① 脇田修『河原巻物の世界』、東京大学出版会、1991、5頁。

② 脇田修『河原巻物の世界』、6頁。

③ 斎藤英喜『陰陽道の神々』、佛教大学通信教育部、2007、188頁。

如此，但不能确定作者就是与祇园社相关或者祇园社周边的人物。之所以这样说，原因在于《簠簋传》是使用假名书写的注释书，这类书在江户时代初期已经大量出版发行，因而可以推测相关知识早已经得到相当广泛的普及。[①]

三　咒术性艺能与盘古神

河原人信仰氏神的祇园社、广峰社、山王社，在日本近代以前的神佛融合时代，皆为天台宗治下的神社。其中，山王社是位于现在的滋贺县大津市坂本的日吉大社，是以信奉通称“日吉权现”神而闻名的神社。作为祭祀到处散落着天台宗延历寺堂舍的比叡山地主神的神社，历史上无论是在宗教方面，还是在政治方面，均产生过非常大的力量。延历寺，毋庸赘言是天台宗的总本山。因此，河原人均以天台宗统治下的神社供奉的神祇为氏神，这充分说明了“河原卷物”与天台宗的关系，尤其是与祇园社存在深厚历史渊源。上引史料中提到的三条河原彦次郎与山王廿一社内的唐崎明神的渊源关系也为此提供了很强的佐证。

三条河原彦次郎是三条河原者。鸭川是南北向流经京都市街东侧的一条河，河畔住着河原者。根据居住区域，不同河原者被称为“三条河原者”“四条河原者”等。在15~16世纪的史料中有很多关于这些河原者与唐崎明神间关系的记述，令人想起《山椒大夫》[②]、《苅萱》[③] 等的同时，也会联想起著名的五部“说经”作品之一的《爱护若》。

说经，本来是为了把佛教的教诲以通俗易懂的方式说给民众听的经文，约在13世纪作为一种面向民众的艺能固定下来。随着“说经”艺能化的进展，作为说唱艺能的“说经节”在16世纪后半至17世纪末迎

---

① 斋藤英喜『陰陽道の神々』、179頁。

② 《山椒大夫》是关于日本曲艺流传下来的山椒大夫传说，讲述安寿、厨子王姐弟俩寻找母亲的故事。

③ 《苅萱》指苅萱传说，又叫“石童丸物语”，讲述青年领主繁氏因妻子意图谋害妾室，导致怀胎的妾室逃亡，心生愧疚出家，取法名为苅萱道心，妾室儿子石童丸找到他后，二人未相认，仅以师徒相称。

来了发展的鼎盛时期。

“说经”的方式一般是使用乐器伴奏，以通俗易懂的内容说唱佛教教义和因果报应等。最初使用的伴奏乐器是竹制的名为“簓”的乐器，17世纪的风俗画中曾描绘过说经者在路旁立起大伞击“簓”说经的情形。后来，伴奏乐器变成了三弦等，说经者站在民众家门前说唱。

随着时代的发展，“说经”的内容开始与各种艺能相结合，如与修验者的祭文结合变成“说经祭文”、受到净琉璃影响变成“说经净琉璃”等，逐渐演变成一种内容丰富且有故事情节的说唱艺能。说经的故事情节中也出现了一些身份地位低的河原人。17世纪中期的后水尾天皇留下了一本书《后水尾院年中行事》。天皇在该书中将座头、敲钵、门前说经、歌念佛、八丁钲、节季候、驱鸟、敲胸等统统都归为“乞食”类，这说明类似工作都是由身份低的人来承担的。著名的五部“说经”作品之一的《爱护若》的故事梗概如下：主人公因拒绝了暗恋自己的继母而被驱逐出家门，想要投奔比叡山的叔父，却又遭到叔父的误解，走投无路之下投身琵琶湖自杀了，后来作为“日吉山王权现”神被祭祀。其故事情节与前文提到的三条河原彦次郎非常相近。浅见彻曾经指出，河原者出现在15~17世纪的故事中的情况并不多。曾经深受日本人喜爱的“辉夜姬”“桃太郎”等昔日故事的主人公多为被共同体所排斥的一些人。[①] 除了“说经”现存最古的作品是17世纪中期的这一信息外，作为具有故事情节的说唱艺能的“说经”作品的形成时期并不明确。

“说经”内容由单纯说唱佛教教义等逐渐发展为与各种内容相结合，特别是与祭文结合的说经，至近世已经到了彼此难以截然区分的程度。而且，今天爱知县北设乐郡的花祭上唱诵的大土公神祭文中，就提到了“盘古大王”“番古大王”。[②] 土公神是阴阳道的土地神。祭祀土地

---

① 浅見徹『玉手箱と打出の小槌—昔話の古層をさぐる—』、中央公論社、1983。

② 「三河花祭祭文」、『日本庶民生活史料集成　第17巻』、三一書房、1972。另外，关于《三河花祭祭文》中出现的盘古，可参见鈴木道子「盤古創世神話と世界卵型話—北設楽花祭祭文をめぐって—」、鈴木道子『奥三河・花祭と神楽—神の詞・人の声—』、東京書籍株式会社、1989。

神的经文还有地神经。地神经是祭祀土地神、家宅神的经文。自 12 世纪《东山往来》以来，地神经也曾被视作疑伪经。但地神经确实是人们在祭奠家宅灶王爷时广泛使用的经文。

到了 15 世纪，出现了琵琶法师唱诵地神经的事例［《看闻日记》应永三十年（1423）八月五日条］。在大和国（今天的奈良县），存在众多的诵读地神经的琵琶法师，这些人都是“以祭祀灶神等咒术性质艺能为中心的盲僧，当时被视为贱民”。[①] 各地都有很多说唱地神经的视觉障碍者，而且他们说唱的地神经都独具特色，各成一派。其中，收录于《日本庶民生活史料集成》第 17 卷“盲僧琵琶”中“筑前玄清法流盲僧史料”的“佛说地神大陀罗尼王子经”开头有这样一段话：“本来如来大神通者，作为一种方便，在国土内自在巡游，在唐土，曾作为幡户大王现世。”另外，萨摩（今鹿儿岛县）、日向（今宫崎县）的常乐院流派的地神经中，也设有“盘古释”这种专门讲述地神来源的内容，其中登场人物有“盘古大王”与 12 个王子。[②]

这类事例很多。在近代以前的日本社会，咒术性质的艺能是支撑人们日常生活必不可少的存在，其中所讲述的盘古神对日本民众而言也是非常亲近的神之一。

结　语

传统艺能文化是日本文化的核心内容之一。研究日本文化，不能忽略对日本传统艺能文化的研究。日本传统艺能文化的主要传承者是受歧视的贱民。既有研究，无论是民俗学研究，还是艺能史研究，其主旨还是在于通过对艺能形态的解析来探讨日本文化的特质，而对艺能传承者贱民本身却关注不足。特别是对贱民在日本社会体系中发挥着怎样的作用或者说日本社会要求他们发挥怎样的作用，以及贱民在日本社会体系

① 奈良市同和地区史的調査委員会『奈良の部落史　本文編』、奈良市、1983、70 頁。

② 増尾伸「『地神経』一郎と〈五郎王子譚〉の伝播—地神盲僧の語り物と土公神祭文・五行神楽の古層—」、『日本文学』第 47 巻第 7 号、1998、33-44 頁。

中的定位等问题，尚未开展充分的研究。恰如诸多先行研究已经证明的那样，贱民拥有的技术和技能、职能是日本社会不可或缺的，贱民本身成为日本社会秩序的重要构成要件，在日本社会的日常生活中，贱民究竟发挥着怎样的社会功能，又是如何来维护其自身的地位与社会角色的?① 本文的讨论或可为之提供一个探讨的思路。

例如，推测成书于16世纪后半的能乐书《八帖花传书》中记述笛子的曲调时，记载了一般认为与之关系不大的盘古大王与其儿子分配遗产的故事，并按照四季进行了解说。② 诸如此例，大概作为一种比喻，作者对以盘古神话为例的权威效果显然还是非常期待的。

对于凭借与盘古神的关系来主张个人出身的纯正性，或者在表演说唱类艺能时，就像不可或缺的开场白一样搬出盘古神的意义，究竟该如何思考为宜呢？大概其这样做的目的之一，就是想要通过强调与外来神之间的连带关系来树立自己或者艺能的权威吧。其结果就是“采取各种方式，援用佛教等外来的知识，巧妙地为土著的神或灵予以定位”。③ 因此，日本的被歧视民众与盘古神话间的关系也在提示我们，日本艺能文化的国际比较研究不应仅停留于艺能形态的比较层面，也应该进一步加强东亚视域下日本艺能的思想背景研究。

（审校：陈　祥）

① 川嶋將生『室町文化論考—文化史のなかの公武—』、法政大学出版局、2008、227頁。

② 『日本思想大系 23　古代中世芸術論』、林屋辰三郎［等］校注、岩波書店、1973。

③ 鈴木正崇「荒神神楽にみる現世と他界」、守屋毅編『祭は神々のパフォーマンス—芸能をめぐる日本と東アジア—』、力富書房、1987。

心理文化学与日本研究*

尚会鹏**

内容提要： 心理文化学以“心理社会均衡”与“基本人际状态”两个核心概念提供了一个整体把握人的模型。心理文化学的概念工具参考了中国和日本文化对“人”的认知经验和两国学者的研究成果，它在整体上把日本人作为“人”这个总模型中的一种亚类型——“缘人”来把握，并探讨这种基本人际状态在集团、交换、情感控制和自我认知四个维度上的特点。心理文化学探索“日本特性”的研究路子在今日并没有过时，因为它在理解诸如日本如何快速融入现代文明社会、日本人的文化认同以及日本社会在现代化过程中出现何种特殊问题等方面能够提供有说服力的解释。

关 键 词： 心理文化学　日本研究　基本人际状态　间人　缘人

心理文化学是近些年中国学者在心理人类学家许烺光①的心理人类学基础上发展、完善起来的一种社会科学理论方法。本文简要介绍心理文化学的核心内容、方法论特点以及如何将这种方法应用于日本研究。

一　心理文化学：源流及核心工具

心理文化学（Psychoculturology）是从心理人类学（Psychological

---

* 本文为华侨大学国际关系学院心理文化学研究团队研究成果之一。

** 尚会鹏，北京大学国际关系学院亚非研究所教授，主要研究方向为文化与国际关系、心理文化学、国际政治理论、日本社会与文化、南亚社会与文化。

① 许烺光（Francis L. K. Hsu），美籍华人，1909 年 10 月 28 日生于辽宁庄河，1937 年赴英国伦敦经济学院攻读人类学，获博士学位，后长期在美国任教，曾担任第 62 届（1977～1978）美国人类学会主席。主要著作有《中国人与美国人》《宗族、种姓与社团》《家元：日本的真髓》《彻底个人主义的省思》等。

Anthropology）分离出来的、采用许烺光倡导的心理与文化相结合的视角和方法从事大规模文明社会比较研究的学问。它使用了两个相互联系的核心概念，试图提供一个用来整体把握人的模型。

第一个概念是“心理社会均衡”（Psychosocial Homeostasis）。心理文化学把人的存在视为一个由人与人、人与物、人与理念、内心世界与外部社会的动态平衡体。该平衡体是一个由内而外共 8 层组成的“场”，依次为无意识、前意识、限表意识、可表意识、亲密的社会关系与文化、作用的社会关系与文化、远离的社会关系与文化、外部世界（见图 1）。心理社会均衡机制是人行为的原动力，人的全部活动的深层根源可以解释为个体在这个“场”中为达到心理社会均衡而不断调整诸层关系的过程。这个“场”的第 3 层（亲密的社会关系与文化）最

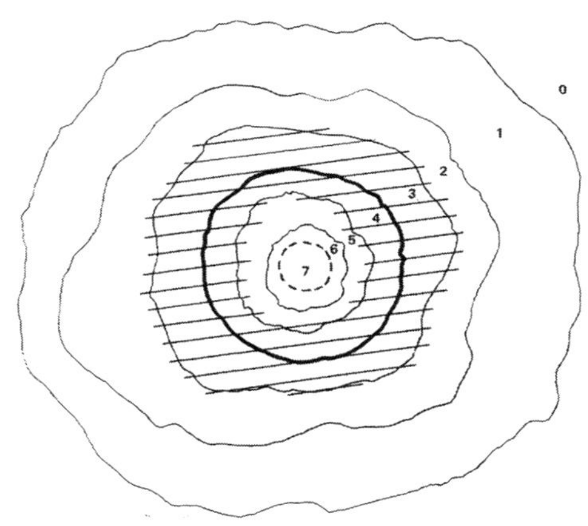

图 1　心理社会均衡图式

注：该图式由内而外分别为：7. 无意识（unconscious），6. 前意识（preconscious），5. 限表意识（unexpressed conscious），4. 可表意识（expressed conscious），3. 亲密的社会关系与文化（intimate society and culture），2. 作用的社会关系与文化（operative society and culture），1. 远离的社会关系与文化（wider society and culture），0. 外部世界（outer world）。需要说明的是，尚会鹏在《心理文化学要义——大规模文明社会比较研究的理论与方法》（北京大学出版社，2013，第 60 页）中，吸收了印度学者阿格·汉达·巴拉特（Age Handa Bharat）的建议，把该图修正为 9 层，增加了最内一层“超意识层”。这里取许氏原图式。

资料来源：此图式由许烺光提出，参见许烺光《彻底个人主义的省思》（许烺光著作集第 9 卷），许木柱译，台北：南天书局，2002；Francis L. K. Hsu，“Psychosocial Homeostasis and Jen: Conceptual Tools for Advancing Psychological Anthropology”，*American Anthropologist*，Vol. 73，No. 1，1971，pp. 23-44。

为重要，心理社会均衡过程可以说主要是在个体人与这一层之间进行的。若这一层出了问题，譬如失去亲人、心爱之物被毁或信仰破灭等，人会动用其他层内容来弥补。若长期得不到弥补，人的心理和行为就会出现问题，严重时甚至会自杀。这一过程称为心理社会均衡过程，遵循的原理称为“心理社会均衡”。“心理社会均衡体”是对人这个“心物交互多维动态平衡体”的模型化，用来从整体上把握人。

第二个概念是“基本人际状态”（Human Constant）。在人这个“场”中，人需要对某些人、某些物和某些文化规范投注更多情感，即每个人都有一个强烈感情依恋的“亲密的社会关系与文化”层（第3层）。这一层由亲密之人、心爱之物和执着之念构成，人的大部分情感需求在这一层中得到满足，其重要程度不亚于空气、水和食物之于人的身体（故又称“生命包”）。第3层与第4层（可表意）加上部分第5层（“限表意识”）和部分第2层（“作用的社会关系与文化”），构成“基本人际状态”，这就是中国的“人”的概念。在中国传统文化语境中，人是在一个关系矩阵中界定的，不是完全自主的个体，而是一种“关系体”。许烺光认为“人”（jen）[①] 这个带有中国文化认知特点的概念可以作为一个分析工具取代心理学的“人格”概念。这里的“人”（基本人际状态），既不是个体人，也不是集团，而是指人的“存在系统”，是一个新的社会科学范式。心理文化学把人视为一个“心物交互多维动态平衡体”，无论哪一种文化中的人，都要与某些特定的人、物和理念（它们构成“心理社会均衡”的第3层内容）构成一种存在系统，这就是“基本人际状态”。但在不同文化中，人的第3层构成是不同的，个体与此层的均衡模式也不同，故形成不同的“基本人际状态”类型。心理文化学对这个概念做了进一步补充和完善，将其作为大规模文明社会比较研究的基本单元与解释人的行为和文化的关键工具。人类

① “jen”是汉字“人”的威妥玛式拼音，由于许烺光最早提出了这个概念，按照约定俗成原则，这里仍用 jen，而不用现代汉语拼音 ren。参见 Francis L. K. Hsu，“Psychosocial Homeostasis and Jen：Conceptual Tools for Advancing Psychological Anthropology”，*American Anthropologist*，Vol. 73，No. 1，1971，pp. 23-44。

社会依据“基本人际状态”的类型分为两大系统，即强调个体性的“个人系统”和强调人的相互性的“间人[①]系统”，每一大系统下又分为若干亚类型；人不是被分割成经济、政治、心理等不同方面来把握，而是从“基本人际状态”的四个维度——集团、交换、情感控制和自我认知进行把握的。心理文化学把人的存在视为一种“场”，认为不同的基本人际状态下的人有不同的“生命包”类型，个体获得的安全感、心理社会均衡的难易程度是不同的，实现“心理社会均衡”的手段和方法也不同，由此决定了一个族群的文化特性。与“国民性”概念不同，基本人际状态分析的与其说是某种实体，是一种动态均衡过程，将其理解为“在某一特定的文化背景下出现某种心理社会动态均衡模式的可能性”或许更妥。

心理文化学在方法论上有以下几个特点。

第一，重视比较的方法。心理文化学可以说是一门大规模文明社会比较的学问。它重视比较研究方法是基于这样一种判断：人类社会不像自然现象那样可通过精确测量来把握，对社会的大部分认识主要是基于比较。比如，一个国家的民主化程度、不同种族之间的紧张情况以及对异教徒的宽容程度等均无法测量，都只能是比较而言、相对而言。文明的特点只有通过比较才能认识，才能避免种族自我中心主义错误。心理文化学重视比较方法还基于人类一种普遍的日常经验，即我们通常是在有意或无意中使用比较方法认识社会和认识我们自身。为了将比较方法提升为一种相对严谨的社会分析方法，心理文化学对此方法做了若干限定。①为保证对象的可比性，用来比较的必须是大规模文明社会。②对文化体系做整体性比较而不是某种文化要素的比较。③用来比较的单元必须是统一的。“基本人际状态”就是用作比较的基本单元，其四个维度——集团、交换、情感控制、自我认知亦可用来比较。此外，用来比较的还有“心理文化取向”“文化理

① “间人”是日本学者滨口惠俊利用汉字创造的一个词语，指一种相对于“个人”的人类的另一大类“基本人际状态”。更多内容可参阅濱口惠俊『日本研究原論—「関係体」としての日本人と日本社会—』、有斐閣、1998。

想”等。④有严格的变量控制。不是只选择对结论有利的资料或方面进行比较。这种严格的限定在较大程度上避免了操作中的随意性，将比较研究置于受控、可靠的基础之上。心理文化学的一些重要假设主要是通过比较得出的。由于大规模文明社会具有丰富的文献记录，同时也因整体把握的需要，文化人类学最重要的田野调查方法并不是心理文化学的主要方法。

第二，“整体人”的研究方法。现代社会科学采用“个人”与“社会”二元对立的视角把握人和社会，人被视为孤立的单元。事实上，人的存在是一种“心物交互多维动态平衡体”，在中国传统文化语境中，“人”是在一个关系矩阵中界定的，不是“完全自主的个体”，而是一种“关系体”。许烺光认识到中国文化这种对人的认知经验的重要性，认为“人”的概念更接近人存在的事实，可作为一个分析工具取代心理学的“人格”概念。心理文化学十分重视许氏的这一呼吁，并对“人”（基本人际状态）这一概念做了两点补充。一是将“基本人际状态”分为不同类型。按照文化对人的两大基本属性——个体性与相互性——重视程度不同，人类演化出两大类型的生存系统，即强调人的个体性、弱化人的相互性的“个人系统”和强调人的相互性、弱化人的个体性的“间人系统”。每一大类型又分成若干亚类型，如“个人系统”有现代欧美型、古希腊型、古以色列型；“间人系统”则有中国、印度和日本等亚类型。另一个补充是把“基本人际状态”划分为四个维度，即集团维度、交换维度、情感控制维度和自我认知维度，这几个维度的结合与相互影响构成了“整体人”。经过这样的补充，“人”这个“心物交互多维动态平衡体”便成为一种可操作的社会科学范式。以“人”（基本人际状态）为基础，心理文化学提出了若干富有特色的分析工具，如“个人”“间人”“伦人”“缘人”“阶序人”等。心理文化学通过对“人”这个概念的阐释和应用使中国的文明经验得到学理性提升。

第三，重视“心理社会均衡”过程的动态分析方法。如前所述，心理文化学从“国民性”研究发展而来，带有心理学特色，但“国民性”概念强调人的内部世界，“基本人际状态”概念则更强调在社会文化的“场”中把握人的心理与行为，[①] 重点考察人的心理、行为模式与文化的关系。“基本人际状态”的四个维度中有两个维度涉及人的心理方面，其中情感维度决定人的价值选择，规定生活的意义，自我认知维度与情感控制维度相互影响，构成“基本人际状态”的内形象。与弗洛伊德精神分析学派不同，心理文化学并不把心理力量视为人的行为的本源，它趋于认为人的行为的基本原理既非单纯心理性的亦非单纯社会、经济性的，而是一种心理与社会原理结合。将心理文化学视为一种采用新视角、新工具，带有中国文明经验痕迹的新版本“国民性”研究或无不当。[②]

二　心理文化学视角下的日本研究

心理文化学是大规模文明社会比较研究的学问。日本是开展心理文化学比较研究的几个大规模文明社会中的一个，对日本人和日本文化的认识构成心理文化学的重要组成部分。心理文化学对日本的认识可简要概括如下。

从心理文化学视角来看，日本的“基本人际状态”类型是“缘人”，它是“间人”的一个亚类型。这种“基本人际状态”的集团特点是：亲属成员既包含亲属集团（家族）中的成员，也可能包含非亲属成员，成员的资格并非绝对，而是以一种拟亲属资格与亲属成员生活在一起。主要的次级集团是以一种半血缘、半契约的原理即“缘-约原理”（kin-tract[③]

① 假设将心理文化学对人的认识类比为现代物理学的量子观对基本粒子的认识，那么人的相互性类似粒子的波动性，人的个体性类似粒子性，在“场”中把握人的两种属性类似现代“量子场”论把握粒子的方法。关于这一点，笔者拟另撰文详述。

② 关于心理文化学的详细内容，另可参阅尚会鹏《心理文化学要义：大规模文明社会比较研究的理论与方法》，北京大学出版社，2013。

③ “kin-tract”一词是由学者托马斯·罗伦（Thomas Rohlen）创造的，由“kinship”（亲属）和“contract”（契约）构成。具体内容参阅 Thomas Rohlen，“The Company Work Group”，in E. F. Vogel，ed.，*Modern Japanese Organization and Decision-Making*，University of California Press，1975。

principle）构成。在交换维度上，人与人之间占优势地位的交换模式是“好意优先型”（思いやり優先）。这种交换模式的特点是优位者自发地施恩于劣位者，后者以报恩的方式永久还报，人际关系分为“身内”（miuchi）、“仲间”（nakama）、“他人”（tanin）三个圈子，实行不同的规则。在情感控制机制上，“缘人”与中国人的情感控制机制一样都是“抑制型”，但与中国人的情感控制机制不同的是，个体没有那么大的内在完善的压力，对道德要求的内化程度也不高，人的非理性、非道德的自然情感亦被视为“人情”的表现。在自我认知维度上，“缘人”是“自他协调型自我”，也是一种“互倚型自我”，不过与中国人的自我类型相比，这种自我类型具有“个我”与“群我”融合程度更高以及“表我”与“里我”熟练切换的特点。“缘人”的“生命包”具有一定的动态性，个体需要采用一定多样性的手段获取“心理社会均衡”。

可知，心理文化学也是采用整体把握的方法来认识“日本特性”（日本らしさ），这一点与“国民性”研究学派相同。但与那种试图用一两个关键词概括日本人行为规律的“国民性”研究不同，心理文化学用“基本人际状态”取代“国民性”概念。基本人际状态是人的“生存系统”，也可以称为社会人的“生命系统”。在心理文化学语境下，所谓“日本人的国民性是什么”转换成了“日本是怎样一种生命系统”的问题。“缘人”这种日本人的“生命系统”上记录着人的行为密码。对“基本人际状态”四个维度的分析类似对“文化基因”解码[①]。它使日本人的社会集团、人与人的交换模式、情感控制的文化机制以及自我认知的特点构成一个自洽的体系，有更牢固的科学基础。

心理文化学理论是在借鉴中国、日本等非西方社会的文明经验和非西方国家学者研究成果基础上建立起来的。中国和日本都使用“人”这个汉字，但无论是在中国还是在日本的文化语境中，“人”这个字都没有“个人”的含义，都不是“个体”而是一种“关系体”（日本语

① 更详细内容可参阅尚会鹏《日本“文化基因”解码》（上、下卷），社会科学文献出版社，2017。

言中的人表示为“人间”，发音为“ningen”）。许烺光高度评价了中国和日本文化对人的认知，提议将“人”作为一个新的社会科学分析工具取代“人格”概念。日本学者滨口惠俊注意到许氏的这个提议，受这个提议的启发，思考日本人和西方人的基本生存状态，提出了与西方的“个人”（the individual）相对应的“间人”① 概念，用于指称日本的“基本人际状态”。其实，除了日本社会，中国、印度等其他许多非西方社会也属于这种“基本人际状态”。作为“基本人际状态”的“个人”强调的是“个”（个体），而作为“基本人际状态”的“间人”强调的是关系（“间”）。这是日本学者对“基本人际状态”分类的一个重要贡献。心理文化学吸收了“间人”这个概念，用于指称与“个人”相对应的人类另一种基本人际状态。心理文化学中以汉字的“人”为词根的概念工具（如“伦人”“缘人”“阶序人”“极致个人”等）也都参考了中国和日本的文明中对“人”的认知经验。从这个意义上说，这些概念是对中国、日本等非西方文明经验的一种学理性提升。在心理文化学视角下，西方社会的“个人”只是一种特殊的生存方式（基本人际状态），“个人社会”与“间人社会”被置于同一个平台之上，其文明经验受到同等对待。在此视角下构建的理论克服了建立在西方文明经验基础上的现代社会科学的“西方中心主义”偏见，更能概括非西方文明社会。

三 心理文化学与“日本特征”的探索

第二次世界大战后，“国民性”研究因受到批评而衰落。它受批评的一个重要原因是其整体的、本质主义的研究方法太简单、绝对，无法解释复杂的人类行为。在后现代主义、解构主义盛行的今天，本质主义的方法受到广泛的质疑。作为新版本的“国民性”研究的心理文化学，

① “间人”的英语表述为“the contextual”，与该词相联系的还有“间人主义”和“间人社会”。更多内容可参阅濱口惠俊『日本研究原論—「関係体」としての日本人と日本社会—』、有斐閣、1998；濱口惠俊『日本らしさの再発見』、日本経済新聞社、1977。

也是一种整体的、本质主义的研究方法。这就产生了一个问题：采用心理文化学的方法研究日本还是否有效？

必须承认，现代科学得益于本质主义的认识方法，本质主义仍是我们今天认识世界的重要方法。人类文化存在类似生物基因一样的东西，它跨个体、跨时代、跨地域，不那么容易变化，起着使社会文化保持一致性的作用。概括这种相对固定的文化因素，不仅是必要的，在方法上也是可行的。在生物学上，人类属于同一个种属（人科—人属—智人种）；在文化上，人类文化分为不同类型，人类的差别主要是文化差别而非生物意义上的差别，属于同一类型文化的人，事实上形成人类文化意义上的“亚种”，如中国人、印度人、日本人、美国人等，都是指文化意义上的差别。“基本人际状态”形成一种文化的内核，具有稳定性和连续性。只要这个世界上存在不同的文化群体，存在文化意义上的亚种，求解群体背后行为原理的探索就不会停止，本质主义的解释就仍有效。

“国民性”研究自二战后整体上衰落了，但日本似乎是个例外。在日本，对其“国民性”的研究以“日本人论”的形式一直盛行，出现了形形色色的“日本人论”，如“集团主义”、滨口惠俊的“间人主义”论、中根千枝的“纵式社会”（タテ社会）理论、土居健郎的“Amae”（甘え）理论、阿部瑾也的“世间”理论、河合隼雄的“母性文化”论以及韩国学者李御宁的“收缩式日本人”（縮み志向の日本人）等。客观地说，许多所谓“日本人论”简单、粗糙，有的只是抓住某一现象，用一两个特殊词语概括整个日本人和日本文化，并没有超出鲁思·本尼迪克特的“日神型文化”“酒神型文化”[①]那样的概括。尽管如此，在日本，一种“日本人论”出现，立刻会流行，关于“日本人论”的书会成为畅销书，同时也会受到世界的特别关注。

带有本质主义方法论特点的“日本人论”在日本长盛不衰，笔者

① “阿波罗型”（日神型）和“狄俄尼索斯型”（酒神型）是美国人类学家鲁思·本尼迪克特在其著作《文化模式》（*Pattern of Culture*，1934）中提出的概念。哲学家尼采在研究希腊悲剧时使用过这两个概念。

认为有以下几个原因。

第一，人们对整体性认识事物的需要。现代社会科学分工越来越精细，分门别类的知识积累越来越多，但这无法代替对人的整体性把握。日本文化和日本人有什么特性？难道把关于日本经济、日本政治、日本社会、日本历史、日本艺术等学科的知识加起来就等于整体的日本或日本人吗？显然不是。整体不等于部分之和，无论关于日本的各学科的知识积累多丰富，都代替不了对日本社会或日本人的整体把握。整体认识一个社会或一个文化群体需要特殊的把握方法。“国民性”研究的衰落是因为方法不当，并非因为人们不需要对一个文化群体的整体性认识。不仅日本需要整体性认识自己，日本以外的人也需要以这样的视角认识日本人，“日本人论”的盛行就满足了人们的这种要求。心理文化学可以说是一种参考了中国和日本文明经验的特殊的“日本人论”，心理文化学提出了一套整体把握日本人的方法和分析工具以及基于这种方法的新知识，它把日本的“基本人际状态”视为日本人的“生存系统”，将对“日本特性”的探索置于更科学的基础之上。

第二，这种研究方法对一些问题具有解释力，至少在下面的一些问题上，带有整体性和本质主义特点的解释是有说服力的。

①日本社会接受现代文明的过程。日本在引入现代西方制度上较为成功，这可以结合日本人的“基本人际状态”的特质进行解释。心理文化学的解释是：日本的亲属体系具有一定的弹性，家族中的“非长子”被排斥在亲属集团之外，个体的“生命包”具有一定不稳定性，个体获得“心理社会均衡”需要采取一定的动态、多样的手段。它的半契约、半血缘的连带原理（“缘-约原理”）允许人们以某种后天获得的资格缔结关系亲密的集团，这些特点对于吸收现代文明的经验比较有利。

②日本人的身份认同问题。日本“脱亚入欧”“脱欧返亚”等提法，体现了日本人的身份认同问题，今日仍然存在。战后日本经济快速发展，一跃成为世界经济大国，一部分日本学者觉得日本能够克服西方“个人主义”的弊端，创造出比西方更为先进的文明成就。一方面，日

本的传统文化没有阻碍其现代化发展；另一方面，文明的变化是在已有基础上进行的适应性演化，旧的东西不可能完全消除。日本接受了西方的制度，但并没有变成美国人或法国人。从日本人自我的特质解释起来是有说服力的，即日本人“自他协调型”自我具有更大的不确定性特点，在这种自我的形成过程中，个体对外部的压力更为敏感，能够随时调整自己的行为。

③日本社会在现代化过程中出现的特有问题也必须采用某种本质主义视角才能解释。例如，日本社会的“个人化”问题，日本没有出现欧美国家的独立、自由的“个人”，而是出现了诸如社交恐惧症、“宅家族”等日本特有的问题，著名的“森田病”就是与日本人“心理社会均衡”模式有关的心理问题。

第三，以探索“日本特征”为主旨的“日本人论”在日本长盛不衰还有其自身的一些特殊原因。日本是第一个融入现代文明的非西方社会。它成为一个“东方的西方国家”，“一身而兼二任”。这种独特性不仅引起西方世界也引起日本对自身的兴趣。正像猴群里跑来了一头鹿，不仅众猴惊诧，鹿自身也感到诧异。因此，无论是日本人自己还是日本以外的世界，都对何为“日本特征”的问题表现出高度兴趣，都有一个更为迫切的“日本人是谁”的文化认同问题。日本是由地理位置单一的民族构成，历史上较少动荡，民众的同质性强。日本社会是大规模文明社会中的“简单社会”，这使整体把握国民性、概括出某种特征操作起来更容易一些，故日本成为人类学整体性研究的理想范本，这方面的研究积累也十分丰富。

探索文化特质的本质主义方法不仅仍适用于研究日本，这种方法在社会科学的各个领域亦可以提供有说服力的解释。例如，如何解释现代文明出现在欧洲而不是世界其他地方？这与西欧“个人”这种独特的“基本人际状态”的特点有关：自由市场经济、民主制度以及个人主义价值观都可解释为“个人”这种“基本人际状态”的逻辑发展。再如，为何非西方国家接受现代文明有快有慢，有的甚至至今仍在抵抗，也需要从文明的本质来解释。当前世界面临的民族、宗教冲突似乎在验证亨廷顿的“文明冲突”预言，而认识这种冲突无法离开对文明特质的把握。只要文化、民族、宗教差异存在，至少某种程度的本质主义方法还是需要的，强调文化差异、探索“日本特征”的心理文化学就仍有发挥作用的空间。

需要说明，心理文化学对“日本特征”的强调并非说日本文化和日本人是怪异的、另类的。每种文化都是特殊的，日本文化的特殊性并不比其他文化的特殊性更强，心理文化学只是从一个更普遍的视角看待这种差异，探讨“日本特征”只是有利于分类和理解事物，为辩证思考事物提供一个对比的基础。心理文化学不反对文化具有一些共同的特性，不否认文化的变化以及文化内部存在巨大的差异，只是由于研究需要，冻结了这些因素。每种社会科学理论学说都是对研究对象的一种建模，本质上都是对世界的一种简化，都是提取或强调对象的某部分信息而忽略或冻结另一部分信息，故而必定存在局限性。心理文化学作为众多理论学派中的一种，也具有局限性，它自身也在探索和完善，它对日本的解释也只是提供了一种可供选择的认识日本人和日本社会的途径。

（审校：张耀之）

浅议形象史学在日本文化研究中的运用

张建立*

内容提要： 日本文化研究的境遇，往往因日本国力消长而忽冷忽热；关于日本民族人种的评价，也常常因日本国力兴衰而忽优忽劣。20世纪80年代末、90年代末以及21世纪20年代末关于日本文化研究方法的三次集中讨论，也与日本社会经济发展有着密切联系。日本文化研究在一定程度上因国家、文化背景不同而异。跨学科、跨国比较研究等方法倡议由来已久，但具体落实尚有待细化。历史遗留下来的实物和图像既是文化表现形态，又是历史生成和展演的一个方面。随着文化史研究进一步深入，发掘实物和图像本身的历史意义与文化价值已成为新的趋势。从日本学者的“绘画史料论”“风俗绘画的文化学”，到近年来由中国学者提出的基于中国历史文化经验的形象史学理论，对于深化日本文化研究而言，可谓应运而生的跨学科研究的理论方法。

关 键 词： 日本文化　绘画史料论　风俗绘画的文化学　形象史学　跨学科研究

在既有的日本文化研究成果中，无论是关于日本文化形态论，还是关于日本文化形成论，历史学的研究方法一直是比较通用的方法。而且，各类研究成果多是依据历史文献中的文字类材料，对日本文化进行静态性研究。毋庸赘言，历史文献不仅仅限于文字材料，还包含形象材料。所谓“形”，指用于分门别类的载体本身以及与之相关的历史遗迹等实物材料；所谓“象”，指依附于各类实物载体而存在的图像材料。

* 张建立，中国社会科学院大学国际政治经济学院教授，中国社会科学院日本研究所研究员，中日社会文化研究中心副主任，主要研究方向为日本文化、日本国民性。

历史上遗存下来的丰富多彩的“形象材料”，作为古人的文化财富与历史构成要件，是各个时代的社会风俗、文化礼仪、政治制度、宗教信仰、民族习惯等多方面的重要信息载体。对日本文化做静态解析固然重要，通过援图入史、以图证史，将日本文化看成一个过程，把各类“形象材料”归位于其所产生的时代与空间，对日本文化价值和社会功能进行还原性重构，则不仅能增进对日本文化的精准认知，还有助于完善日本文化研究的历史学方法。

一　日本文化研究方法的现状与课题

日本文化研究的境遇，往往因日本国力消长而忽冷忽热；关于日本民族人种的评价，也常常因日本国力兴衰而忽优忽劣。当日本的国力不是很强大时，关于日本民族劣根性、日本文化劣等的言论就会相对多一些。比较极端的例子，如森有礼就曾主张废除日语而改用英语为国语[①]，甚至还出现了希望增加日本女性与西洋男人通婚来改良日本人种的论调[②]。反之，当日本国力昌盛时，日本国民性特殊论、日本民族文化优秀论又会甚嚣尘上。[③] 战后以来关于日本文化研究方法论的探讨主要集中在三个时期，其演变进程也与日本经济发展有着很大的关联。第一个时期是日本泡沫经济濒临破灭的20世纪80年代末期，第二个时期是日本泡沫经济破灭后的20世纪90年代末期，第三个时期是日本第二经济大国地位于2010年被中国取代之后的21世纪20年代末期。

（一）20世纪80年代末期的日本文化研究方法讨论

20世纪80年代是日本泡沫经济催生的日本国民性特殊论、日本民族文化优秀论仍大行其道的时期，很多学者受到韦伯《新教伦理与资本主义精神》的启发。关于日本文化研究方法论的探讨，实质上更倾

① 森有礼「洋字ヲ以テ国語ヲ書スルノ論」、『明六雑誌』第1号、1874年4月。

② 高橋義雄『日本人種改良論』、石川半次郎出版人、1884年9月。

③ 张建立：《日本国民性研究的现状与课题》，《日本学刊》2006年第6期，第131~142页。

向于精准描述作为日本现代化独特推动力即所谓“日本型”文化的研究方法。

1986年8月29日至9月3日，由日本国立东北大学主办，日本外务省、国际交流基金、学术振兴会及读卖新闻社等许多机关团体出资赞助的“日本文化与东亚国际学术讨论会”在日本仙台召开。来自东亚各国的文化学、民俗学、文学、社会学、语言学、服饰学、哲学、思想史、美术史、音乐以及国际关系等诸多专业领域的学者，围绕日本文化的历史发展过程及其与东亚各民族文化的交流、日本文化研究的理论方法等问题进行了探讨。与会学者提倡加强对日本文化开展跨学科研究、跨文化比较研究、思辨性研究、实证性研究等。这些倡议成为其后学界讨论日本文化研究方法论时反复强调的内容，对于今天的日本文化研究亦仍具有重要实践意义。①

1987年，日本政府在京都正式设立了旨在网罗世界各国从事日本文化研究学者的机构——国际日本文化研究中心。1988年3月，国际日本文化研究中心举办的首次日本文化研究学术讨论会就是关于日本文化研究方法论的会议，即“世界中的日本——日本文化的解释及研究方法学术讨论会”。这次参会的学者范围更广泛，分别来自美洲（美国等）、欧洲（英国、法国及波兰等）、亚洲（中国、泰国等）和大洋洲等不同地区。日本国内学者主要来自国际日本文化研究中心、东京大学、京都大学等科研机构。日本著名学者桑原武夫与会致辞，法国文化人类学家列维-斯特劳斯、美国哥伦比亚大学教授唐纳·金、国际日本文化研究中心所长梅原猛分别围绕世界中的日本文化这一主题做了演讲。其中，列维-斯特劳斯在演讲中指出：“在研究日本文化时，观察者本身必然属于某种文化，不管有意识或无意识，研究者都无法逃避原有文化的影响。从这一观点出发，日本文化的研究只有通过各国研究人员的努力，从各自不同的文化背景观察日本文化，才可望得到比较科学

① 高增杰：《共同探讨日本文化 努力加深相互理解——出席“日本文化与东亚国际学术讨论会”散记》，《日本问题》1986年第6期，第63~64页。

的结论。因此，日本文化研究必须具有国际性。另一方面，日本文化既然是一个复合体系，就必须从各个不同角度，利用不同的专业理论体系详细地加以考察，才可望得到比较全面的印象和做出比较切合实际的分析，囿于某种既成学科的观点，往往只能见其一叶，而未能知其全貌，这就要求日本文化研究必须是跨学科的、广泛领域的研究活动。”[①] 也就是说，恰恰是欧美学者指出了打破既有西方学科限制而对日本文化开展跨学科研究、跨文化比较研究的必要性。

（二）20世纪90年代末期的日本文化研究方法讨论

20 世纪 90 年代日本泡沫经济的崩溃引发了学界对昔日探讨日本现代化成功的文化动力热潮的反思。1996 年 9 月 23 日，中国社会科学院日本研究所在对中国日本文化研究的历史与现状进行认真分析与总结的基础上，经过较周密的学术准备，召开了“日本社会文化研讨会”，来自北京、天津、河北等地的科研机构的 40 余位专家围绕日本文化与亚洲文化及世界文化的关系、日本文明未来发展的可能性、日本文明在未来东北亚格局及世界格局中的地位与作用、日本文化研究的方法论等问题进行了专题发言和较深入的讨论。其中，北京大学教授尚会鹏结合对中根千枝《纵式社会的人际关系》、本尼迪克特《菊与刀》和许烺光《比较文明社会论》等日本文化论名著内容的分析，强调了比较研究的方法对日本文化研究的重要性。他指出，采用比较的方法对文化的宏观研究，对一种文化模式的本质把握都是十分必要和有效的。只有比较日本文化与其他各种文化，才能明确其特征。南开大学教授王家骅结合自己的著作《儒家思想与日本的现代化》的研究体会，强调了加强个案研究的重要性。他指出，个案研究是整体研究的基础，离开个案研究，整体研究、抽象研究就有可能失之于空洞，或者与实际相脱离。在中国的日本文化研究中，个案研究不够，需要进一步加强。与会其他学者在

① 高增杰：《日本文化研究的多样性与综合性：出席“世界中的日本——日本文化的解释及研究方法学术讨论会”侧记》，《日本问题》1988 年第 4 期，第 60 页。

发言中也对日本文化研究中的比较研究方法和个案研究方法予以首肯，在方法论上达成了广泛的一致。①

1996 年 12 月 26 日，《日本学刊》编辑部主持召开了“日本研究的课题与方法”学术座谈会。约 40 位专家学者及编辑人员出席了座谈会，特别是围绕日本文化实证研究与理论研究的关系等问题展开了热烈讨论。其中，北京大学教授严绍璗指出，日本文化研究应提倡实证的研究方法，实证材料有文献和实物两种，文献实证要有文化氛围的精神。实证的观点和方法在某种意义上可以说是使古代文化与现代文化、个别文化与世界互相联系的桥梁。因此，实证的观点和方法也包含最终上升到理论的问题。中国社会科学院世界历史研究所研究员汤重南指出，实证研究的确很重要，但作为研究方法，绝不能仅限于此，一定要有理论思维，一定要有很好的方法论，微观的研究一定要与宏观的考察结合起来。如果研究人员陷入实证研究，理论水平就得不到提高。因为我们只搞清谁在什么时间什么地方做什么还不行，还必须搞清为什么，有何现实意义，有何价值的问题。我们的研究要随着时代的脉搏跳动，不断地解决现实中存在的问题，才能很好地为社会主义现实服务。河北大学日本研究所副教授江瑞平指出，在分析与综合两种研究方法上应强调综合，在实证和理论研究方面应强调理论研究。这四种研究方法对于研究人员来说都是十分重要的。实证研究只是研究的初级阶段，但仅限于此是不够的，重要的是在实证研究的基础上进行学术探讨和理论研究，提出自己的观点。中国社会科学院日本研究所社会文化研究室主任高增杰指出，随着国际形势和各国国内形势的变化，日本研究正在从分科化研究向综合性研究转化，要扩大我们的视野，把日本放在东亚、亚洲甚至世界的整个文明中来看待，通过比较研究，综合地、立体地、全面地把握日本在发展道路上、社会结构上、民族精神上的特质。②

---

① 文言：《日本文化研究需要迈上新台阶——中国社科院日本研究所“日本社会文化研讨会”综述》，《日本学刊》1996 年第 6 期，第 150~151 页。

② 张义素：《“日本研究的课题与方法”学术座谈会纪要》，《日本学刊》1997 年第 2 期，第 155~156 页。

除了中国社会科学院日本研究所组织的关于日本文化研究方法的学术讨论会外，一些学者也刊发了相关文章。例如，中国社会科学院日本研究所研究员崔世广在《日本学刊》1998 年第 3 期刊发论文《日本文化研究方法论》，提出了日本文化研究要注意“逻辑与历史相统一”的观点。崔世广指出，运用冻结、排除历史条件的文化人类学方法和中根千枝的纵式社会理论等研究日本文化是不充分的，因为其不仅不能客观和科学地说明不同历史发展阶段特别是非常期的日本文化状况，而且不能很好地说明不同阶层、不同地域的差异等。“日本文化研究作为一种科学研究，其所追求的最终目标应当是发现日本文化的原理和逻辑。但是坦率地讲，无论中国还是国外的日本文化研究，至今仍存在着这样的问题：在探究和发现日本文化的原理和逻辑的过程中，往往忽视了与历史的联系；只注意了对社会常态的研究，而忽视了对社会非常态的研究。”只有按照历史的发展阶段把正常期与非常期的文化原理和逻辑都发掘出来，才是日本文化的全貌。我们在日本文化研究中应该提倡和重视逻辑与历史相统一的方法。即用发展的眼光，把日本文化作为一个不断变化的动态的过程来把握；既重视对历史常态的研究，也要重视对历史非常态的研究。这不仅对提高中国日本文化研究的水平，客观地说明日本文化的整体面貌十分重要，对展望日本文化的未来也是至关重要的。[①]

（三）21世纪20年代末期的日本文化研究方法讨论

2010 年日本第二大经济大国地位被中国所取代，从核心期刊发表的日本文化研究论文情况来看，中国学界的日本文化研究呈现出明显衰落的态势，日本文化研究由既往偏重于照搬日本经验的研究，变得更加理智和审慎，开始陆续出现以学科综述形式反思日本文化研究的文章。其中，既有对几十年来中国的日本文化研究成果进行综述的论文，亦有对每一年度的日本文化研究成果进行综述的论文。例如，中国社会科学

① 崔世广：《日本文化研究方法论》，《日本学刊》1998 年第 3 期，第 71~74 页。

院日本研究所研究员崔世广在2011年中华日本学会召开的“30年来中国的日本研究”学术研讨会上做了题为“30年来中国的日本文化研究”的发言，2016年南开大学日本研究院教授赵德宇发表论文《中国的日本文化研究》等。单一年度的日本文化研究成果综述文章，如浙江工商大学教授王宝平的《2012年中国的日本文化研究》（《日语学习与研究》2013年第6期）、浙江工商大学教授王勇的《2013—2014年中国的日本文化研究》（《日语学习与研究》2015年第2期）、浙江工商大学教授江静的《2015年度中国的日本文化研究》（《日语学习与研究》2016年第2期）、浙江工商大学教授吕顺长的《2016年中国的日本文化研究》（《日语学习与研究》2017年第1期）、广东外语外贸大学教授韦立新的《2017年度中国的日本文化研究》（《日语学习与研究》2018年第5期）、湖南师范大学教授陈小法的《2018年度中国的日本文化研究》（《日语学习与研究》2019年第5期）。另外，《日本学刊》自2018年至2022年每年连续出版的《日本学刊》增刊以及自2023年出版的《日本年鉴》的核心内容之一就是对日本政治、外交、经济、社会、文化等几大领域进行年度学科综述。这些综述文章都会不同程度地提及日本文化研究方法的问题，学者达成的一个基本共识是，能否创新研究方法逐渐成为制约日本文化学科建设与时俱进的瓶颈。

日本经济地位的衰落，令日本学界开始反思对自身文化研究的方法是否出了问题。国际日本文化研究中心陆续在其机关杂志《日本研究》第53集（2016）、第55集（2017）、第57集（2018）上刊发专题文章，探讨面对复杂多变的国际局势，如何更为精准科学地研究日本文化。首先在2016年6月30日发行的《日本研究》第53集上刊发了主题为“失去的二十年——作为日本研究不可避免的课题”的专题文章。该专题从后殖民主义、文艺批评、新自由主义、民粹主义等社会思潮的角度探讨了1990年日本泡沫经济破灭后被称为“失去的二十年”期间的国际形势与日本经济衰退的原因等，强调了要综合历史、文学、艺术、思想思潮、政治、经济等学科领域，将从世界看日本与从日本看日本结合起来开展跨学科研究的重要性。2017年5月17日发行的《日本研究》第55集则围绕“日本研究的过去、现在、未来”主题，刊发了《〈日本文化〉的文化论与文化史：日本研究的推移》《日本文化论与神话、宗教史研究》《围绕作为人文学的日本研究断想》《国际日本研究的现状与课题：兼论作为机关的日文研的运营》《全球化视野下的日本研究重构：重新界定“日本”与“亚洲”》《日本大众文化研究的“昨日、今日、明日”》《“日本学”的对象与方法：面向未来的考察》《面向过去、现在、未来的项目计划：通过编纂辞典了解到的日本研究的特点》等论文，对日本文化研究特别是研究方法方面的问题点进行了较为全面的反思。学者意识到强化跨学科研究与跨文化比较研究的必要性和迫切性。2018年3月30日发行的《日本研究》第57集又以“日本研究的路标：必读的100册”为主题，围绕日本思想史、美术、宗教、文化人类学、日本文学、考古学、社会文化史、政治史、性别、大众文化、电影等领域的研究前沿动态与研究理论方法等进行了学科综述，推荐了开展相关领域研究的必读书目，旨在助力跨学科日本文化研究的开展，化解学者个人囿于学力无法快速推进跨学科研究的困境。

综上所述，跨学科研究、跨文化比较研究、思辨性研究、实证性研究等倡议对今天的日本文化研究仍然具有很重要的意义，只是囿于学者个人学力等原因，在今天依旧没有能够很好地落实。其实，当前日本文化研究方法存在的问题不仅仅限于此，一些常用的基本研究方法也存在改善的余地。例如，历史学的研究方法是日本文化研究比较通用的一种方法。历史文献不仅仅限于文字材料，还包含形象材料。但既有研究多偏向于运用文字材料对日本文化做静态解析，鲜见将日本文化看成一个过程，把各类“形象材料”归位于其所产生的时代与空间，对日本文化价值和社会功能进行还原性重构的研究。国际日本文化研究在一定程度上必然因国家、文化背景而存在差异，因而具有多样性。跨学科研究、跨文化比较研究等方法倡议由来已久，但具体落实起来尚有待细化方案。近年来由中国学者提出的基于中国历史文化经验的形象史学理论，对于深化日本文化研究而言，可谓应运而生的开展跨学科研究的理论方法。

二　形象史学理论方法与实践概述

形象史学，属于历史学中的文化史范畴，是在唯物辩证法指导下提出的主要依据历史文献中的“形象材料”重新建构的文化史阐释方法与展演方法。在具体研究中，需要兼备形象性思维与扎实的史学根基，打破既有学科界限，结合历史学、考古学、艺术史等学科的共性与特殊性，融会图像学、新文化史等方法论与古史研究中的考据法，力求探赜表微，从多角度、多层面发掘历史上不同时期、不同类型的文化实践中所孕育或叠加的信息和价值，并从理论层面进行分析与综合，避免从形象到形象或者从形象到文本的简单解读和互证。

“形象史学”这一概念是由中国社会科学院古代史研究所古代文化史研究室于2011年提出的。[①] 中国社会科学院古代史研究所古代文化史研究室的前身是著名学者沈从文所在的中国服饰史研究组。服饰史是文化史研究的一个分支，研究服饰史需要大量的图像和实物史料来论证与说明问题。沈从文身体力行的形象史研究成为中国社会科学院古代史研究所古代文化史研究室构建形象史学这一新型学科的直接源泉，以图像证史为代表的新文化史学则为之提供了理论支撑。2011年，中国社会科学院古代史研究所古代文化史研究室开始编辑发行中文集刊《形象史学》，面向海内外征稿。自2021年起《形象史学》每年出版4辑。《形象史学》常设栏目有理论探讨、名家笔谈、器物与图像、考古与文献等，主要登载专题研究文章，以及反映文化史研究前沿动态与热点问题的综述、书评、随笔，相关领域国外学者的最新研究成果，已经成为形象史学理论与实践成果展示的平台。

中国社会科学院古代史研究所研究员孙晓指出，文化史研究具有特殊性，需要依靠大量的历史实物和图像相参证，随着研究进一步深入，发掘实物和图像本身的历史意义与文化价值已成为新的趋势。正是在这

① 刘中玉：《形象史学：文化史研究的新方向》，《河北学刊》2014年第1期，第19页。

一认识的基础上，我们提出了“形象史学”这一新的史学研究范畴。形象史学有两层含义：其一，就文化史研究本身来说，指运用传世的包括出土（水）的石刻、陶塑、壁画、雕砖、织绣、漆器、木器、绘画等历史实物、文本图像以及文化史迹作为研究对象，结合传统文献整体考察历史的史学研究模式；其二，就文化史研究成果表述来说，采用大量的有形资料，可以更清楚地表达研究者的思路与心得，读者也更容易接受。①

形象史学作为新的文化史研究理论方法，一经提出便得到了学界的积极关注。学者围绕形象史学的具体学科范围、理论与方法的运用发表了很多建设性意见。例如，南京大学历史学院教授陈仲丹认为，“形象史学”与图像史学最大的区别就是把实物归纳进去，它更强调超越二重证据法、三重证据法的路径进行开拓。形象史学使研究从平面概念转向空间概念，更加注重实物研究；形象史学拓宽了史学研究领域，史学研究更侧重从上层研究移到下层民众的研究。形象史学挖掘民众生活，比较注重实物中的文化内涵，重视人的生活方式，突破了以前正史中过于依赖文字的方式，又跟器形学方式中比较重视器物有所区别。中国艺术研究院美术研究所牛克诚研究员认为，就艺术史研究而言，“形象史学”打通了艺术创作与欣赏主体上精英与民间的界限，使那些民间、日常的东西成为与文人画一样的研究对象。这既使物质生活史的研究成为一种可能，也暗合了西方新文化史的研究旨趣。形象史学带来的研究方式上的一个转换是由文字性转向视觉性。通过这样的转换，我们会看到，此前有很多不作为史料或不作为史实探究对象的东西进入史学研究视野。随着“形象”成为研究对象，“图”获得了与“画”一样的平等性。“形象”还可拓展为三维形式的立体物——“器”，如瓷器、家具、道具、工具等。画、图、器这些构成“形象”的素材，总体为“物”，与传统史学中作为史料的“文”相区别。形象史学的任务当然

① 薛倩：《“形象史学”为历史研究提供新视角》，《中国社会科学报》2013 年 3 月 6 日，A02 版。

不会停留在对“物”的“观看”，而是进行具有史识的“阐释”。形象史学打开大门，将一切物都放了进来，在我们对于空前丰富的史料应接不暇的时候，传统史学“文”的基本素养决定着我们中的谁更能穿过物的表象而接近史实真相。①

中国社会科学院古代史研究所古代文化史研究室主任、《形象史学》主编刘中玉围绕形象史学理论方法的产生过程以及具体研究方法等发表了一系列论文，如《形象史学：文化史研究的新方向》（《河北学刊》2014年第1期）、《从“碎片化”到“形象化”——简论全球化视野下的文化史观》（《形象史学研究》，2014）、《历史研究中形象材料的使用问题》（《中国史研究动态》2018年第6期）、《从形象出发：试论沈从文的物质文化史研究路径》（《中国史研究动态》2022年第6期）等。

关于形象史学的研究方法，中国社会科学院古代史研究所资深研究员张弓从一般性和特殊性两个角度直接给出了更具体的建议。张弓指出，形象史学既有同传统史学相通的一面，又有须适应形象（图像）之内涵意象化的特殊性的一面。一般来看，形象史学属于历史学之文化史范畴，历史学普遍遵行的唯物史观指导下的科学实证方法同样适用于形象史学研究。一幅人类社会发展史的绚烂画卷只有在对历史的文字表述与形象描述中才能得到呈现。特殊地看，形象史学研究缘于图像、文献资料交互为用，亦缘于图像（含实物）内涵的意象式特性，先贤盛倡的传世与出土文献两重实证法，在新的研究实践中发展为多样形式。运用专题形象序列内的多帧图像，对照排比研究，是为自证；运用历史文献记载，同历史图像（含实物）比较对照，互为证实，互为证伪，互为补充。不同形象序列之间，相关图像对应互证，互相发明。采集外域图像，同本土同类图像比较互证。中外对照，观其异同，查其渊源演变，借以揭示两者间的历史文化因缘及本土形象（含实物）独特的历

① 薛倩：《“形象史学”为历史研究提供新视角》，《中国社会科学报》2013年3月6日，A02版。

史文化内涵，深化对本土形象内涵的参悟认知。同时还须注意，形象史学的某些图像（文物）资料往往蕴含史前文化意象或元典精神意象或某种高层次文化意象，难以直接运用图像加文献的方法索解、发覆。于是“心证”法在长期实践中酝酿而生。“心证”指学者本人对上述玄奥艰深意象自具的独到悟解与卓见。这种悟解与卓见不是无根之谈，它来自学者本人深厚的文化学养，尤其得益于中华元典精神的浸润，更来自学者对相关形象序列长期把玩、鉴赏、考察的个人实践。[①] 此外，张弓还指出，形象史学“这一崭新的学术主体与学术视角，与其说出自学者群体首倡，不如说近数十年来文物考古学、物质文化史的繁荣为历史图像研究揭橥新生面。形象史学的萌生固然有它的合理性，形象史学作为新的学术生长点，如要成长繁荣尚待筚路蓝缕的开拓”。[②]

以上对形象史学理论方法的由来、特色等做了概述，从理论方法及实践来看，形象史学虽然是一批中国文化研究学者的智慧结晶，但显然不仅适用于中国文化史的研究，也适用于对日本文化的研究。目前，国内学界虽然鲜见相关研究成果，但在日本学界以图证史的研究已经有了一些学术积累。

三 “形象史学”在日本文化研究中的运用

日本学界虽然没有明确提出“形象史学”的理论方法，但援图入史、以图证史等实质运用形象史学方法的研究在日本学界早已有之，特别是在地理学与古地图学领域的研究积累已经相当深厚。在日本文化研究领域，从部落问题研究所编《关于部落史的综合研究》第二卷（柳原书店，1961）收录的研究成果来看，可以说日本学界在20世纪60年代就已经出现了运用形象史学方法的研究。例如，运用日本东寺相关史料中的“大悲心院属地散所绘图”、贞治五年（1366）制成的“播磨国

① 张弓：《从历史图像学到形象史学》，载中国社会科学院历史研究所文化史研究室编《形象史学研究》（2013），人民出版社，2014，第6~8页。

② 张弓：《从历史图像学到形象史学》，第3页。

小宅庄三职方绘图”、永享七年（1435）制成的“妙见寺插图”等文献的插图资料，对被称作“散所乞食法师”“河原者”的日本传统艺能文化传承者贱民展开的研究等。①

从20世纪80年代开始，一些日本社会史学者又开始尝试运用绘画资料研究传统艺能文化。日本中世文化史学者、曾任东京大学史料编纂所所长的黑田日出男的论文《作为史料的绘卷物与中世身分制》（《历史评论》第382号），著作《境界的中世、象征的中世》（东京大学出版会，1986）、《姿态与动作表情的中世史》（平凡社，1986）是比较有代表性的研究成果，也是较具开创意义的研究成果。因为绘画不同于写真照片，其描绘的内容难免有很多不是现实景致，而是出于作者的主观构想，所以在20世纪80年代的日本史学界，对将绘画作为历史文献使用仍存在很多疑虑。黑田日出男在《姿态与动作表情的中世史》“终章”中称，其撰写该著作的目的就是建构日本历史中的“绘画史料论”或者说绘画史科学。既往的历史研究特别是日本史研究中虽然有运用插图的研究，但尚未见使用绘画史料的研究，因此也缺乏可资借鉴的解析绘画史料的方法。为了避免走太多的弯路，就需要广泛阅读所有有助于建构“绘画史料论”的书籍，特别是要从美术史学古典以及符号论的诸多成果中充分汲取营养，但不可机械地运用和拼凑使用。不能仅仅把“绘画史料”的读解与分析视为对美术史的辅助，而是应该在将来把“绘画史料论”建构成与美术史学具有同等学术地位的存在。②

“绘画史料论”与形象史学理论的学术追求可谓大同小异，因为形象史学理论建构也面临如何处理形象材料与文字材料、形象史学与艺术史学之间关系的问题。物质文化史与艺术史对于有形有象的历史材料的称呼，凸显了各自研究侧重点与研究方法上的差异，前者一般将之称为“形象材料”，而后者则往往将之称为“图像材料”或“视觉材料”。在立足于具体实践对历史文献重新认识和界定的基础上，结合考古学、

---

① 川嶋將生『室町文化論考—文化史のなかの公武—』、法政大学出版局、2008、188頁。

② 黒田日出男『姿としぐさの中世史—絵図と絵巻の風景から—』、平凡社、1986、233-234頁。

艺术史等学科的理论与方法所形成的形象史学，作为一种新的文化史学研究方法论，从学术生产力的角度主张形象材料与文字材料应该为一种平等的关系，对其不应予以核心与辅助的界定，也不应简单地将二者理解为互相解释、互为印证的关系。① 形象史学与艺术史学之间的关系亦复如是。

20 世纪 90 年代以后，日本学界运用绘画史料研究传统艺能文化的论著逐渐多了起来。其中，川嶋将生的《中世京都文化的周缘》（思文阁出版，1992）、濑田胜哉《洛中洛外的群像》（平凡社，1994）、河田光夫的《中世被歧视民的装束》（明石书店，1995）、川嶋将生的《“洛中洛外”的社会史》（思文阁出版，1999）等是比较有代表性的著作，主要通过对绘画史料的解析，特别是通过对描绘京都景致的“洛中洛外图”屏风等绘画史料的解析，聚焦日本中世被歧视民众的生活状态与衣着色彩等，立体生动地重构了中世被歧视民众的具体形象。

进入 21 世纪以来，日本学界在探讨读解绘画史料的方法论方面有了更大的进展。法政大学出版局 2008 年出版的川嶋将生的《室町文化论考：文化史之中的公武》对日本学界以图证史的研究历程做了全面梳理。2009 年，以日本立命馆大学名誉教授川嶋将生、横滨市立大学教授松本郁代、青山学院大学教授出光佐千子等为代表的学术团队“风俗绘画研究会”提出了“风俗绘画的文化学”概念，这也是一种追求跨学科研究日本文化的理论方法。风俗画是以描绘日本民众日常生活习惯、规范、装束等为主要内容的绘画。例如，描绘了京都四季都市景观与民众日常生活的“洛中洛外图”就是初期近世风俗画的代表作。风俗画已经不仅是美术作品，也是历史学、文学的重要文献。川嶋将生、松本郁代、出光佐千子等将这种以风俗绘画为主要研究对象的跨学科研究作为一种新的文化论，名之为“风俗绘画的文化学”。2009～2014 年，他们还连续组织美术史、文学、历史专业领域学者对风俗绘

① 刘中玉：《历史研究中形象材料的使用问题》，《中国史研究动态》2018 年第 6 期，第 49～51 页。

画展开跨学科研究，以期动态立体地还原与重构风俗绘画所描绘的其所处时代的生活风景，并将研究成果结集出版，相继出版了《风俗绘画的文化学》（思文阁出版，2009）、《风俗绘画的文化学Ⅱ》（思文阁出版，2012）、《风俗绘画的文化学Ⅲ》（思文阁出版，2014）。这三部著作通过对日本中世至近世风俗绘画的诞生背景、绘画主题与表现手法及以此为媒介交织的制作者、鉴赏者等人际脉络等的解析，对风俗绘画的时空特性、潜在功能与社会影响进行了全面而精彩的跨学科重构。从这三部厚重的研究著作内容来看，“风俗绘画的文化学”方法还是以“象”——风俗画为主要研究材料，对于“形”的方面关注不多，这也是其与形象史学理论方法的最大区别。

结　语

从以图证史、“绘画史料论”、“风俗绘画的文化学”，到形象史学，可谓中日两国文化史学者不约而同的方法论探索。在日本文化研究领域，自20世纪80年代国内外学界就强调跨学科研究的必要性。跨学科研究并非不同学科理论方法的简单嫁接拼合，而是观念的融会和思维的创新，需要根据不同的研究对象与背景条件来选择不同的研究方法和叙述结构。在反思既成单一学科研究滞后，探索跨学科研究方法的当下，形象史学研究方法可谓应运而生的跨学科研究方法。期待在未来的日本文化研究中，形象史学不仅可以作为一种方法论，还可以作为一种新的历史写作方式和阅读方式，即通过形象化地呈现日本文明发展演进的丰富性与多彩性，立体地还原中日两国文化交流源远流长的风景，为推动中日间新时代文化认同的重构探索一条可能的路径。

（审校：王一晨）

• 历史篇 •

道教与古代日本政治

蔡凤林*

内容提要： 道教是以长生久视、得道成仙为最高信仰和终极追求的中国固有宗教。汉魏以前，道教要素已传入日本。中国文化思想传入日本最早并且对7世纪以前日本政治影响最大的是道教。7世纪日本实施的一系列政治改革、古代日本“三神器”的形成、天皇制的确立、藤原京的建设等，均受到道教要素的影响，道教为古代日本中央集权的天皇制国家的建立提供了重要的思想理论工具。和中国化佛教、儒学一样，道教对古代日本政治的展开和文化思想的形成也产生了巨大影响。

关 键 词： 道教　《周易》　道家　古代日本政治　天皇制

道教是以长生久视、得道成仙为最高人生信仰和终极追求的中国固有宗教。许地山在《道家思想与道教》中指出：“道教底渊源非常复杂，可以说是混合汉族各种原始的思想所成底宗教。”① 概言之，道教以老庄自然（清净）无为之哲学精义为思想理论基础，将先秦以前中国人的自然和鬼神崇拜、巫术信仰等原始宗教，以及战国至秦汉时期的神仙传说、方士之术、黄老思想、医药学、养生学等囊括于思想体系中，并吸收儒、墨、阴阳等诸子百家的学说和佛教教规、教义、教团组织而形成，在东汉末年具有了自己的特定信仰、教团组织及规模性活动。《汉书·艺文志》：“道家者流，盖出于史官，历记成败存亡祸福古

---

* 蔡凤林，历史学博士，中央民族大学外国语学院日语系教授，中央民族大学历史文化学院世界史专业兼职教授，主要研究方向为中日关系史及东亚区域史。

① 许地山：《道家思想与道教》，载许地山《道教史》，上海古籍出版社，1999，第143页。

今之道，然后知秉要执本，清虚以自守，卑弱以自持，此君人南面之术也。”① 思想是时代的产儿，道教是道家核心哲学思想在秦、汉、魏、晋诸王朝的历史环境中逐步神学化的产物；道家哲学具有强烈的政治性和现实观照性，因此道教也带有鲜明的佐时济世的政治色彩；广义的道教主要是哲学思想和宗教信仰的组合。

6世纪中叶以前佛教通过百济“公传”日本列岛，迨至7世纪，佛教在日本的社会信仰程度和政治地位已经得到很大提高，大和朝廷举行了多次规模巨大的诵经祈祷活动，建造了很多寺院，天武朝还确立了国家佛教，但佛教尚未对日本政治产生实质性影响。佛教成为古代日本统治者的政治思想，是在8世纪护国佛教臻于鼎盛以后。② 在此之前，中国文化思想中最早传入日本的当属道教，而且对7世纪以前（包括7世纪）的日本政治影响最大。具体而言，日本民族的固有宗教神道教正是借用了道教概念“神道”才确立了自己的名称；道教和神道教融合（日本称“习合”），为日本律令制国家建设提供了重要的政治思想工具。可以认为，古代日本文化思想的形成是中国道教、佛教和儒学在日本社会的不同时代需求下不断与神道教结合、融汇的过程。

关于道教在古代日本的传播时间、传播途径以及在日本社会的表现和影响，迄今学界已从多个视角和层面进行了大量研究，且成果丰硕。在国内学者中，蒋立峰教授撰《中日文化交流中的道文化东传问题（上、下）》③，围绕道教东传日本问题进行了较全面深入的阐述，系代表性研究成果。该文指出，“道文化与儒文化、释文化共同成为支撑古代日本社会政治环境、推动古代日本社会发展的三大要素”④，将道教在古代日本的政治和社会影响提高到与佛教、儒学相同的地位。这是重要而正确的学术见解。因为中国文化思想在古代日本社会首先是作为政

① 《汉书》卷三十《艺文志》，中华书局，1962，第1732页。

② 蔡凤林：《神道教与古代日本政治》，《日本问题研究》2023年第1期。

③ 蒋立峰：《中日文化交流中的道文化东传问题（上）》，《日本文论》2019年第1辑；蒋立峰：《中日文化交流中的道文化东传问题（下）》，《日本文论》2019年第2辑。

④ 蒋立峰：《中日文化交流中的道文化东传问题（下）》，第58页。

治思想扎根并融入古代日本人的信仰体系，进而发挥重要的社会作用，道教亦复如此。此外，福永光司、严绍璗等中日学者亦研究或强调过道教在日本的传播时间和途径及其产生的社会文化影响等学术问题①，笔者亦曾论及②或指导研究生进行过研究③，但迄今为止，有关道教和古代日本政治的关系这一重要课题的研究尚未深入系统。为此，本文试图作为上举《中日文化交流中的道文化东传问题》一文以及其他学者相关研究的拓展，并结合笔者的粗浅认识，以在古代日本国家建设进程中占据重要历史位置的7世纪为主要时间区段，围绕道教对古代日本天皇制确立的影响做一专题研究，以尽力呈现这一古代日本社会政治现象全貌，同时作为本文的题中之义，兼论道教和日本神道教融合的问题。本文力图给读者诸君提供一个总览通观道教对古代日本政治影响的途径；同时抛砖引玉，引起学界同人关注这一重要课题并取得更丰硕的研究成果。文中纰缪，敬请学界同人批评指正。

一　7世纪道教要素在日本的若干表现

道教要素至晚在汉魏王朝时期即已传入日本列岛。④ 自4世纪末至7世纪末，以中国移民“秦人”“汉人”“今来汉人”以及遣隋使、遣唐使和留华人员、外国佛僧（如百济佛僧观勒、法藏）和书籍为媒介，包括阴阳五行学说在内的道教内容在相当程度上传入了日本，并受到日本统治者的重视。在这种频繁的文化交流背景下，道教要素在7世纪日

① 福永光司『道教と日本文化』、人文書院、1982；福永光司『道教と日本思想』、徳間書店、1985；福永光司『道教と古代日本』、人文書院、2018；严绍璗：《中日古代文化关系的政治框架与本质特征的研讨》，《日本学研究》第26辑，学苑出版社，2016。

② 具体可参阅蔡凤林《试论古代中国人移居朝鲜半岛与日本“秦人”的形成》，《日本文论》2019年第2辑；蔡凤林《东亚历史视域下的日本天皇制形成过程探析》，《日本文论》2021年第1辑；蔡凤林《古代中国人移居朝鲜半岛与日本“汉人”的形成》，《贵州社会科学》2023年第10期。

③ 具体可参阅王亚楠《试论八世纪道教在日本的传播及其影响》，中央民族大学，硕士学位论文，2021。此文获得第十四届中国日本学研究“卡西欧杯”优秀硕士论文奖。

④ 王亚楠：《试论八世纪道教在日本的传播及其影响》，中央民族大学，硕士学位论文，2021。

本社会多有表现。尤其通过《古事记》和《日本书纪》（分别成书于712年和720年）的记载，能够清晰地观察到道教在7世纪日本传播的踪迹。兹择其荦荦大者述于下。

《日本书纪》开篇即以阴阳学理论解释天地生成："古天地未剖，阴阳不分，浑沌如鸡子，溟涬而含牙。及其清阳者薄靡而为天，重浊者淹滞而为地……"[①] 此段话出自中国道家典籍《淮南子》和道教书《三五历纪》，尽管《日本书纪》编纂者不是直接从这些书中摘录。[②]《古事记》的序文启篇亦是："臣安万侣言，夫混元既凝，气象未效，无名无为，谁知其形。然乾坤初分，三神作造化之首，阴阳斯开，二灵为群品之祖"[③]，表现出明显受道家无为思想和道教阴阳思想的影响，并化为编纂《古事记》的理论方法。就此，津田左右吉也指出："譬如在安万侣写的有关《古事记》的'上表'为首的一些文章里，使用了许多道家的术语，便可认为这不单单是用来修饰文辞，而是企图用道家的思想来解释天地产生。"[④] 福永光司则认为《古事记》开头部分"天地初发之时，于高天原成神名，天之御中主神。次，高御产巢日神，次，神产巢日神，此三柱神者，并独神成坐而隐身也"，是根据6~7世纪中国南北朝时期的道教神学书写就；至少太安万侣撰《古事记》序是这样的。[⑤]

《日本书纪·推古天皇纪》推古十年（602）十月条："百济僧观勒来之，仍贡历本及天文地理书，并遁甲方术之书也。是时选书生三四人，以俾学习于观勒矣。阳胡史祖玉陈习历法，大友村主高聪学天文遁甲，山背臣日并立学方术，皆学以成业。"[⑥] 这里提及的"遁甲"，亦称"奇门"，合称"奇门遁甲"，为道教数术之一，道士常以此推算吉凶祸

① 舎人親王『日本書紀　巻一　神代上』、経済雑誌社、1897、1頁。

② 蔡凤林：《汉字与日本文化》，中央民族大学出版社，2016，第33~34页。

③『日本思想大系1　古事記　上巻』、青木和夫［ほか］校注、岩波書店、1982、10頁。

④〔日〕津田左右吉：《日本的神道》，邓红译，商务印书馆，2011，第26页。

⑤ 福永光司『道教と日本思想』、225-226頁。

⑥ 舎人親王『日本書紀　巻二十二　推古天皇紀』、375-376頁。

福，用以趋吉避凶。[①] 由此可知，7世纪初有人进一步将道教要素传入日本。《日本书纪·推古天皇纪》还记述了611年以后推古天皇经常举行药猎活动[②]，即以采药为目的的狩猎活动，此亦与道教影响有关。

《日本书纪·齐明天皇纪》齐明二年（654）九月条记载："复于（田身）岭上两槻树边起观，号为两槻宫，亦曰'天宫'。时好兴事，乃使水工穿渠，自香山西至石上山，以舟二百只载石上山石，顺流控引于宫东山，累石为垣。"[③] 这里出现的"观""天宫"很容易令人联想到道教宫观，且穿渠引水、运石上山、累石为垣，仿佛要建造一个人间"紫微垣"。中国古代皇宫、皇城多象征以紫微垣，并以之命名，如隋唐洛阳紫微城、明清皇宫紫禁城。一般认为在古代日本没有建造道观，然这一弥足珍贵的史料似乎透露出古代日本曾建造过道观。

在古代中国，桃具有祓除凶邪之气、驱逐鬼魅的巫术作用。例如，《艺文类聚》卷八十六《果部上》引《岁时记》："桃者五行之精，压伏邪气，制百鬼。"[④]《日本书纪》神代卷记述天照大神之父神伊弉诺尊（《古事记》写作"伊邪那岐命"）寻找妻子伊弉冉尊（《古事记》写作"伊邪那美命"）到黄泉国的情况时，云："一书曰：伊弉诺尊欲见其妹，乃到殡敛之处。是时伊弉冉尊犹如生平出迎共语，已而谓伊弉诺尊曰：'吾夫君尊，请勿视吾矣。'言讫，忽然不见，于时暗也。伊弉诺尊乃举一片之火而视之，时伊弉冉尊胀满太高，上有八色雷公。伊弉诺尊惊而走还。是时，雷等皆起追来。时，道边有大桃树，故伊弉诺尊隐其树下，因采其实以掷雷者，雷等皆退走矣。此用桃避鬼之缘也。"[⑤] 这说明桃木在古代日本也具有辟邪驱鬼的意义。《古事记》中也有类似记述。[⑥]

---

① 《辞海》（普及本，上册），上海辞书出版社，1999，第1840页。

② 舎人親王『日本書紀　巻二十二　推古天皇紀』。

③ 舎人親王『日本書紀　巻二十六　斉明天皇紀』、458-459頁。

④ 欧阳询：《艺文类聚》卷八六《果部上》，汪绍楹校，中华书局，1965，第1467页。

⑤ 舎人親王『日本書紀　巻一　神代上』、17-18頁。

⑥ 『日本思想大系1　古事記　上巻』、32-34頁。

7世纪末藤原京建设之前即已存在的牵牛子冢古坟[①]亦告诉世人牛郎织女的神话故事在7世纪以前已流传于日本，695年七月和696年七月，持统天皇均“宴公卿”，很可能就是“七夕宴”[②]。日本现存最早的和歌集《万叶集》辑录了759年前的和歌4500余首，其卷八、卷十、卷十七中收录了很多以织女为题材的和歌。如果没有牛郎织女故事在日本的长期流行，是不会出现这种文化交流现象的。事实上，《万叶集》和《风土记》（710年元明天皇诏令编撰的日本各地方志）中表现出的道教神仙思想更为浓厚。就此，学界已有许多研究[③]，认为这些和歌与方志表现出的道教神仙思想是以7世纪以前道教要素在日本传播为前提。《古事记》和《日本书纪》中有关长生不老的“常世国”的传说所在多有。在古代日本人的信仰中，原本存在一个远离人世、永恒不变的国度，被称为“常世国”[④]，后受中国道教神仙思想的影响而形成了常世国信仰。

《古事记》和《日本书纪》曾记述神武天皇东征时高木大神遣八咫乌作向导[⑤]，与之相对应的有：《山海经·大荒东经》记“汤谷上有扶木，一日方至，一日方出，皆载于乌”[⑥]，以及《淮南子·精神训》谓“日中有踆乌”[⑦]。这里，“乌鸦”皆以瑞禽的形象出现。在古代中国，以金乌代表太阳，以三足乌为神鸟，较为普遍。道教则认为玄天上帝（亦称“真武祖师”等）在武当山修行时遇魔，正是在乌鸦指引下才渡过难关。今日武当山有“乌鸦岭”，当与此传说有关。另外，《古事记》和《日本书纪》神代卷在神名之后使用“命”“尊”二字示以尊意，这也为探索道教在7世纪日本社会传播的情况增加了确凿证据和重要线索。

---

① 明日香村教育委員会『史跡牽牛子塚古墳—環境整備事業に伴なう事前調査報告—』、1977。

② 舎人親王『日本書紀　巻三十　持統天皇紀』、559、563頁。

③ 例如，下出積與『神仙思想』、吉川弘文館、1968。

④ 荒川紘『古代日本人の宇宙観』、海鳴社、1981；谷川健一『常世論』、平凡社、1983。

⑤ 〔日〕安万侣：《古事记》，周作人译，中国致公出版社，2018，第77页。

⑥ 《山海经》卷十四《大荒东经》，郭璞注，南方出版社，2019，第314页。

⑦ 刘安：《淮南子·精神训》，岳麓书社，2015，第55页。

二　道教对7世纪日本政治的影响

在东亚古代历史上，7世纪属于动荡的一个世纪，在日本古代政治发展史上占据极为重要的地位。在这个世纪，日本迫于来自朝鲜半岛政治军事局势的压力，相继开展了一系列政治改革，其国家政治制度从部民制逐步向律令制过渡。在这些政治改革中，道教要素发挥了重要作用，兹述于下。

（一）推古朝改革及大化革新与道教

《周易》（亦称《易经》）是诸子思想形成的重要源泉，儒、道及诸子各家学派的形成都不同程度地受到《周易》的启示和沾溉。“《周易》虽与儒家不无关系，但从其内容上说，它首先应是道文化范畴内的经典，而且是主要经典之一。”[①] 可谓老子“将孔子关注人道、礼教的思维提升到了道家的思维，关注人伦以外的天地背景，由此而与《周易》古经会通”。[②] 汉朝以后，《老子》（道教创立后被奉为其最高经典《道德经》或《道德真经》）与《周易》之间的渊源已为学者所关注，例如扬雄《太玄赋》开篇即言：“观《大易》之损益兮，览老氏之倚伏。”在《汉书·艺文志》中，班固总述以老子为代表的道家思想主旨时亦指出：“《易》之嗛嗛，一谦而四益，此其所长也。”[③] 在扬雄、班固二人看来，《周易》《老子》旨多相通、相同之处。可以说，老子从《周易》即卦爻辞中所得启示颇多，而其思想又深刻影响了《易传》诸篇的形成。[④]

《汉书·艺文志》：“阴阳家者流，盖出于羲和之官，敬顺昊天，历象日月星辰，敬授民时，此其所长也。及拘者为之，则牵于禁忌，泥于

① 蒋立峰：《中日文化交流中的道文化东传问题（上）》，《日本文论》2019年第1辑。

② 陈鼓应：《孔子和老子对话的时代意义》，《光明日报》2023年12月9日。

③ 《汉书》卷三十《艺文志》，第1732页。

④ 张涛：《关于〈周易〉学派归属问题的新认识》，《光明日报》2022年12月17日。

小数，舍人事而任鬼神。”[①] 汉武帝罢黜百家后，阴阳五行学说的部分内容融入儒家思想体系，其他内容则为原始道教所吸收。如冯友兰所指出，东汉时期“古文学派把阴阳家的思想影响从儒家清除出去，阴阳家此后与道家思想结合而形成了道教”。[②]《周易》与道家思想结合后，在魏晋间极为流行。

日本推古朝（593~628）在建立中央集权制国家时制定、颁布了“冠位十二阶”和《宪法十七条》，之所以采取这些改革措施，与阴阳五行思想的影响有一定的关系。例如，《周易·泰卦》：“《彖》曰：‘《泰》：小往大来，吉，亨。’则天地交而万物通也，上下交而其志同也”；“天地交，《泰》。后以财成天地之道，辅相天地之宜，以左右民”。[③]《周易·说卦》：“昔者圣人之作《易》也，将以顺性命之理。是以立天之道曰阴曰阳；立地之道曰柔曰刚；立人之道曰仁曰义。”[④]《周易·乾卦》：“乾道变化，各正性命。保合大和，乃利贞。首出庶物，万国咸宁。”[⑤] 这些表述讲的都是阴阳和合、遵循规律，天下才能安泰，人民才能统治。另外，《道德经》第四十二章：“万物负阴而抱阳，冲气以为和”；[⑥]《庄子·内篇·齐物论》：“泠风则小和，飘风则大和。”[⑦] 由此可见，老庄亦强调“和”的思想。而在日本，推古天皇十五年（607）二月九日，天皇下诏：“朕闻之，曩者，我皇祖天皇等宰世也，跼天蹐地，敦礼神祇，周祠山川，幽通乾坤。是以阴阳开和，造化共调。今当朕世，祭祀神祇，岂有怠乎。故群臣共为竭心，宜拜神祇”[⑧]，也强调“阴阳开和”即“和”的思想。因此，推古朝改革的纲领性文件《宪法十七条》的第一条即“以和为贵，无忤为宗”，其精神

---

① 《汉书》卷三十《艺文志》，第1734~1735页。

② 冯友兰：《中国哲学简史》，赵复三译，长江文艺出版社，2020，第201页。

③ 《周易译注》，周振甫译注，中华书局，2018，第59页。

④ 《周易译注》，第363页。

⑤ 《周易译注》，第3页。

⑥ 《老子道德经注校释》，王弼注，楼宇烈校释，中华书局，2008，第117页。

⑦ 《庄子》，方勇译，中华书局，2015，第16页。

⑧ 舍人親王『日本書紀　卷二十二　推古天皇紀』、381頁。

应源自道家思想源头的《周易》或老庄的“和合”思想。王家骅曾指出,《宪法十七条》明显受到中国魏、晋、南北朝思想界主流的影响[①],亦应包括道教的影响。另外,在十二阶冠位(以德、仁、礼、信、义、智各分大小,组成十二级官位;并以紫、青、赤、黄、白、黑六种颜色之浓重的冠帽区分官位高低)中,紫冠被设定为最高位,这也有助于说明“冠位十二阶”的制定受到道教思想的影响。[②] 另外,《隋书·东夷传》“倭国条”记述倭王隆重招待隋朝使节时称:“我闻海西有大隋,礼义之国,故遣朝贡。我夷人,僻在海隅,不闻礼义,是以稽留境内,不即相见。今故清道饰馆,以待大使,冀闻大国惟新之化。”[③] 如“大化革新”,推古朝改革也可能受到《周易》维新思想的影响。孝德天皇大化三年,“制七色一十三阶之冠。一曰:织冠。有大小二阶,以织为之,以绣裁冠之缘,服色并用深紫。二曰:绣冠……三曰:紫冠。有大小二阶,以紫为之,以织裁冠之缘,服色用浅紫。”[④] 如同推古朝“冠位十二阶”,道教崇尚的紫色依然对孝德朝冠位改革发挥了重要作用。

“大化革新”是7世纪日本历史上具有重要意义的一次政治改革活动。支撑这一改革的思想理论基础亦应来自《周易》。《周易·贲卦》:“刚柔交错,天文也。文明以止,人文也。观乎天文以察时变,观乎人文以化成天下。”[⑤]《周易·离卦》:“日月丽乎天,百谷草木丽乎土。重明以丽乎正,乃化成天下。”[⑥]《周易·咸卦》:“天地感而万物化生,圣人感人心而天下和平。”[⑦]《周易·恒卦》:“日月得天而能久照,四时变

---

① 王家骅:《日本儒学史论》,王起等译,江苏人民出版社,2019,第44页。

② 《太平御览》卷七四索引《龟元箓》:“紫阁,西华玉女居之。”道教中崇尚紫色,以紫色为高贵、祥瑞,源于中国古代对北极星的崇拜(例如北极星又称“北辰”“紫宫”)。老子西出函谷关时,守城史伊喜看到东方有紫气三千里向西而来,故产生了成语“紫气东来”。中国传统中紫色代表圣人、帝王,如北京故宫又称“紫禁城”。受道教影响,今日本王室仍尊崇紫色。

③ 《隋书》卷八一,中华书局,1973,第1828页。

④ 舎人親王『日本書紀　卷二十五　孝德天皇紀』、445頁。

⑤ 《周易译注》,第107页。

⑥ 《周易译注》,第140页。

⑦ 《周易译注》,第145页。

化而能久成。圣人久于其道而天下化成。”[①]《周易·革卦》：“天地革而四时成，汤武革命，顺乎天而应乎人。《革》之时大矣哉！”[②] 可见，“周虽旧邦，其命维新”，《周易》的基本思想之一是发展变化的观念，《周易》表现的就是“化”和“革”的思想，它们是中国人祖先在上古时代对事物存在、发展状态敏锐体悟感知后提出的万事万物需要革故鼎新的理性观念和认识。接受《周易》“化”思想的道家创造了“化生”这个理念，“‘化生’是一种突破性的生，是一种质变，可以打破同类相嬗的格局；‘化生’是一种连续性的生，可以突破物与物之间因为分别而造成的种种界限和隔阂，使一切可通”。[③] 随着中国文化思想传入日本，这一思想理念也极大地影响了大化革新的推行者。

《日本书纪·孝德天皇纪》孝德天皇大化二年（646）八月庚申朔癸酉条：“诏曰：原夫，天地阴阳不使四时相乱，惟此天地生乎万物。”[④] 此处说的就是“阴阳和合”，四时有序，天地创造万物。再如，《周易·益卦》：“《象》曰：《益》，损上益下，民说无疆。”[⑤]《日本书纪·孝德天皇纪》孝德天皇大化元年（645）九月甲申条：“《易》曰：‘损上益下’。节以制度，不伤财害民。”[⑥] 这显然是受《周易》影响的话语。《日本书纪·舒明天皇纪》舒明天皇九年（637）二月丙辰朔戊寅条：“大星从东流西，便有音似雷。时人曰：‘流星之音。亦曰：地雷。’于是，僧旻僧曰：‘非流星，是天狗也。’其吠声似雷耳。”[⑦] 同纪舒明天皇十一年（639）正月己巳条：“长星见西北。时旻师曰：‘彗星也，见则饥之。’”[⑧]《史记·天官书》：“天狗，状如大奔星，有声，其下止地，类狗。所堕及，望之如火光炎炎冲天。其下圜如数顷田处，

---

① 《周易译注》，第150页。
② 《周易译注》，第226页。
③ 曹峰：《比较视野域下的中国古代宇宙论》，《光明日报》2023年4月20日。
④ 舍人親王『日本書紀　卷二十五　孝徳天皇紀』、442頁。
⑤ 《周易译注》，第192页。
⑥ 舍人親王『日本書紀　卷二十五　孝徳天皇紀』、431頁。
⑦ 舍人親王『日本書紀　卷二十三　舒明天皇紀』、405頁。
⑧ 舍人親王『日本書紀　卷二十三　舒明天皇紀』、406頁。

上兑者则有黄色，千里破军杀将。”[①]“天狗”指特征似狗的流星，本于中国古老的占星术，后被纳入道教思想体系；它的出现是一个凶兆，预示军队溃败、兵将死亡。僧旻留学隋唐24年，《日本书纪》有关“天狗”的记载明显表现出僧旻受中国占星术的影响。大化革新时，僧旻被任命为“国博士”，成为孝德天皇推行改革的重要政治顾问，他在家讲授《周易》时，甚至有重臣中臣镰足前去听讲。[②]僧旻生病时，孝德天皇“幸旻法师房，而问其疾。遂口敕恩命（或本，于五年七月云僧旻法师卧病于阿昙寺。于是，天皇幸而问之，仍执其手曰：若法师今日亡者，朕从明日亡）”。[③]僧旻深得孝德天皇的恩宠，盖因其具有深厚的《周易》知识并对大化革新发挥了重要的指导作用。

同时，关于大化革新时期孝德天皇采用“大化”年号，目前论者多以为此词源自《尚书》中的“施教化，大治天下”。然根据上述《周易》对7世纪末以前日本的巨大影响，笔者认为日本最初的公年号“大化”取自《周易》“化”“革”的思想，体现了古代日本统治者因势而谋、应势而动、顺势而为的革新精神。“大化”一词与道文化的关系更为密切。例如，东汉中后期成书的道教早期主要经典《太平经》（亦称《太平清领书》）多次出现“大化”用语，其中最著名的句子即“夫道者，乃大化之根，大化之师长也。故天下莫不象而生者也”。[④]三国时曹魏玄学家王弼（227～249）注《周易》时，对“观我生君子无咎”一句注曰：“居于尊位，为观之主，宣弘大化，光于四表，观之极者也。”[⑤]晋代著名道教经典、葛洪（284～364年）撰《抱朴子内篇》亦有“升降不为之亏，大化不为之缺也”之句。[⑥]总之，对于古代日本而言，年号“大化”类似于近代明治维新口号之一“文明开化”

① 《史记》卷二十七《天官书第五》，中华书局，1959，第1335页。

② 『藤氏家伝（鎌足伝） 上 』、塙保己一編『群書類従 巻第六十四』、群書類従発行会、1932、341頁。

③ 舎人親王『日本書紀 巻二十五 孝徳天皇紀』、454頁。

④ 王明：《太平经合校》，中华书局，1960，第680页。

⑤ 王弼：《周易注》，《景印文渊阁四库全书》第7册，台湾商务印书馆，1983，第220页。

⑥ 葛洪：《抱朴子内篇》卷十五《杂应》，张松辉译注，中华书局，2011，第264页。

的意思，孝德天皇采用“大化”这一年号，应和《周易》的“化成”“革命”思想有关。

关于日本律令制国家在大学教授的儒家经典，《养老律令》学令第五规定：“凡经，《周易》《尚书》《周礼》《仪礼》《礼记》《毛诗》《春秋左氏传》，各为一经。《孝经》《论语》学者兼习之。”[①] 在诸经中《周易》列于首位，示以高度重视；而且，其由来已久，早在大化革新时期，该经就发挥了极大的政治指导作用。体现古代日本律令制国家建设精神的“六国史”之一《续日本纪》天平宝字元年（757）十一月癸未条：“（孝谦天皇）敕曰：如闻，顷年，诸国博士、医师，多非其才，托请得选。非唯损政，亦无益民。自今以后，不得更然。其须讲，经生者，三经……阴阳生者，《周易》《新撰阴阳书》《黄帝金匮》《五行大义》。”[②] 这段记述表明孝谦天皇对当时各地无真才实学者靠营私舞弊谋取学位的现象非常不满而欲加限制，要求博士等必须会讲解相关的学问，其中阴阳生必须会讲解《周易》，足见8世纪后期《周易》的影响依然很大。另外，《日本书纪》中还设置了一个“开化天皇纪”，这里的“开化”亦耐人寻味，也应该是受《周易》与时俱进思想影响之表征。日本这个民族的开化进步世界观在江户时代已臻成熟[③]，以后更被明治维新继承发展为“文明开化”口号。

（二）天智—天武朝改革与道教

如上所述，作为道教思想的重要源头之一，《周易》的“化”“革”思想对于古代日本的重要政治改革推古朝改革和大化革新发挥了极大的理论支撑作用。道教思想对古代日本政治生活的影响还表现在对天智—天武朝政治改革的思想支撑上。

1. “三神器”的形成与道教

由于663年“白村江战役”以后古代日本的“大陆梦”受挫，为

---

① 『日本思想大系3　律令』、井上光貞［ほか］校注、岩波書店、1976、263頁。

② 藤原継縄・菅野真道『続日本紀　巻二十　孝謙天皇紀』、経済雑誌社、1897、340頁。

③ 〔日〕渡边浩：《东亚的王权与思想》，区建英译，上海古籍出版社，2016，第177~182页。

了建设中央集权制国家，天智天皇（668～671年在位）和天武天皇（673～686年在位）执政时期，古代日本实质性地向律令制国家建设阶段迈进。在此过程中，除了模仿唐朝的典章制度之外，在思想领域也加强了体现中央集权制的皇权意识的建设。为了建立天皇制，日本统治者利用神道教神化天皇的正统性和“皇统”的“万世一系”，其手段之一便是编造“三神器”说。

所谓的“三神器”包括“八咫镜”（真经津镜）、“草薙剑”（天丛云剑）、“八坂琼曲玉”（八尺琼勾玉），象征着天皇的权力、权位和权威，是一组构成统治力的皇权符号。据笔者统计，在《古事记》神代卷中，“镜”出现8次（其中，“八尺镜”出现1次），“玉”出现33次，“八尺勾璁”出现5次，“剑”出现13次（吃剑、天剑、十拳剑、十掬剑、神度剑、草那艺剑等）。在《日本书纪》神代卷中，“镜”出现17次（其中“八咫镜”出现4次），“剑”出现51次（其中，“草薙剑”出现7次，“十握剑”出现10次，“九握剑”出现3次，“八握剑”出现3次），“玉”出现78次（其中，“八坂琼曲玉”出现1次，“八坂琼之曲玉”出现5次，“八坂琼”出现11次）。《日本书纪·神功皇后纪》神功皇后摄政前仲哀天皇九年四月条：“皇后召武内宿祢，捧剑、镜令祷祈神祇，而求通沟。”[①]《日本书纪·继体天皇纪》继体天皇元年二月辛卯朔甲午条：“大伴金村大连乃跪上天子镜、剑玺符，再拜。”[②]如若此记载无误，则可知6世纪初“三神器”尚未完备。

但是，《日本书纪》神代卷记述天孙琼琼杵尊降临“苇原千五百秋之瑞穗国”日本列岛时，“天照大神乃赐天津彦彦火琼琼杵尊八坂琼曲玉及八咫镜、草薙剑三种宝物”。[③]《日本书纪·景行天皇纪》记载，景行天皇十二年九月甲子朔戊辰，天皇南征筑紫（今日本九州），到达周芳娑磨，令臣下“察其状”时，“爰有女人，曰神夏矶媛，其徒众甚多，一国之魁帅也。聆天皇之使者至，则拔矶津山之贤木，以上枝挂八

① 舎人親王『日本書紀　巻九　神功皇后紀』、162頁。

② 舎人親王『日本書紀　巻十七　継体天皇紀』、285頁。

③ 舎人親王『日本書紀　巻二　神代下』、50頁。

握剑，中枝挂八咫镜，下枝挂八尺琼。亦素幡树于船轴，参向而启之曰：'愿无下兵，我之属类，必不有违者，今将归德矣。'"[①]《日本书纪·仲哀天皇纪》记载，仲哀天皇八年正月己卯朔壬午，天皇幸筑紫，"冈县主祖熊鳄闻天皇车驾，豫拔取五百枝贤木，以立九寻船之轴。而上枝挂白铜镜，中枝挂十握剑，下枝挂八尺琼。参迎于周芳沙麽之浦，而献鱼盐地"。[②] 由此可知，7世纪末至8世纪初编纂《日本书纪》的时代，"三神器"说已然形成。"三神器"的形成明显受道教思想的影响，其理由阐述于下。

（1）镜子与道教

对于古代日本人而言，镜子具有重要的宗教意义。弥生和古坟时代的墓葬出土了大量的陪葬铜镜，而且这些镜子一般镜面朝棺被置于墓主头部位置或周边，显然欲使其发挥辟邪驱妖、保护墓主的作用。同时，《古事记》神代卷中有很多有关镜子的记述，且这些镜子均作为法器出现。例如，天孙琼琼杵尊受命降临"苇原中国"，天照大神赐给他八尺勾璁、镜及草那艺剑，并诏曰："此之镜者，专为我御魂而。"[③] 这些记述表现出镜子对于古代日本人而言具有重要的宗教意义。而且，通过对镜子的大量占有，倭王能够在政教合一的倭王权中强化自己的政治权威。《三国志·魏书·东夷传》记载，景初二年（238）六月，邪马台国女王卑弥呼遣使通聘曹魏王朝，魏明帝赐予她大量物品，其中包括"铜镜百枚"。[④] 这是曹魏统治者对倭王投其所好，以使日本加入中国的朝贡体制。

"古人对于透明或能反射底物质都以为具有神秘力能力，最普遍的是镜子。"[⑤] 镜子与道教也具有密切的关系。在道教中，镜子是照妖辟邪的法器。道教有《水镜录》《玄珠心镜注》《洞玄灵宝道士明镜法》等大量有关镜子的典籍，与镜子有关的词语更是不胜枚举。《抱朴子内

① 舎人親王『日本書紀　巻七　景行天皇紀』、135頁。

② 舎人親王『日本書紀　巻八　仲哀天皇紀』、157頁。

③ 〔日〕安万侣：《古事记》，第55页。

④ 《三国志·魏书》卷三十《东夷传》，中华书局，第857页。

⑤ 许地山：《道家思想与道教》，第136页。

篇·杂应》：

> 或用明镜九寸以上自照，有所思存，七日七夕则见神仙，或男或女，或老或少，一示之后，心中自知千里之外，方来之事也。明镜或用一；或用二，谓之“日月镜”；或用四，谓之“四规镜”。“四规”者，照之时，前后左右各施一也。用四规所见来神甚多。[①]

以镜照人，人则现形，对于缺乏光学知识的古人而言，这是莫大的神异现象，他们认为若照邪魅，其形亦现于镜中，佩上法镜，则邪魅不敢靠近，遂视镜为驱邪之器而膜拜。中国古人还认为镜子有洞鉴灵魂的作用，如唐日月星辰八卦镜铭曰：“天地含象，日月贞明，写规万物，洞鉴百灵。”[②] 要之，镜子在道教信仰中成了具有特殊宗教作用和意义的法器。从汉代的神兽镜到唐代的王子乔吹笙引凤镜，再到宋代的仙人渡海镜、仙人降龙镜[③]，诸如此类，道教传说中的各类仙人形象在中国古代铜镜中均有出现。另外，中国古人认为镜子还有驱邪照妖的作用，犹如李商隐《李肱所遗画松诗书两纸得四十韵》中所吟：“我闻照妖镜，及与神剑锋。寓身会有地，不为凡物蒙。”由于道教所用之镜有复杂的工艺要求，一般的造镜工匠难以达到，故道士往往自铸。

早在汉魏时期，中国铜镜即已传入日本，而且这些铜镜上铸有道教东王父、西王母的神像或道教瑞兽的花纹。[④] 随着道教以较大规模传入日本，受其影响，古代日本“三神器”中开始出现“八咫镜”，其故厥有三端：①从迄今的考古发掘成果观察，镜子最初是在中国生产，后传入日本，尽管古代日本人具有以镜子为宗教器具的信仰基础；②镜子在道教中即已属重要法器；③“八”系道教常用数字。

---

① 葛洪：《抱朴子内篇》卷十五《杂应》，第493页。

② 张文超：《驻马店市博物馆馆藏唐八卦朱雀纹铜镜考释》，《文物鉴定与鉴赏》2020年第6期。

③ 顾岩：《安徽六安花石嘴出土宋代铜镜浅识》，《文物鉴定与鉴赏》2019年第8期。

④ 文化財研究所奈良文化財研究所『日本の考古学　上』、学生社、2007、337頁；小林行雄「三角縁神獣鏡の研究：型式分類編」、『京都大学文学部研究紀要』第13号、1971。

（2）剑与道教

道教是追求长生不老、人间欢乐的宗教。为了保证长命久视、化羽成仙，道教最为避讳的是破坏生命的妖魔，于是驱妖降魔成为其主要科仪。此时，刀剑自然成了斩杀妖魔、辟邪制怪、祛祸消灾的法器。如《道门通教必用集》（收入《道藏》第984、985册）卷七《威仪篇》即记载了斋醮坛场所使用的三首剑咒；道教咒语汇编《太上三洞神咒》（收入《道藏》第33~35册）中的卓剑咒、火铃神咒亦为以剑驱邪的咒语。同时，道教“尸解”法术中的神秘修仙术“剑解”也是通过“托形剑化”来实现修道飞升。因此，东汉末年道教创立以后，剑就成为道教的重要法器之一，从六朝开始在道教史中扮演了重要角色。①

另外，剑在道教中象征神仙身份、神界等级、修行层次等。例如，中国五代时期的孙夷中撰《三洞修道仪》中详细记载了不同修行品阶的三洞道士佩戴不同形质的法剑。② 陶弘景（456~536）是南朝齐、梁著名的道教学者，也是道教茅山派的创立者。《梁书·陶弘景传》：“大通初，令（陶弘景）献二刀于高祖，其一名善胜，一名威胜，并为佳宝。”③ 据说为陶弘景所撰《古今刀剑录》中称梁武帝命其造神剑十三口。④

在东亚地区，剑最早产于中国。在中国辽宁式青铜剑文化的基础上形成的朝鲜半岛“细形青铜剑文化”南下北九州，繁荣了日本弥生铜剑文化。⑤ 弥生时代经由朝鲜半岛传入日本的细形铜剑、狭锋铜矛、狭锋铜戈，“均制作精致，身狭形巧，刃经细心磨研，其锋锐利，是可以供实际使用的真正铜利器”。但这些武器在日本的仿制品，即平型铜

① 〔日〕福永光司：《道教的镜与剑》，载刘俊文主编《日本学者研究中国史论著选译（第七卷）：思想宗教》，许洋主等译，中华书局，1993，第386~445页；李丰楙：《六朝剑镜传说与道教法术思想》，载李丰楙《神化与变异：一个“常与非常”的文化思维》，中华书局，2010，第231~250页。

② 张泽洪：《论道教的法剑》，《中国道教》2002年第3期。

③ 《梁书》卷五一《陶弘景传》，中华书局，1974，第743页。

④ 程荣纂辑《汉魏丛书》，吉林大学出版社，1992，第748页；王家葵：《陶弘景丛考》，齐鲁书社，2003，第93~95页。

⑤ 李丙燾『韓国古代史　上　』、六興出版、1979、73-81頁。

剑、广锋铜剑和广锋铜戈，“均形体较大，铜质不良。宽锋的器身扁平，尖端很钝。刃在铸造后未经加工，根本无法切割，有的畸形不能用，有的剑扁平无刃，有的矛柄部实心而无孔。故推测应该是非实用品，可能是祭器。在岛根县荒神谷遗址一处即发现358件铜剑，此处应为祭祀场所”。[①] 概言之，日本的剑文化起源于中国，剑从中国经由朝鲜半岛传入日本后蜕化成宗教器具，以后受道教重“三”思维的影响，由神话故事支撑的“草薙剑”被纳入“三神器”。

（3）玉与道教

以玉为美、以玉为贵、以玉藏礼、以玉为瑞、以玉论德是中华文化的重要特征之一。据统计，《文心雕龙》中和“玉”有关的词语有60多处，所占篇幅有35篇之多，超过总篇数2/3。[②] 约9000年前，中国先民已开始认识和使用玉，以玉玦为装饰物（如黑龙江省饶河县小南山文化）。在中国内蒙古自治区赤峰市附近的兴隆洼文化遗址也发现了距今8000年的玉玦。这些制玉技术向南向东传播，至迟在约7000年前到达长江下游地区；向东北传播到俄罗斯远东沿海州和日本列岛中部，成为古代东方史前至夏、商、周时期文明的代表性装饰。[③] 距今6000年的红山文化动物形玉器，数量较多，玉质较好，造型简洁、传神，普遍采用细线刻画、浮雕、钻孔等工艺，是红山文化玉器的一大特色。[④] 距今5300~5800年的凌家滩遗址（位于安徽省马鞍山市含山县铜闸镇）的80公斤巨型玉猪、玉龟壳夹持的八角形纹玉版以及距今5300年的良渚文化中高度发达的玉器，亦为明证。夏、商、周以后，中国人用玉制成玉璧、玉琮、玉圭、玉璋等礼器，以规范社会秩序和治理国家，或祭祀天地诸神，希冀神灵保佑风调雨顺、五谷丰登、国泰民安。《说文解字》：“玉，石之美，有五德润泽，以温仁之方也。”[⑤] 玉的美质、通透、

---

① 陈国庆：《日本旧石器——古坟时代考古学》，科学出版社，2016，第185页。

② 袁晓聪：《文心雕龙的以玉论文德》，《光明日报》2023年2月27日。

③ 明海英：《玉文化蕴含深厚中华文明基因——访中国社会科学院学部委员王巍》，《中国社会科学报》2022年9月9日。

④ 张帆：《红山文化动物形玉器考古发现和研究综述》，《黑龙江史志》2010年第17期。

⑤ 许慎：《说文解字》，天津古籍出版社，1991，第10页。

温润等矿物特性，与中国人的道德评判基准较契合，遂将玉比德，玉成了高洁人品的象征。于是，玉器除了承载祭祀天地的功能外，又成为一种具有社会道德含义的重要物质载体。中国古人的崇玉信仰，后为民族宗教道教所吸收。以玉为法器祭祀祖先、神灵，玉化为古代中国人与祖先和神灵沟通的媒介。《礼记·月令》：仲春之月，“是月也，祀不用牺牲，用圭璧，更皮币”。[①]《周礼·春官·大宗伯》亦曰：“以玉作六器，以礼天地四方”。[②] 以“玉”祭神、通神，发展到以“玉”喻神、称神，从而使玉与神仙思想紧密地联系起来。[③]

在道教中，一些称谓天帝诸神的词语均与玉有关。例如，称至高无上的天之主宰为“玉帝”“玉皇”；称玉帝的居处为“玉虚”；称天神的居所为“玉台”；称神仙的住所为“玉宇”“玉楼”；称仙人所居的宫殿为“玉阙”“玉门”；称仙女为“玉女”；道教书称作“玉简”“玉册”等。《穆天子传》载，周穆王西巡昆仑山，“天子觞西王母于瑶池上”，“天子宾于西王母。乃执白圭玄璧以见西王母”。[④] 玉器成了拜谒西王母的法器。《抱朴子内篇·对俗》云：“金玉在九窍，则死人为之不朽。”[⑤] 基于对玉的高度崇拜，道教还形成了“服玉”成仙的观念和科仪。

而在日本列岛，早在绳文时代，玉就成了重要的装饰品。弥生和古坟时代的日本墓葬出土了很多勾玉、管玉装饰品。勾玉是弯曲成“C”形的一种玉，而且勾玉多为从中国传入的硬玉制成。[⑥] 弥生和古坟时代重视勾玉，是以后出现“三神器”之一的“八尺琼勾玉”的思想基础。《古事记》神代卷记载，建速须佐之男命与天照大神立誓时，取天照大神头上和身上的勾玉咬碎后从喷出去的雾气里生出了五尊神。[⑦] 由此可

① 《礼记译注》，杨天宇译注，上海古籍出版社，2004，第180页。

② 《礼记译注》，第280页。

③ 任义灵：《玉与道教的神仙信仰》，《中国道教》2006年第1期。

④ 《穆天子传》，高永旺译注，中华书局，2019，第92~93页。

⑤ 葛洪：《抱朴子内篇》卷三《对俗》，第93页。

⑥ 陈国庆：《日本旧石器——古坟时代考古学》，第212、262页。

⑦ 〔日〕安万侣：《古事记》，第19页。

见勾玉对于古代日本人而言一定具有神性。

总之，如同日本稻作文化背后存在高度发达的中国稻作文化的影响，古代日本玉文化背后也存在高度发达的中国玉文化的影响。日本“三神器”之一“八尺琼勾玉”的形成应与中国玉文化的影响密切相关。事实上，在道教中，也将玉器、宝剑的组合作为宗教权威传承的象征。例如，天师道以玉玺和宝剑为天师的宗教权威。元朝至元十八年（1281）、二十五年（1288），江南正一道36代天师两度入觐元世祖忽必烈，世祖取天师世传玉印、宝剑观看，对近臣说：“朝代更易已不知其几，而天师剑印传子孙若孙尚至今日，其果有神明之相矣乎！”①

（4）道教与术数

“殷代语言文字奠定了汉语思维中最基本的一些重要概念。如汉语思维中表示方位的上下、左中右、东南西北，表示十进制数字的一至十和百千万，表示体积大小，表示时间的年（祀、岁）月旬、今昔来翌，表示时刻的朝夕旦夙，表示天气的风雨雷电、阴天晴天，等等。”② 可见，早在殷商时期，中国的数字文化和时间文化已经很发达。《道德经》第三十九章：“昔之得一者：天得一以清，地得一以宁，神得一以灵，谷得一以盈，万物得一以生，侯王得一以为天下贞。其致之。”③《庄子·齐物论》：“一与言为二，二与一为三。自此以往，巧历不能得，而况其凡乎？故自无适有，以至于三，而况自有适有乎！无适焉，因是已。”④ 诸如此类，人类在认识、探索纷繁复杂、变化多端的自然和社会现象的过程中，往往以数字和数学为演绎、归纳、综合的工具进行思考。科学理论和思想学说的形成是一个与数学互动的过程，这是人类思维能力进步的表现。道教理论形成过程中亦遵循了这一认识论原则。对于道家而言，“数与道非二本”，“‘道’是无形的宇宙本体，数是宇宙底现象，但不是物质。物质是从‘数’再行综合而起底。物质

① 牟钟鉴、张践：《中国宗教通史》，社会科学文献出版社，2000，第732页。

② 刘源：《殷商古文字对中华传统思维的塑造和影响》，《光明日报》2023年4月18日。

③ 《老子道德经注校释》，第105~106页。

④ 《庄子》，第31页。

底起源，照后来的五行家及谶纬家底说法是由于天地底数互相配合而成”。[①] 道教继承了道家思维，也常运用象数来阐明事物的本质规律，此时数字已非纯粹的数字，而具有某种象征意蕴。“三”与“八”作为此类数字，频现于道教理论。例如，道教最高经典《道德经》第四十二章：“一生二，二生三，三生万物。”[②] “三”为万物本源。道教的最高神叫作“三清道祖”（玉清元始天尊、上清灵宝天尊、太清道德天尊）。道教早期主要经典《太平经·和三气兴帝王法》主张三名同心的调和论：“元气有三名：太阳、太阴、中和。形体有三名：天、地、人。天有三名：日、月、星，北极为中也。地有三名，为山、川、平土。人有三名：父、母、子。治有三名：君、臣、民，欲太平也。”[③] 道教敬尊远古的三位明君尧、舜、禹为天、地、水三官，称“三官大帝”或“三元大帝”“三官帝君”，全称“三元三品三官大帝”；道教的唐、葛、周三将军史称“三灵侯”“三元将军”“三元真君”；道经中有《三洞珠囊》；等等。古汉语中“三~”结构的词更是不胜枚举。

与此同时，“八”也与道教思想关系密切。例如，道家谓神仙所居之“洞天”分为“上八洞”“中八洞”“下八洞”，分别居住着天仙、神仙、地仙，总称“八洞神仙”。道教以汉钟离、张果老、铁拐李、韩湘子、曹国舅、吕洞宾、蓝采和、何仙姑八仙为“八洞神仙”；道教上清派主要经典《黄庭经》提出“八景二十四真”的人体结构；道教的导引吐纳法中有“八段锦导引法”；道士炼丹的八种矿石叫作“八石”；仙人有八景玉舆，“以游行上清”；道人治病，使用八尺布帊；道教长寿道术中有“八毒以应八风”；道教的一种镇邪符节叫作“八威之节”；道教还有八大神咒、八卦占法，还讲求人的“生辰八字”，等等。《周易·系辞上传》：“《易》有太极，是生两仪，两仪生四象，四象生八卦。”[④] “八卦”（乾、坤、震、巽、坎、离、艮、兑）分别代表天、

① 许地山：《道家思想与道教》，第155页。
② 《老子道德经注校释》，第117页。
③ 王明：《太平经合校》，第19页。
④ 《周易译注》，第324页。

地、雷、风、水、火、山、泽八种自然现象，表示事物自身变化的阴阳系统。在《周易》中，以“八卦”为基础组合成“六十四卦”，代表万物之所由生，象征着一切自然现象和社会现象。关于道教与“八”的关系，《隋书·经籍志》“道经”部说得很清楚：“凡八字，尽道体之奥，谓之天书。字方一丈，八角垂芒，光辉照耀，惊心眩目，虽诸天仙，不能省视。”[①]“八”之于道教的神圣，由此可见。

另外，代表方向或方位的古汉语词有“八方”“八纮”“八冥”“八远”“八通”“八表”“八隅”“八面”“八埏”“八荒”“八裔”“八冲”“八维”“八遐”“八镇”“八闽”“八区”“八殥八泽”“四荒八极”“四衢八街”“四荒八野”“四至八到”“四邻八舍”等，这些词意指很多或所有的地方、方位。汉语中能够体现“八”代表众多或全部之意的成语或词语亦不在少数。距今8000年的湖南省洪江市高庙遗址出土的一件白篾器身上有兽面图像，“兽面外有圆圈，圈外以不同图形分出八方”。[②]对于古代中国人而言，“八”代表完全、完备、完美，该认识应来自他们以“八方”“八维”等词代表全体空间的经验哲学，后被注重追求人的“全性”“全生”“完寿”的道教尊崇、吸收，或源自《周易》“八卦”代表宇宙万物的意涵。

在日本，据笔者统计，《古事记》中“八”字出现了153次，其中绝大多数用于人名。人名之外的用法主要有大八洲、八荒、八十一艘、八寻殿、大八岛国、八神、八雷神、八尺勾璁、八百万神、八稚女、八头、八尾、八谷峡、八盐折、八门、八佐受岐、八十神、八田间、八年、八日、八夜、八衢、八咫乌、八十膳夫、八柱、八拳、八缦、八矛、八十王、八寻矛、八重、八种、八目、八度、八弦琴等。而在《日本书纪》神代卷中，“八”字出现了91次，构成的主要词语有八神、大八洲国、八寻之殿、八人、八十枉津日神、八百重、八握剑、天八十河、八色雷公、八雷、八咫镜、八坂琼曲玉、八十万神、八十诸

① 《隋书》卷三十《经籍志四》，第1092页。

② 李新伟：《史前“天极宇宙观”溯源——从高庙文化陶器图像说开去》，《光明日报》2023年12月10日。

神、八十玉签、八个少女、八岐大蛇、八酝酒、八间、八丘八谷、八瓮、八十木种、八千戈神、一百八十一神、八日八夜、八重、八十隅、八年、八达之衢、百八十纽、百八十缝、八目鸣镝、八日、八十连属等，还有用于人名的狭漏彦八岛筱、坂轻彦八岛手命、稻田宫主篑狭之八个耳等。另外，日本皇室陵墓中有八角坟，出现年代为7世纪中期至8世纪初，如草壁皇子的墓葬束明神古坟[①]以及天武天皇陵等。可见古代日本人亦崇尚“八”，这或为道教影响所致，而非缘于神道教。在日语中，“八”不仅是具体的数字，还含有“很多”“众多”之义。

至于“三”，除了“三神器”之外，以“三”字构成、指称某种具体事物的词语（除人名之外），在《古事记》和《日本书纪》神代卷中还有三贵神、三柱神、三子岛、三贵子、三王、三重、三色、三种虫、三歌、三神、三子洲、三女神、三诸山、三轮之神、三床等。古代日本人重“三”，亦应来自中国人的崇“三”文化。“三”在中国属于极常用的数字。《周易》符号体系建于三和六（三的二倍）之上。《周易》卦爻辞中有21处用了“三”字，“三”字是《周易》中用得最多的数字。[②]《周易·系辞下传》：“《易》之为书也，广大悉备。有天道焉，有人道焉，有地道焉。兼三才而两之，故六，六者非它也，三才之道也。”[③]《说文解字》释“三”：“三，天地人之道也。”[④]葛洪《抱朴子内篇·地真》称：“道起于一，其贵无偶，各居一处，以象天地人，故曰‘三一’也。”[⑤]古代中国人重“三”盖源自天、地、人宇宙观。《周易·说卦传》有云：“立天之道曰阴与阳，立地之道曰柔与刚，立人之道曰仁与义。兼三才而两之，故《易》六画而成卦。”[⑥]说明至迟从战国时期中国人就形成了将整个宇宙划分为“天地人”三才的本体论和宇宙观。这种宇宙观被道教吸收，并影响了古代日本。

① 河上邦彦『東明神古墳の研究』、奈良県立橿原考古学研究所、1999。
② 吴慧颖：《中国数文化》，岳麓书社，1996，第16页。
③ 《周易译注》，第354页。
④ 许慎：《说文解字》，第9页。
⑤ 葛洪：《抱朴子内篇》卷十八《地真》，第582页。
⑥ 《周易译注》，第363页。

毕达哥拉斯曾说过："万物皆数。"虽言过其实，但反映了数字对认识客观世界的重要性。如上所示，7世纪以前日本人并不是偶然使用"八"或"三"来命名或指称事物，而是相当规则化、习惯化地使用这些数字。对于他们而言，这些数字已经是"数术"或"术数"的知识体系和思想观念。6世纪至7世纪初日本从中国南朝和百济输入了历博士与历法，可是日本采用中国的《元嘉历》（南朝刘宋何承天制作，692年被日本采用）和《仪凤历》（唐李淳风制作的《麟德历》，697年被日本采用）是在7世纪末持统天皇时期。《日本书纪·天智天皇纪》天智天皇十年（677）四月丁卯朔辛卯条："置漏克（刻）于新台，始打候时，动钟鼓，始用漏克。此漏克者天皇为皇太子时始亲所制造也。"[①] 考古发掘也发现了其遗址[②]，证实7世纪后期日本才采用漏刻计时法（中国至晚在汉朝开始使用漏刻计时法）。津田左右吉甚至认为《日本书纪》尽管采用了中国历法记写年月而具有编年纪的体例，但推测编纂此书的时代，中国历法知识尚未真正被日本采用。[③] 735年吉备真备从唐朝带回日本的汉籍中有《太衍历经》一卷、《太衍历立成》十二卷，还有侧影铁尺一枚。[④] 这也有助于说明8世纪初日本对中国历法的采用尚未完成。科学技术的发展和数学的发展相辅相成，根据上述7世纪日本天文历法和计时技术的发展程度能够推知，其全社会的数学发展程度有限，遑论当时日本人的抽象思维能力达到能够驱使"数术"或"术数"进行归纳、总结、指称事物的哲学思考高度。汉字数词传入日本以后，固有日语（和语）中的"11"以后的数词被汉语词取代，亦说明日本民族的固有数字文化并不发达。因此，《古事记》和《日本书纪》神代卷中有体系地使用数字"八"和"三"应该是7世纪以前日本人受道教"数术"或"术数"影响的结果。

---

① 舎人親王『日本書紀　巻二十七　天智天皇紀』、485頁。

② 浜島書店編集部『新詳日本史』、浜島書店、2003、48頁。

③ 津田左右吉「上代史の研究方法について」、『津田左右吉全集　第三巻』、岩波書店、1963、405頁。

④ 鈴木靖民『古代日本の東アジア交流史』、勉誠出版、2016、244-245頁。

“神道”一词最早出现于《周易·观卦》的《彖》辞：“……观天之神道，而四时不忒，圣人以神道设教，而天下服矣。”[①] 其意为灵妙之自然法则。而“神器”一词应源于《道德经》中的“天下神器，不可为也。为者败之，执者失之”。[②]“三神器”说形成后，对古代日本政治产生了极大的影响。在编纂《古事记》和《日本书纪》时，通过编造“三神器”，给日本皇权的确立提供神学依据；之后，“三神器”对巩固天皇制和增强日本民族的国家自信也发挥了巨大的作用。例如，中世形成的两部神道（真言神道）的经典《丽气记》中写道八咫镜“是天照皇太神御灵镜”。[③] 中世天台宗僧人慈圆（1155～1225）也在《愚管抄》中对自古以来就作为皇位象征的“三神器”做了评论，认为“三神器”因水火之灾已非固有的样子，因此世间已经进入了武士时代。但北畠亲房在《神皇正统记》中认为“三神器”原样存在，因此主张谁拥有“三神器”谁就拥有正统皇位这一“正理”。江户时代，日本人则以拥有“三神器”为日本优越于他国的条件。例如，神道家立石垂颖说：“夫西土之国所为，伪主乱真，闰位蔑正，匹夫升宝座，夷狄为皇帝。岂能与吾邦百王授受三神（神器）统一之道同日而语。此乃万世之公议也。”[④] 儒学家栗山潜峰在分析“保元之乱”中崇德上皇与后白河天皇的皇权之争时，支持当以奉神器者为天皇。“古昔三器通谓之玺，玺者信也。皇祖之授玺也。持宝镜曰吾儿视此当犹视吾。又曰莫思尔祖……奉安三物，亲祭不懈，以为祖先之神，以为天位之信，又以为修己之具，又以为驾天下之器。护身之灵者，镇宇之神物，万物之公议也。终不容伪主之乱真，闰统之蔑正，则世道虽夷，王风虽降，三玺之尊自若也。至以躬拥三器为我主，则臣要质之鬼神而无疑，百世以

---

① 《周易译注》，第99页。

② 《老子道德经注校释》，第76页。

③ 『麗気記』、『続群書類従　第三輯上　神祇部五十九』、続群書類従完成会、芳文社、1974、108頁。

④ 立石垂頴「神儒弁疑」、鷲尾順敬編『日本思想闘争史料　第四巻』、名著刊行会、1970、220頁。

俟圣人而不感。”[①] 儒学家三宅观澜在《中兴鉴言》中也认为“统之归于不归，朝廷之名分已定矣……至于时主，以推神器之有归，而揭皇统与将绝，论者或谓其显微扶正，几得《春秋》之遗意云……或谓正统之辨无以多为，以神器所为卜之耳……后之观余言者，将益叹世道之降云”。[②] 二者都继承了《神皇正统记》的“神器论”思想，为论证天皇正统地位和日本国家名分寻找理论依据。这种“神器论”也影响到《大日本史·神祇志》的编纂，就此周一良指出：“光国等崇儒排佛，极力鼓吹神道之信仰，以发扬日本固有之精神，是以有《神祇志》之作，而列于篇首。‘首述皇统之所出，神器之所传，与神祇之功烈。’”[③] 时至今日，在日本，新天皇即位时祭祀、授受“三神器”依然是即位仪式中不可或缺的重要内容，这一仪式“意在沟通作为皇祖的太阳神和现世太阳神之间的精神联系，从而确证天皇的神谱体系”。[④]

2. 天皇制的确立与道教

关于倭王启用“天皇”号，由“大王”升格为“天皇”，笔者曾做论述，基本看法是唐高宗使用的“天皇”号通过新罗影响到日本。在日本律令制国家建设时期，倭国大王出于与唐高宗平起平坐的政治意图，通过新罗采行了“天皇”号。与此同时，笔者认为道教对天武天皇的影响也为他启用“天皇”号提供了思想基础。[⑤]《野中寺藏金铜米勒菩萨像台座铭文》（现藏于日本野中寺）记述：

丙寅年四月大旧八日癸卯开记。栢寺智识之等，诣中宫天皇，

① 栗山潜鋒「保建大記」、高須芳次郎編『水戸学大系第七巻　栗山潜鋒集・三宅観瀾』、水戸学大系刊行会、1941、16-17 頁。

② 三宅観瀾「中興鑑言」、高須芳次郎編『水戸学大系第七巻　栗山潜鋒集・三宅観瀾』、99-100 頁。

③ 周一良：《〈大日本史〉之史学》，载〔日〕德川光圀《日本史记》，安徽人民出版社，2013，第 27 页。

④ 严绍璗：《战后 60 年日本人的中国观》，载《严绍璗文集》卷三，北京大学出版社，2021，第 120 页。

⑤ 具体参阅蔡凤林《东亚历史视域下的日本天皇制形成过程探析》，《日本文论》2021 年第 1 辑。

大御身劳坐之时，请愿之，奉米勒御像也。友等人数一百十八，是依六道四生人等，此教可相之也。

中国古代天文学家为了认识星辰和观测天象，将天上的恒星数颗分为一组，且为每个组合定名，这样的恒星组合被称为“星官”。星官划分为三垣二十八宿等较大的区域，其中三垣包括紫微垣、太微垣、天市垣。紫微垣亦称紫微宫，属三垣的中垣。古代中国人出于星辰崇拜，认为紫微垣是天帝居住的内院（除了天帝，天后、太子、宫女亦居于此）。《宋史·天文志》：“紫微垣东蕃八星，西蕃七星，在北斗北，左右环列，翊卫之象也。”① 紫微垣在“三垣”中位于中央，故亦称中宫。而“天皇”是道教“三皇”之一②，故上示《野中寺藏金铜米勒菩萨像台座铭文》中出现的“中宫天皇”应与道教有关。一般认为《野中寺藏金铜米勒菩萨像台座铭文》中出现的丙寅年为 666 年，即中大兄皇子称制 5 年，铭文中的“天皇”应指即位前的天智天皇。如若此说能够成立，则说明受道教影响，“天皇”号作为一种尊号在天智天皇时期已被使用，而在天武天皇时期为与唐朝皇帝并立，正式采用“天皇”号。

天武天皇是古代日本具有浓厚道教色彩的统治者。《日本书纪·天武天皇纪》中有很多能够体现此点的记述。例如，天武天皇四年（676）正月丙午朔条：“大学寮诸学生、阴阳寮、外药寮及舍卫女、堕罗女、百济王善光、新罗仕丁等，捧药及珍异等物进。”③ 天武天皇十三年（685）二月癸丑朔丙子条：“飨金主山于筑紫。庚辰，遣净广肆广濑王、小锦中大伴连安麻吕及判官、录事、阴阳师、工匠等于畿内，令视占应都之地。”④ 朱鸟元年（686）甲寅条：“天武天皇召诸才人，博士、阴阳师、医师者，并廿余人，赐食及禄。”⑤ 朱鸟元年庚午条：

① 《宋史》卷四九《天文志二》，中华书局，1977，第 973 页。

② 吉宏忠主编《道教大辞典》，上海辞书出版社，2020，第 180 页。

③ 舎人親王『日本書紀　巻二十九　天武天皇紀』、506-507 頁。

④ 舎人親王『日本書紀　巻二十九　天武天皇紀』、531-532 頁。

⑤ 舎人親王『日本書紀　巻二十九　天武天皇紀』、540 頁。

“工匠、阴阳师、侍医、大唐学生及一二官人，并三十四人授爵位。”[①]而且，天武天皇在横河占黑云时使用的“式”在中国典籍中写作“栻”（如《汉书·王莽传》[②]），为古代中国人占卜时日的器具。天武天皇的和风谥号是“天渟中原瀛真人”，其中“渟中原”是指开拓沼泽地建造的飞鸟净御原宫，“瀛真人”的“瀛”指“瀛海”，和道教的三座仙山（蓬莱、瀛洲、方丈）之一瀛洲有关，“真人”更与道教有关（《庄子》称理想的人格为“真人”“神人”“至人”）。天武十三年（685）十月，日本制定了“八色姓”，其中的“真人”和“道师”二姓和道教有关[③]，甚至可以认为“八色姓”爵位制本身应是受道教尊“八”数术的影响而形成。另外，日本的古代国名“大八岛国”“大八洲”（《大宝律令》的注释书《令集解》：“率土之内，谓大八洲是也。”[④]）的产生也不能不考虑道教数术的影响。《日本书纪·天武天皇纪》中有很多有关道教的记述，研究者从文学视角亦予探究。[⑤]同时，天武天皇被古代日本人称颂为“神”（如《万叶集》卷十九第4260、4261首和歌[⑥]），亦应与道教神仙思想密切相关。《古事记》第198段记述：

（雄略）天皇幸行吉野宫之时，吉野川之滨有童女。其形姿美丽，故婚是童女而还坐于宫。后更亦幸行吉野之时，留其童女之所遇，于其处立大御吴床而坐其御吴床，弹御琴，令为儛其娘子。尔因其娘子之好儛，作御歌。其歌曰：“阿具良韦能。加微能美弖母知。比久许登尔。麻比须流袁美那。登许余尔母加母。”[⑦]

① 舎人親王『日本書紀　巻二十九　天武天皇紀』、541頁。
② 《汉书》卷九九下《王莽传下》，第4190页。
③ 上田正昭「和風諡号と神代史」、上田正昭『古代の道教と朝鮮文化』、人文書院、1989、53頁。
④ 『令集解　第2』、国書刊行会、1912、182頁。
⑤ 吉井巌「青雲攷」、『萬葉』第5巻第10号、1957、31-39頁；阪下圭八「天武天皇伝一斑」、阪下圭八『初期万葉』、平凡社、1978；矢作武「天武紀とその周辺」、和漢比較文学会編『和漢比較文学研究叢書2　上代文学と漢文学』、汲古書院、1986；江口洌『古代天皇と陰陽寮の思想—持統天皇歌の解読より—』、河出書房新社、1999。
⑥ 『日本の古典2　万葉集』、折口信夫訳、河出書房新社、1971、463頁。
⑦ 『日本思想大系1　古事記　下巻』、274頁。

（译文：雄略天皇往去吉野宫的时候，在吉野川的河边，有一少女，其姿容甚美，乃召幸此少女，而还宫焉。其后更往吉野时，在遇此少女的地方停留，立大吴床。在吴床上弹琴，而令此少女伴舞。少女舞得很好，天皇因作歌，其歌曰：“坐吴床上的神，亲手弹着琴，舞着的女人啊，愿得此景常在啊。”[①]）

位于奈良盆地南部的吉野被古代日本人视为仙境，成了天皇向往的圣地。《日本书纪·应神天皇纪》中就已经出现了应神天皇“幸吉野宫”的记载。[②]《日本书纪·雄略天皇纪》亦载雄略天皇两次行幸吉野宫。[③] 上引《古事记》第 198 段内容将雄略天皇描写成在吉野遇仙女并与仙女享乐的神仙形象，这是古代日本人首次将天皇描写成神。[④]

《日本书纪·雄略天皇纪》雄略天皇四年二月条还记述了雄略天皇在葛城山狩猎时，“忽见长人，来往丹谷，面貌容仪相似天皇。天皇知是神，犹故问曰：‘何处公也?’长人对曰：‘现人之神。’先称王讳，然后应道。天皇答曰：‘朕是幼武尊也。’长人次称曰；‘仆是一事主神也。’遂与盘于游田。驱逐一鹿，相辞发箭，并辔驰骋，言辞恭恪，有若逢仙。于是日晚田罢，神侍送天皇至来目水。是时百姓咸曰：‘有德天皇也。’”[⑤] 雄略天皇在葛城山畋猎时遇到了“现人之神”（即“现人神”“现御神”）一事主神，并与之“并辔驰骋，言辞恭恪”，狩猎结束之后还得到神的“侍送”。这个故事不仅是雄略天皇的遇仙记，而且表现出雄略天皇也是“现人之神”。古代日本人将天皇视为“现人神”始于雄略天皇，雄略天皇执政的 5 世纪后半期，日本与中国南朝关系密切，日本人可能是在这个时期受道教神仙思想的影响而视雄略天皇为“现人之神”。《万叶集》卷一第 25、26 首和歌收录了天武天皇行幸

① 〔日〕安万侣：《古事记》，第 208 页。

② 舎人親王『日本書紀　巻十　応神天皇紀』、185 頁。

③ 舎人親王『日本書紀　巻十四　雄略天皇紀』、237、239 頁。

④ 上田正昭『私の日本古代史　上』、株式会社新潮社、2012、314-315 頁。

⑤ 舎人親王『日本書紀　巻十四　雄略天皇紀』、239 頁。

吉野时的御制和歌两首。[①] 其中一首是："吉人凝望吉祥地，遂名此地为吉野。吉人行幸地，尔等亦须望。"折口信夫解析此和歌，称此和歌盖因自很早以来流传的吉野有仙人居住的传说而作。[②] 另一首和歌也表现了天武天皇向往吉野仙人的主题。在原始神道教中活人是不能成神的，为了将天武天皇塑造成"现人神"或"现御神"，《日本书纪》刻意安排雄略天皇遇仙记以及神化雄略天皇的内容，打通高天原与大八洲，神化天皇，以为天武朝天皇集权制律令国家建设寻找历史依据（《日本书纪》往往以历史或编造历史为现实政治服务）。总之，天武天皇被称颂为"神"即"现人神"，应是受了道教活人化仙思想的影响。"壬申之乱"爆发前夕，天武天皇率舍人"入吉野宫"或"至吉野而居之"[③]，以吉野为争夺帝位的根据地。根据笔者统计，《日本书纪·持统天皇纪》记载持统天皇"幸吉野宫"或"幸吉野"或"入于吉野"共32次（其中"入于吉野"1次，"幸吉野"1次，其他均为"幸吉野宫"），这些行为恐怕也与古代日本人视吉野为仙境，以这里为根据地或行幸这里能够增加"仙气"、帮助塑造"现人神"的以神道设教的政治心理不无关系。

如上所述，天武天皇极重视道教，但他看重的是道教中与神道内容契合的要素，其政治职能远大于宗教作用，道教成了天武天皇营建"神国"的举措之一，日本最高统治者由大王变成天皇，其宗教巫术性得到进一步完善和发扬。在与新罗展开激烈的政治竞争时，为了寻找自我鼓励的精神动力或强心剂，天武天皇进一步加强了对意识形态的控制，试图依靠宗教圣威强化天皇的政治权威，称自己为"现御神"。[④] 其间，道教发挥了重要作用。这也在说明：在中国文化思想中，首先是道教和神道"习合"，构筑了日本律令制国家的精神支柱。

天武天皇尊崇道教的做法，由其妻子持统天皇继承。例如，持统天

---

① 『日本の古典 2　万葉集』、26-27 頁。

② 『日本の古典 2　万葉集』、27 頁。

③ 舍人親王『日本書紀　巻二十八　天武天皇紀』、489 頁。

④ 蔡凤林：《东亚历史视域下的日本天皇制形成过程探析》，《日本文论》2021 年第 1 辑。

皇六年（692）二月丁酉朔丁未，持统天皇“诏诸官曰：‘当以三月三日将幸伊势，宜知此意，备诸衣物。赐阴阳博士、沙门法藏、道基，银，人二十两。’”① 据701年编纂完成的《大宝律令》，掌管占卜、天文、时刻、历法的阴阳寮隶属于左弁官局之中务省，下设事务官4人（助1人、允1人、大属1人、少属1人），技术官11人（阴阳师6人、阴阳博士1人、历博士1人、天文博士1人、漏刻博士2人）。② 在日本律令制国家中，基于中国阴阳思想设置的阴阳寮属于重要的政治机构。天平二年（730）三月，律令制国家朝廷指定阴阳、医术、七曜历及颁历等领域为不可废止的“国家要道”，并优待学习相关领域的学生，为其提供衣食。③ 天平宝字元年（757）八月又提出阴阳寮与大学寮等同为“国家所要”，赐予田地供学生衣食来源。④ 当然，没有天武天皇、持统天皇对阴阳学的重视，日本律令制国家的朝廷就不会设置阴阳寮，进而以法律形式规定其组织机构并予以高度重视。

3. “记纪”神话的形成与道教

古代日本著名的政治书《古事记》和《日本书纪》是在天武朝时期开始编纂的，完成于8世纪初。这两部书的编纂，也明显受到道教的影响。就此，前已述及。

道教具有庞大的神仙体系，其中包括各种天神、地祇和人仙。各路神仙各有不同的品级和神力，且居住在不同的仙境。《古事记》和《日本书纪》的神代卷中出现的神话（简称“记纪”神话）是为天皇制国家的建设而编造的王权政治神话。⑤ 在这些国家神话编造的过程中，道教要素发挥了重要作用。

日本民族的固有宗教原始神道教主要是基于万物有灵的以咒术性、现世祈祷性为主要特征的朴素神灵信仰，但如津田左右吉所说，“神代故事里最初便有受中国思想影响而产生的神的名称，里面也附加有中国

---

① 舍人親王『日本書紀　卷三十　持統天皇紀』、560-561頁。

② 『日本思想大系3　律令』、164頁。

③ 藤原繼縄·菅野真道『続日本紀　卷十　聖武天皇紀』、178-179頁。

④ 藤原繼縄·菅野真道『続日本紀　卷二十　孝謙天皇紀』、337頁。

⑤ 蔡凤林：《神道教与古代日本政治》，《日本问题研究》2023年第1期。

式的宇宙生成论，后者以阴阳说为主”。[①]《日本书纪》开篇即以阴阳学理论解释天地生成，其神代卷记述日本的造化神国常立尊、国狭槌尊、丰斟渟尊三神是“乾道独化，所以成此纯男神”，[②]即此三神受阳气而生。此三神以外的四代造化神均为夫妻神（泥土煑神、沙土煑神，大户之道尊、大苫边尊，面足尊、惶根尊，伊奘诺尊、伊奘冉尊），显然也是基于阴阳思想设定的神（《古事记》和《日本书纪》称此七神为“神世七代”。[③]《古事记》中的“神世七代”是：国之常立神、丰云〈上〉野神、宇比地迩〈上〉神及妹须比智迩〈去〉神夫妻神、角杙神及妹活杙神夫妻神、意富斗能地神及妹大斗乃弁神夫妻神、於母陀琉神及妹阿夜〈上〉诃志古泥神夫妻神、伊邪那岐神及妹伊邪那美神[④]）。在“神世七代”中，伊奘诺尊、伊奘冉尊夫妻神生了日本国土和“三贵子”天照大神、月读尊、素戋呜尊（《古事记》分别记写为天照大御神、月读命、建速须佐之男命）。《古事记》神代卷记述“天地初发之时”，日本最早形成的神是天之御中主神、高御产巢日神、神产巢日神三柱神，其序文称此三神“作造化之首”[⑤]，即“造化三神”；《古事记》设定的在高天原生活的诸神中，主神是天照大神、高御产巢日神、神产巢日神三神[⑥]；《日本书纪》神代卷也记述日本最早的神是国常立尊、国狭槌尊、丰斟渟尊三柱神。[⑦]这应该是受道教“三尊”“三圣”神仙谱系影响而形成的神谱。“记纪”神话设定了“神世七代”，林罗山称《日本书纪》是“以七五之世为神代别之”。[⑧]这里能够看到《日本书纪》受到道教源头之一阴阳学的影响。《古事记》神代卷记述的以群体形式出生的神灵中，“八神”的数量最多，共有六组，令人联想到

① 〔日〕津田左右吉：《日本的神道》，第78页。

② 舎人親王『日本書紀　巻一　神代上』、1頁。

③ 『日本思想大系1　古事記　上巻』、20頁；舎人親王『日本書紀　巻一　神代上』、4頁。

④ 『日本思想大系1　古事記　上巻』、18頁。

⑤ 『日本思想大系1　古事記　上巻』、18、10頁。

⑥ 『日本思想大系1　古事記　上巻』、18頁。

⑦ 舎人親王『日本書紀　巻一　神代上』、1頁。

⑧ 栗田寛『栗里先生雜著』、吉川弘文館、1901、27頁。

道教的“八仙”。因此，天武朝日本神道形成了以天照大神为顶端的金字塔式的众神体系，这应该也是道教神仙谱系影响所致。

道教对“记纪”神话的影响，还应包括对其神灵世界形成的影响。即为了给律令制国家的政治等级制度寻找神学依据，“记纪”神话中出现的以天照大神为首的神界高天原应该是模仿道教仙界编造的。道教关于仙界帝乡景象的幻想，为古代日本人提供了具象的神灵世界，促成了高天原神界的出现。津田左右吉在解释日语中词义接近汉语宗教意义上的“神”（“カミ”，读作“kami”）这一词的词义时指出：“‘kami’一方面赋予人格和人的形态，又被神格化成抽象的观念，这些‘kami’既有被认为是居住在天上的东西，也有在神代故事中的人物被称为‘kami’的。其中有的间接或直接受中国思想的影响，特别是认为‘kami’居天上的思想；还有就是这些‘神’之一的‘天御中主神’等名称，均可认为是源自道教的知识。”①

原始神道教以自然物和精灵崇拜为主，可是“记纪”神话中出现的神绝大多数属于人格神；原始神道教认为神居住在现世人间，而“记纪”神话明显表现出神界（高天原）、阳间（苇原中国或大八州）、阴间（黄泉国或根国）三界观，这些也不能不令人想起道教神仙谱系中的人格神和道教“三界说”的影响因素。前已述及，在“记纪”神话中，很多神的名字之后缀有“命”或“尊”，即为神道教中出现人格神是受到了道教人格神影响的重要证据。在古代，“日本没有宗教礼仪上的神祖先崇拜风习，也没有中国式的宗庙”。② 在天武朝，为了实现天皇的“现人神”化和“皇权神授”的政治宣传效果，需要从祖先那里寻找作为“神”的依据，于是天照大神被设定为最高位阶的祖先神。这应该是受古代中国人祖先崇拜信仰的影响，是古代日本统治者出于政治原因而推动精神结构发生重大变化的例证。另外，既然统治高天原的是祖先神，那么其必须是人形而不能是动植物，此时道教的人格神和神

① 〔日〕津田左右吉：《日本的神道》，第22页。

② 〔日〕津田左右吉：《日本的神道》，第38页。

仙谱系成为模仿对象而发挥了作用。7世纪神道教与道教融合而出现人格神，也在思想上对奈良时代“神佛习合”风潮影响下神社出现人形祭神起了先导作用。

前已述及，《日本书纪》有关天地生成过程的描写直接来自道教的天地生成理论；《古事记》《日本书纪》神代卷则记述天照大神受其弟建速须佐之男命（素戋呜尊）之袭扰而躲进“天石屋”（“石窟”）。山居穴处修行是道教真人道士修道炼心的主要方式之一，“石屋”是其“洞天福地”。葛洪撰《神仙传·广成子传》记广成子：“古之仙人也。居崆峒山石室之中。”[①] 同书《茅君传》也记述：“（茅）君遂径之江南，治于句曲山。山有洞室，神仙所居，君治之焉。”[②] “记纪”神话中安排天照大神躲进“天石屋”或曰“石窟”，显然是受道教“石室”“洞室”的影响。另外，《日本书纪》神代卷记述天照大神躲进石窟：“乃入于天石窟，闭磐户而幽居焉。”[③] “幽居”也是道教仙人的生活方式。又，“记纪”神话中，位于高天原的“天安河”（或曰“天安之河”）出现了11次（《古事记》神代卷出现7次，《日本书纪》神代卷出现4次），此亦颇有道教意味。道教重视“天安”。《太平经·起土出书诀》：“夫人命乃在天地，欲安者，乃当先安其天地，然后可得长安也。”[④] 即人类要平安生存，须先“安其天地”，唯有天安、地安，人类才能平安。北京故宫亦称“紫禁城”，源于道教思想。故宫北门称作玄武门，意为道教四灵之一玄武所守之门。紫禁城正门天安门始建于明朝永乐十五年（1417），最初名“承天门”，寓“承天启运，受命于天”之意，清朝顺治八年（1651）更名为“天安门”，祈愿天上宫阙紫禁城平安，亦具有浓厚的道教意蕴。在原始神道教中，神灵存在于现实世界的某一处，而不在天上。前已述及，“记纪”神话中表现出明显的“三界观”，即天上居住着神仙，地上是大八洲人间，人死

① 葛洪：《神仙传释校》卷一《广成子传》，胡守为校释，中华书局，2010，第1页。

② 葛洪：《神仙传释校》卷五《茅君传》，第184页。

③ 舎人親王『日本書紀　巻一　神代上』、27頁。

④ 王明：《太平经合校》，第130页。

后去往"黄泉国"，这和道教"三界说"（天庭、人间、地府）的影响有关。其中伊弉冉尊死后前往的"黄泉国"或曰"黄泉"原就指道教中的冥界或阴曹地府。又，《古事记》神代卷记述建速须佐之男命袭扰高天原时有"天服织女见惊而，于梭冲阴上而死"。[①] 织女是道教仙人之一，出现在日本仙人群体中，此亦耐人寻味，有论者甚至认为天照大神是织女神[②]，"天照大神信仰中重叠着西王母信仰"[③]。要之，八寻殿、天石屋、天安河、天之浮桥、天之御柱、八百万神、织女等描述均表现出"记纪"神话中的神界高天原是类似于道教群仙生活的紫庭仙界。

"记纪"神话中称诸神生活的地方为"高天原"。在4世纪东晋时期成书的《玉佩金铛上经》记述元始天王和太帝君二神在"高天"对坐斋戒；11世纪宋初编纂的道教思想百科全书《云笈七签》卷三收录的《天尊老君名号历劫经略》中出现了"高天大圣真人"。另外，郦道元撰《水经注》中记述汉代祭天圣地为"皇天原"，唐代道士杜光庭撰《历代崇道纪》（《道藏》洞玄部记传类所收）中也称"皇天原"为道教圣地。[④] "记纪"神话中的"高天原"的形成也无疑受到道教的影响。

总之，《古事记》和《日本书纪》是古代日本为建设中央集权的律令制国家而编纂的政治书，其中的"记纪"神话首先是缔造"万世一系"的"神国"的政治神话。"记纪"神话中的神仙体系和高天原八百万神生活景象的形成以及神统谱系的编造与道教影响有着密切关系。剔除道教影响要素，"记纪"神话将失去很多赖以编造的宗教理论而无法形成今日较体系化的政治神话；《古事记》和《日本书纪》也将失去很多赖以构篇的思想资源以及具有文学色彩的具体内容（如《日本书纪·雄略天皇纪》中的浦岛子遇仙故事等）。

---

① 〔日〕安万侣：《古事记》，第21页。

② 上田正昭『渡来の古代史』、角川学芸出版、2013、168頁。

③ 上田正昭『日本の神話を考える』、小学館、1994、97-98頁。

④ 福永光司『道教と日本思想』、226頁。

4. 藤原京的建设与道教

经考古发掘，在中国河南省濮阳西水坡遗址出土了距今约6500年的四组沿子午线方向等距离排列的大型蚌塑龙虎图案和特殊墓葬。[①]《周易·系辞上传》："《易》有太极，是生两仪，两仪生四象，四象生八卦。"[②] 其中"四象"，中国古代表示天空东、南、西、北四大区星象的四组动物，即东龙、南鸟、西虎、北龟蛇（武）。二十八宿体系形成后，每七宿组成一象。春秋战国时期五行说流行后，四象配色，成为青龙、朱鸟、白虎、玄武。中国古人以青龙、朱鸟、白虎、玄武为瑞兽，军队行阵以之为旗帜，故《礼记·曲礼上》记有"行前朱鸟而后玄武，左青龙而右白虎"。[③] 道教将"四象"吸收为"四方神灵"（即"四神"）。例如，《抱朴子内篇·杂应》描述太上老君为"左有十二青龙，右有二十六白虎，前有二十四朱雀，后有七十二玄武"。[④]

甘肃省庆阳市南佐新石器时代遗址是黄河流域商代以前最大的遗址，距今5000年。在该遗址发现了年代最早、布局严整的"宫城"，其宫殿格局主次分明、中轴对称、层层递进，是中国后世都城宫殿建筑中轴对称分布的滥觞。[⑤] 洛阳二里头夏朝都城建造时就表现出里坊制结构布局的规划理念[⑥]，之后深刻影响了中国都城的建造格局并传入朝鲜半岛和日本。受其影响，日本在天武朝改革时策划建造第一座具有中国里坊制（日本人称为"条坊制"）风格的都城——藤原京。持统天皇八年（694）十二月，持统天皇从飞鸟净御原宫迁都藤原京，至和铜三年（710）三月元明天皇迁都平城京，藤原京成了古代日本的政治和文化中心。藤原宫东西928米、南北907米，宫殿建筑面积前所未有。藤原宫有计划地建造了内里、大极殿、朝堂和很多官衙，而且大极殿、朝

① 魏兴涛：《寻根追流：把中国文明历史研究引向深入》，《光明日报》2022年8月26日。

② 《周易译注》，第324页。

③ 《礼记译注》，第28页。

④ 葛洪：《抱朴子内篇》卷十五《杂应》，第493页。

⑤ 李韵、王笑妃：《追根溯源，寻来时路——"2022年六大考古新发现"印象》，《光明日报》2023年2月24日。

⑥ 侯卫东：《中国古代的理想城市什么样?》，《光明日报》2022年8月21日；王胜昔、刘嘉仪、梁笑宇：《最早的王朝都邑现"网格状"布局》，《光明日报》2022年9月22日。

堂等中枢部以及宫城门均建于基石上，并铺设瓦片。[①]

《日本书纪·孝德天皇纪》大化五年（649）三月乙巳朔辛酉条："阿倍大臣薨，天皇幸朱雀门，举哀而恸。"[②] 如果此记无误，则表明早在大化革新时期，孝德朝的都城飞鸟京已建有"朱雀门"。以后这一建都规制被藤原京承继，贯穿藤原京中轴线的中央大道被称为"朱雀大街"，正面中央城门亦被称为"朱雀门"。[③] 天武天皇还采用了"朱雀"这个私年号（亦称"朱鸟"，686 年七月至 686 年九月采用）。《续日本纪》大宝元年（701）正月乙亥朔条："天皇御大极殿受朝。其仪于正门树乌形幢，左日像，青龙、朱雀幡，右月像，玄武、白虎幡。蕃夷使者陈列左右，文物之仪，于是备矣。"[④] 在日本的古坟中，位于藤原京南郊的高松冢古坟，作为壁画古坟负有盛名。该墓建造于 706~719 年，石椁壁面上画有日月、星宿、人物像。[⑤] 同样位于藤原京南郊的龟虎（キトラ）古坟（8 世纪初古坟，被葬者推定为 703 年四月死去的右大臣阿倍御主人[⑥]）的石椁壁面上画有四灵、日月和天文图。[⑦]

中国古代建都时对四周是否有险可守颇为注重，即讲求"四塞"，尤其在相宅、建都、安葬时注重风水地理，这属于道教信仰。《日本书纪·孝德天皇纪》白雉二年（651）十二月晦日条所记孝德天皇迁都难波京时诵读的"安宅""土侧"等经，均在建造房屋、庭院时为不犯四灵、六甲的禁忌而诵读，此亦属于道教要素。[⑧]《续日本纪·元明天皇纪》和铜元年（708）二月条："昔殷王五迁，受中兴之号；周后三定，

---

① 小澤毅「都城の誕生—藤原京—」、森公章編『日本の時代史 3　倭国から日本へ』、吉川弘文館、2002、235 頁。

② 舎人親王『日本書紀　巻二十五　孝徳天皇紀』、447 頁。

③ 小澤毅「都城の誕生—藤原京—」、森公章編『日本の時代史 3　倭国から日本へ』、吉川弘文館、2002。

④ 藤原継縄・菅原真道『続日本紀　巻二　文武天皇紀』、8 頁。

⑤ 奈良県教育委員会『明日香村壁画古墳高松塚—調査中間報告—』、1972；小澤毅「都城の誕生—藤原京—」、森公章編『日本の時代史 3　倭国から日本へ』、256 頁。

⑥『明日香村文化財調査報告書 3　キトラ古墳学術調査報告書』、キトラ古墳学術調査団、明日香村教育委員会、1999。

⑦ 直木孝次郎「キトラ古墳の造営と被葬者」、『東アジアの古代文化』第 97 号、1998。

⑧ 増尾伸一郎『日本古代の典籍と宗教文化』、吉川弘文館、2015、21-25 頁。

致太平之称，安以迁其久安宅。方今平城之地，四禽叶图，三山作镇，龟筮并从，宜建都邑。”[①] 所谓“禽”，在道教中亦指兽类，如道教“五禽戏”是通过模仿熊、鹿、猿、鸟、虎五种动物的动作进行强身的方法。故“四禽叶图”中的“四禽”应指道教“四灵”，即青龙、朱鸟、白虎、玄武。关于藤原京的选址原因，史书中不存在平城京那般明确的记载，但藤原京被耳成山、亩傍山、天香具山“三山”环绕是事实，而且通过《古事记》和《日本书纪》的神代卷以及辑录于《万叶集》的若干首和歌［如《中大兄三山御歌一首并短歌二首》（卷一第 24 首）、《藤原宫役民所作和歌》（卷一第 50 首）、《藤原宫御井歌并短歌一首》（卷一第 52 首）[②] ］等能够了解到这些山被古代日本人视为神山，且颇具道教色彩。如《藤原宫役民所作和歌》化用“灵龟负书”称颂天皇统治的时代。《藤原宫御井歌并短歌一首》更展现了道教“三山”信仰，其歌词大意是“安治天下的吾大君、光辉的皇子，在藤井原畔首次建造大皇宫。站在埴安堤上眺望时，葱绿的大倭香具山在东御门外耸立；葱郁的亩傍山在西御门外耸立；青翠的耳梨山（耳成山——笔者注）在北御门耸立。从南御门还能看到吉野山在远方的云端显现……”[③] 这明显表现出藤原宫建造注重“三山门外”的道教风水原理。因此可以说，迁都平城京时的“四禽叶图，三山作镇，龟筮并从，宜建都邑”的道教堪舆观念早在建都藤原京时（694 年迁都藤原京）即已形成。

总之，日本第一座模仿中国里坊制都城形制建成的政治中心藤原京，除了在都城的形制设计、结构布局方面模仿中国都城之外，在选址上亦受到道教风水地理说的影响。道教的堪舆信仰对古代日本政治中心的建设发挥了作用。

718 年以《大宝律令》为蓝本编纂而成的《养老律令・田令》中

① 藤原継縄・菅原真道『続日本紀　巻四　元明天皇紀』、52 頁。

② 『日本の古典 2　万葉集』、24-25、30、30-32 頁。

③ 『日本の古典 2　万葉集』、31-32 頁。

将“大倭”写成“大和”（“凡畿内置官田，大和、摄津各卅町”[①]），以后“大和”发展为古代日本的国名，这也不能不考虑《周易》与道家“和合”思想的影响。除了上引《续日本纪》天平宝字元年十一月癸未条所记孝谦天皇诏敕以及上述平城京建都受道教堪舆思想的影响之外，元明天皇（707~715年在位）的谥号“元明”，圣武天皇采用的年号“神龟”（724~729）及“天平”（729~749），奈良朝首都平城京名称“平城”的来源，圣武天皇皇后光明子采用的宫名“紫薇中台”，均与道教有关。[②] 奈良时代带有“天平”的年号还有“天平感宝”（749年四月至749年七月）、“天平胜宝”（749~757）、“天平宝字”（757~765）、“天平神护”（765~767），学界甚至将奈良时代（710~794）称为“天平时代”。这些均表明道教对8世纪日本政治也产生了重要影响。

三　道教和神道教融合与古代日本政治

“万物有灵论是宗教思想发展的最初阶段。”[③]《礼记·祭法》：“山林川谷丘陵，能出云，为风雨，见怪雨，皆曰神。”此之谓也。早期人类在生产、生活过程中无法理解自然界林林总总的奇特现象，但很多时候又受其制约，于是就认为草木禽兽、日月星辰、风雨雷电、山川湖海等自然物和自然现象中均有精灵寓存，对它们产生了神秘感、恐惧感、依赖感，遂视它们为神，这是人类万物有灵信仰产生之源头。同时，人们出于对自然万物“讨好”或“辟邪”的心理，崇信、祭祀它们，以求得其护佑或宽恕；或将自然的灵力利用起来，使之对自己现实生活发挥积极作用，这是宗教仪式（咒术、祈祷、祭祀等）的起源。另外，可能为梦境所染，古人产生了灵魂观，认为人有灵魂，而且人死后化为

---

① 『日本思想大系3　律令』、247頁。

② 福永康司『道教と日本思想』、232-233頁。

③ 〔苏〕普列汉诺夫：《普列汉诺夫哲学著作集》第2卷，生活·读书·新知三联书店，1961，第721页。

死灵，会带来灾祸，于是出现了灵魂崇拜，进而又产生了朴素的祖先崇拜信仰。自然崇拜和祖先崇拜相结合，产生了将自然物（动物、植物或非生物）视为祖先的图腾崇拜。在抽象化和观念化的神产生之前，人类早期的宗教信仰大致经历了这一过程。但无论哪种信仰形态或内容，其信仰的目的具有功利性，即祈求自然神或祖先神护佑现世利益。此种为现世利益讨好神灵的做法，本质上属于低级的宗教信仰。日本固有宗教原始神道教的产生亦遵循了这一“心路”历程（原始神道教中存在与动物神结婚的神婚信仰，但不存在坚守族外婚的图腾崇拜①），反映了古代日本人的思考力或思维程度。

构成日本神道教基底的是绳文时代（目前学术界一般认为始于13000年前，持续10000余年）以前在日本列岛居民中即已流行的万物有灵信仰，其表现形式主要是以各种土偶为载体的咒术。咒术是史前人类的文化遗产，是今人了解古人精神世界、破译远古思想谜团的密码，它标注了人类思想和心智前行的历程。咒术充斥、控制着绳文时代以前的日本列岛居民的生产生活，而且对之后的日本人的精神生活产生了基础性影响。梅原猛认为：“日本文化的根基是狩猎采集文化，绳文文化的影响非常浓厚。”② 言之成理。在弥生时代（公元前3世纪~3世纪）稻作文化传入日本列岛后，祈求稻谷神护佑丰收丰产的各种稻作祭祀活动和仪式仪礼在继承绳文时代的万物有灵信仰及其主要表现形式咒术的基础上，开始形成原始神道教。而众多豪族主持的完备的神道祭祀仪礼的发展则是在古坟时代（4~7世纪）中期以后。③

上述原始神道教的主要特征能够归纳为：①多神信仰，②咒术性，③现世祈祷性。④ 原始神道教的这些特征对古代日本接受外来宗教文化乃至外来世俗文化进而构成日本文化的多元融通性和应时顺世性特征提

① 松前健「氏族社会の思想」、古川哲史・石田一良編集『日本思想史講座1　古代の思想』、雄山閣、1977、9-10頁。

② 严文明：《长江文明的起源》，文物出版社，2020，第15页。

③ 松前健「氏族社会の思想」、古川哲史・石田一良編集『日本思想史講座1　古代の思想』、12頁。

④ 逵日出典『神仏習合』、六興出版、1986、29頁。

供了广阔的思想基础，对古代日本政治也产生了极大的影响。

《三国志·魏书·东夷传》“倭人条”记述了日本最初的广域政权邪马台国的政体属于祭政合一，其政治首脑女王卑弥呼既是神权领袖（最高级别的女巫），亦为政治首脑，她做事皆循神道，以巫术施政。[①]根据《古事记》和《日本书纪》的记述，古代日本天皇施行的也是“神政”。神代卷占三分之一篇幅的《古事记》自不待言，即便是较有理性精神的《日本书纪》也通篇充满神道意识。例如，天皇每遇灵异事件或重大事情都要卜问神祇；大臣为表白自己无罪要请神祇“探汤”（亦称“盟神探汤”，将手伸进沸水中，无罪则手安然无恙，有罪则皮肉脱落），如《日本书纪·应神天皇纪》记述武内宿祢在辩护自己无罪时即“为探汤”[②]。古代日本的这种神意政治，为道教和佛教传入日本并发挥政治作用提供了沃土。钦明天皇时期佛教刚传入日本时，曾引发日本统治者崇佛还是斥佛的激烈斗争，最后佛教依靠能够契合于日本原始神道教内容、能为现世利益祈祷的咒术性得到日本统治者的崇信，不久朝着国家佛教的方向发展。推古天皇（593~628年在位）时期，佛教得到日本统治者的认可，建造了很多氏寺，奠定了日本佛教兴隆的基础；舒明天皇（629~641年在位）和皇极天皇（642~645年在位）时期，建造了皇室御愿寺，佛教与皇室的关系趋于密切；孝德天皇（645~654年在位）和齐明天皇（655~661年在位）时期，佛教具有了国家佛教（护国佛教）的特点。

古代日本人能够崇信佛教，归根结底仰赖于神道教在古代日本发挥着巨大的政治作用。尤其是天武天皇（673~686年在位）执政时期，为了利用神道教建设天皇制律令国家，日本神祇制度得到完善。在这一时期，伊势神宫被确立为国家祭祀的神宫，朝廷数次派遣皇女前往那里祭祀皇祖神天照大神[③]；朝廷还将中央和地方神社统一纳入国家祭祀制度，中央和地方神社的祭神之间形成了以天照大神为顶端的神祇等级秩

① 蔡凤林：《神道教与古代日本政治》，《日本问题研究》2023年第1期。

② 舎人親王『日本書紀　卷十　応神天皇紀』、181-182頁。

③ 舎人親王『日本書紀　卷二十九　天武天皇紀』、506、507、541頁。

序；创建大尝祭、新尝祭[①]；等等。总之，国家祭祀制度的原型是在天武朝形成的。[②]《大宝律令》的“神祇令”通过养老二年（718）以《大宝律令》为蓝本编撰而成的《养老律令》保存下来。《养老律令》“神祇令”规定了律令制国家每年举行的国家祭祀（共19次）：春，祈年祭、镇花祭；夏，神衣祭、大忌祭、三枝祭、风神祭、月次祭、镇火祭、道飨祭；秋，大忌祭、风神祭、神衣祭、神尝祭；冬，上卯相尝祭、寅日镇魂祭、下卯大尝祭、月次祭、镇火祭、道飨祭。[③]这些祭祀多数是在天武朝开始设定，后辑入《大宝律令》。关于日本律令制国家建设时期日本的神祇祭祀得到完善的情况，津田左右吉有如下一段议论：

> 未设神祇官之前，掌管朝廷的祭祀咒术的是中臣部和忌部，神祇官继承了它们的一半事务，中臣氏和忌部氏也因神祇官的设置保全了自己的地位，他们的职掌只限于朝廷的祭祀，没有任何和朝廷外发生联系的记载。一般来说，所谓部，即掌管朝廷的各种事务的部门的总称，中臣部、忌部就是其中的一例。从后来的状态推测，他们也参与了伊势神宫的祭祀，从该神宫的性质来看可说是当然的了。然而，新设立的神祇官的另一半事务，是供给全国各地神社的币帛，这是模仿中国的中央集权制度，中央一直管辖到神祇的祭祀，收缴“国造”之类的地方豪族拥有的政治地位，在将所有的政治权力集中于朝廷的同时，神祇官也参与一直由地方豪族主持的各地方的神社之祭祀。如此这般，中央官府供给地方神社以币帛，中央官府派遣的地方官也参与其管区内神政社祭祀，这自然也是从中国学来的制度。虽然还没有给予神社以国家的权威，但在另一方面，则意味着地方的神社置于了朝廷的权威之下……[④]

---

① 舎人親王『日本書紀　卷二十九　天武天皇紀』、506、511、512頁。

② 中村英重『古代祭祀論』、吉川弘文館、1999、18-19頁。

③『日本思想大系3　律令』、212-213頁。

④〔日〕津田左右吉：《日本的神道》，第29～30页。

天武朝日本国家佛教得以确立，其动力来自上述朝廷对神道制度的整饬。在天武朝以后实质性地建设天皇制律令国家时，道教无疑发挥了巨大的政治作用。作为其具体表现，如前文所述，天武天皇及其思想继承者持统天皇基于神道信仰吸收道教中的神学内容，塑造“现人神”天皇、编造“三神器”和“记纪”神话、缔造“神国”，并利用道教要素建设都城。诸如此类，将道教要素最大限度地利用到古代日本中央集权制政治的建设上。6世纪中叶以前佛教通过百济公传日本，之后的飞鸟时代（6世纪末至7世纪前半叶）的文化一般被认为是佛教文化；基于神道信仰，天武朝建立国家佛教，开启了护国佛教。但佛教与神道的实质性融合（“神佛习合”），即护国佛教臻于鼎盛则是在8世纪，卢舍那大佛、国分（尼）寺、神宫寺的建造是其体现。由于古代日本文明发展进程明显滞后于中国以及与文化巨人中国为邻的文化格局，加之古代日本统治者对外来文化采取“合则用，不合则弃”的实用主义态度，古代日本社会有多种思想混杂并存却没有出现一种思想绝对独霸之局面，实属必然。在政治思想领域也是如此，多元思想共同发力，但各种思想因时代需求而被利用的比重不同，石田一良称这种政治现象是“思想联合”。[①] 儒学对古代日本政治的影响当始于推古朝改革的律令制国家建设时期，《日本书纪》所标榜的“仁政”思想以及编纂《大宝律令》的思想基础是其表现。在日本律令制国家建设时期，儒学所倡导的王道政治作为一种政治理念和政治目标，成为古代日本律令制国家建设的巨大精神动力和政治目标。从中世开始，日本的政治和思想精英以儒学解释神道（或可称为以儒学附会神道），以图天皇政治伦理之建设，但儒学真正发挥建设维护封建社会秩序的政治作用、承担社会治理的政治功能而成为官方政治哲学（进而“神儒习合”，融入日本传统思想文化），尚俟江户幕府的建立。因此能够认为，在中国文化思想中，最早和神道融合、推进古代日本天皇制国家建设的是道教（可称为

① 石田一良『日本文化史—日本の心と形—』、東海大学出版社、1989；石田一良「前期幕藩体制のイデオロギーと朱子学の思想—」、『日本思想体系 23　藤原惺窩・林羅山』、石田一良校注、岩波書店、1975、440-447頁。

“神道习合”），就此，本文已系统阐述。

目前，学界一般认为，在历史上，道教没有像佛教那样有体系地传入日本。其主要原因，笔者认为，一方面是在古代日本人接触道教之前，日本民族已经历漫长的历史发展过程，形成自己独特的民族宗教——原始神道教，其承载了古代日本人神灵信仰的内容；另一方面，任何一种成形的文化思想均对外来文化具有抵抗性。古代日本在接触道教后，也不可能全盘照搬最具中国民族特色的道教的全部内容。相较佛教，道教除设定长生久视、得道成仙的人生追求外，关于解决人生精神层面问题（如人身后事）的理论较贫弱，缺乏教义理论感召力。因此，如同吸收中国其他文化思想时所表现出来的选择性，古代日本人对道教文化的吸收态度也是由其信仰基础和社会需求共同决定的。例如，对于道教，古代日本人吸收了阴阳五行思想、神仙说、医方术、天文历法以及风水地理和奇门遁甲知识等日本社会不具备的思想要素以及生活技术和“类科学原理”，很多属于神学范畴，与原始神道教具有一定的相似性和契合度（例如，唐朝的太卜署是在掌管礼法仪式的太常寺的管理下负责卜筮的机构，但日本的《大宝律令》规定龟卜之术属于神祇官下属卜部①，说明古代日本人将占卜视为神道巫术），便于古代日本人吸纳。而且这些要素并不是作为一个独立的信仰体系在日本社会流行，在漫长的历史发展过程中，有的和神道融合而形成阴阳道、修验道等日本独特的宗教文化，丰富了古代日本人的宗教生活；② 有的和佛教中的密宗习合，成为日本密宗的一部分，对古代日本人的精神世界产生了一定的影响，也为平安朝日本贵族政治的展开发挥了重要的镇魂剂作用；还有的化为民俗，对日本民众生活的影响赓续至今。

阴阳道主要是在道教阴阳五行说影响下形成的日本咒术宗教，在前近代的日本，阴阳道是能够与佛教、神道教鼎足而立的日本三大宗教之一。关于阴阳道在平安时代和中世对日本政治与社会的影响，山

---

① 『日本思想大系 3　律令』、215頁。

② 〔日〕山下克明：《发现阴阳道》，梁晓弈译，社会科学文献出版社，2019；上田正昭「道教と役小角の宗教」、上田正昭『渡来の古代史』、角川学芸出版、2013。

下克明指出：

> 平安时代的朝廷也好，镰仓与室町时代的武家政权也好，当遇到风水灾害或是地震等天灾，又或是发生了流行病、叛乱等对政治、社会造成巨大威胁的事件时，又或者是在为天皇、贵族或是将军等要人祛除疾病与灾难之时，当时的人们除了要进行佛教经典的讲读、举办各种密教修法，并向神社奉币祈愿之外，同时也要进行阴阳道的占卜与祭祀。由这一点可以看出，对于当权者而言，阴阳道在政治、宗教制度上具有重要的意义。[①]

同时，日本中世是利用神道教重建以天皇为中心的社会政治秩序的时期。这个时期，各种神道论迭起，且具有浓厚的政治性。这些神道多数试图借助道教的“天地开辟说”解释新佛教和原始神道教均未能阐明的现实世界统一秩序问题[②]，道教的“天地开辟说”成为推进中世乃至近世日本社会重建政治秩序的重要思想源泉。在江户时代。国学家的民粹主义高涨，以至于走向极端的日本主义而排斥一切外来文化（主要是中国文化），其间很多人试图利用道家“返璞归真”或“清净”的思想作为所谓“净化”日本文化的政治思想工具。

综上所述，道教不仅在古代中国发挥过巨大的政治影响，在古代日本政治中也产生过巨大的支撑、推动作用。同为中国文化思想的核心，儒、释、道对古代日本社会各方面的影响也是极为深刻的。

（审校：叶　琳）

① 〔日〕山下克明：《发现阴阳道》，第4页。

② 大隅和雄「中世神道論の思想史的位置」、『日本思想大系 19　中世神道論』、大隅和雄校注、岩波書店、1977。

《黑潮》月刊探析

褚静涛*

内容提要： 在五四运动的鼓舞下，为唤醒社会大众，维护国家主权和领土完整，陆友白克服各种困难，于1919年8月在上海创办《黑潮》月刊，栏目有评论、专论、文艺、纪事等。留日学人郭沫若、谢晋青、戴季陶等人根据丰富的日文资料与亲身体验，为这份学术期刊撰写文章，分析中日关系，研判东亚局势走向，研究日本政治、经济、军事、文化、教育、宗教等问题，并重点围绕如何抵抗日本侵略这一主题各抒己见。因缺乏资金，该期刊在出版3期后于1920年1月被迫停刊。《黑潮》是近代中国第一份研究日本的专业学术期刊，在中国日本研究的专业化、学科化、体系化中起到开创性作用。

关 键 词： 陆友白 《黑潮》 日本研究 学术地位

当代中国学界有关日本研究的期刊数量之多，非其他外国研究期刊可比。[①] 林昶认为《日本潮》“是目前我们看到的中国最早的、保存完整的介绍和研究日本的杂志”。[②] 通过分析这份期刊，他的看法是：“《日本潮》第一编仍不失为中国日本研究杂志之嚆矢。而且以其为代表，典型地反映了肇始期的中国日本研究杂志及其编辑者的思想倾向。”[③] 其实，1915年8月上海群益书社出版的《日本潮》共收录15篇

---

* 褚静涛，中国社会科学院近代史研究所研究员，主要研究方向为抗日战争史、台湾史。

① 参见林昶《中国日本研究杂志沿革初探》、曲则生《浅谈我国的日本学研究期刊》，收录于马兴国、崔新京主编《中国的日本研究杂志历史回顾与展望》，辽宁大学出版社，1995，第1~32、33~39页。

② 林昶：《中国的日本研究杂志史》，世界知识出版社，2001，第57页。

③ 林昶：《中国的日本研究杂志史》，第63页。

文章及1篇附录，约60页，是日本国内研究中国的论文、资料汇编，并非中国学界的日本研究期刊。为此，笔者不揣浅陋，就1919年陆友白创办的《黑潮》月刊展开一番深入而细致的探讨，兼论中国日本研究期刊的起源。不当之处，尚祈海内外方家批评指正。

一 陆友白创办《黑潮》月刊的基础

《黑潮》月刊的创办是在特定的时代条件和历史背景下进行的。

（一）五四运动前后国内出版业渐趋繁荣

五四新文化运动主要是以杂志和报纸副刊为阵地展开的。1919年前后，一大批报纸杂志应运而生。月刊有《科学》《新青年》《新教育》《教育潮》《北京大学月刊》《民铎》《国民》《新潮》《少年中国》《新中国》《太平洋》《解放与改造》《理化杂志》《法政学报》《心声》《观象丛报》《数理杂志》等，周刊有《星期评论》《星期日》《民风周刊》《平民》《新生活》《惟民周刊》《体育周报》《川滇黔旅学生会周刊》《南洋》《救国》等。

《新青年》是新文化运动的旗手和大本营，以评论时事为主，栏目设置包括译文、小说、诗歌等，实为政论性综合期刊。《新青年》第6卷第3号于1919年3月15日出版，设有“专论”“诗”“译文”“文学”“随感录”“通信”“读者论坛”。其中，“专论”有任鸿隽撰《何为科学家?》、高一涵撰《斯宾塞尔的政治哲学》、周作人撰《日本的新村》；“译文”有莫泊桑著、张黄译《白璞田太太》，英国王尔德著、沈性仁译《遗扇记》（第三幕）；“文学”有胡适撰《终身大事》、张崧年撰《男女问题》。

《东方杂志》是商务印书馆下的商业性期刊，于1904年3月创刊于上海，民国初期通常有15类栏目，包括社说（选论来稿附）、谕旨、内务、军事、外交、教育、财政、实业、交通、商务、宗教、杂俎、小说、业谈、新书介绍。作为一份政论性综合期刊，《东方杂志》办刊审慎理性，汇集众家之言来体现自身的政治理念。

受到《新青年》的影响，1919 年 1 月，北京大学学生成立新潮社，出版《新潮》期刊。在《新潮》第 1 卷第 4 号，罗家伦撰《今日中国之杂志界》，指出“中国近年来杂志太多，不能全看”，而且“这班杂志，忽生忽灭，不知上年出版的今年是否继续出版”。[①] 他将杂志大致分为 4 类，即“官僚派”“课艺派”“杂乱派”“学理派”。“官僚派”刊登政府公文之类，如《内务公报》《财政月刊》《农商公报》《教育公报》等。“课艺派”为学生刊物，如天津南开学校办的《校风》。对于“杂乱派”，罗家伦认为：“这派大都毫无主张，毫无选择，只要是稿子就登。”他指责《东方杂志》是“杂乱派”的典型：“这个上下古今派的杂志，忽而工业，忽而政论，忽而农商，忽而灵学，真是五花八门，无奇不有。你说他旧吗？他又像新。你说他新吗？他实在不配。”[②] “学理派”，如商务印书馆出版的《教育杂志》《学生杂志》。对于政论类刊物，罗家伦较为推崇《甲寅》《太平洋》，“都在能朴实说理，不用感情，而且能用批评的眼光，讨论是非的真象”；[③] 科学类刊物，罗家伦列举了《科学》《学艺》等；社会思想及文学类杂志，罗家伦举出《新青年》《每周评论》。其实，《新青年》也有杂乱的特征。

《新青年》并非专业性的学术研究期刊。为了给师生传播新科学思想和开展科学研究提供一块阵地，《北京大学月刊》于 1919 年 1 月创刊。蔡元培撰《发刊词》，指出此举是“尽吾校同人力所能尽之责任”“破学生专己守残之陋见”“释校外学者之怀疑”。[④] 月刊取材，“以有关学术思想之论文纪载为本体，兼录确有文学价值之著作。至无谓之诗歌小说及酬应文字，如寿序祭文传状之类，一概不收”；“注重撰述，间登译文，亦以介绍东西洋最新最精之学术思想为主，不以无谓之译稿填充篇幅”。[⑤]

---

① 罗家伦：《今日中国之杂志界》，《新潮》1919 年第 1 卷第 4 号。

② 罗家伦：《今日中国之杂志界》，《新潮》1919 年第 1 卷第 4 号。

③ 罗家伦：《今日中国之杂志界》，《新潮》1919 年第 1 卷第 4 号。

④ 蔡元培：《发刊词》，《北京大学月刊》1919 年第 1 卷第 1 号。

⑤ 《编辑略例》，《北京大学月刊》1919 年第 1 卷第 1 号。

《北京大学月刊》创刊号刊登的文章包括：蔡元培撰《发刊词》，蔡元培撰《哲学与科学》，陈启修撰《国家改制与世界改制》，陈启修撰《庶民主义之研究（一）》，陶履恭撰《军国主义》，朱希祖撰《文学论》，马寅初撰《银行之真诠》，王仁辅撰《近世几何学概论》，丁绪贤撰《有机化学史》，钱玄同撰《中国字形变迁新论》，朱希祖撰《驳中国先有苗种后有汉种说》，冯祖荀撰《以图象研究三次方程式之根之性质》，何育杰撰《X线与原子内部构造之关系》，陈世璋撰《工业化学中之接触作用》，许光福撰《Caudy-Goursat之定理及其应用》，陈汉章撰《答学生问十一事》。这本期刊约181页，是社会科学和自然科学的综合性学术期刊，开近代中国大学学报之先河。

一些综合性社会科学期刊以政论见长，有杂乱的特征，为扬己之长，避己之短，开始趋向专栏、专号，对热点问题做深度研究。例如，《新青年》1918年第4卷第6号为“易卜生号”，1919年第6卷第5号为“马克思主义研究专号”；《少年中国》1919年第1卷第4号为“妇女号”；《新教育》1919年第1卷第3号为“杜威号”。

中华革命党编《建设》第1卷第1号于1919年8月1日在上海创刊。孙中山撰《发刊辞》，指出辛亥革命后，国家处于动荡中，“吾党同志有见于此，故发刊建设杂志，以鼓吹建设之思潮，展明建设之原理”。[①] 创刊号刊登的文章包括：“论说”栏目有孙文撰《建国方略之一——发展实业计画》，廖仲恺撰《中国人民和领土在新国家建设上之关系》，威确尔斯著《全民政治论》，罗威尔著、孙科译《公意与民治》第一篇“论公意之性质”第一章“公意必须为公共的”，汉民撰《吕邦的群众心理》，戴季陶撰《我的日本观》，小泊尔尼著、民意译《创制权复决权罢官权之作用》，执信撰《民意战胜金钱武力》，汉民撰《孟子与社会主义》，执信撰《神圣不可侵与偶像打破》，执信撰《舆论与煽动》；“记事”栏目有海滨撰《赌祸》；还设有“通讯”栏目。这本期刊以经济为主，兼及政治、文化、日本研究等，约190页，

① 孙中山：《发刊辞》，《建设》第1卷第1号。

是注重经济的综合性政论期刊，而非专业性的经济研究期刊。

这一时期大量期刊的出版发行为《黑潮》月刊的创办提供了充分的经验和合适的氛围。

（二）国内外形势发展推动了《黑潮》的诞生

侵略中国是近代日本政府的国策。在日本政府组织下，日本朝野不遗余力，设立专门研究机构，资助专业研究人士，培训“中国通”，出版研究中国的图书和刊物。东亚同文会、日本南满洲铁道株式会社对中国展开大规模、全方位的调查，涉及地理、历史、政治、经济、文化、教育、军事、外交、社会、民情等，历时之久，调查之细，起码编有几百本大部头的调查报告，如《支那年鉴》《支那省别全志》。

1919 年前后，日本出版的关于中国的期刊甚多，如《支那》《新支那》《亚细亚时论》《大日本》《日支》《日华学报》《支那时报》《满洲读本》《满蒙》《满蒙事情》《满铁支那月报》《东亚》《东亚经济研究》《经济月报》《日华俱乐部》《同仁》《上海周报》等，颇为畅销。

一方面，留日学人深知，要想抵抗日本侵略中国，必须先认识日本、了解日本。要想中国避免亡国灭种的命运，必须对日本的政治、经济、文化、教育、军事、外交、历史、社会等展开全方位的研究，知彼知己，方能制定有效的应对措施，对症下药，有的放矢。而在日本求学期间，留日学人耳闻目睹，深感日本对中国研究之多、之全、之深、之细，震撼之余，疾呼开展日本研究。

另一方面，五四运动之际，群情激愤，社会大众关注日本侵略中国的现状与动向，大量报纸、月刊、周刊不断推出有关日本问题的文章，但仍不能满足社会大众对日本侵略中国的认识，期刊形式从综合至专业，期刊内容从翻译、介绍日本至实地考察、研究日本是中国社会的现实需要，创办一种专门研究日本的学术期刊，已是大势所趋。留日学人把日本研究同救亡图存相结合，看成教育民众、开发民智、拯救国家、改造社会的工具，而创办一份日本研究专业期刊是题中之义。

在此背景之下，鉴于日本关于中国研究的各种机关、集会、图书、报章等，设立得很多，调查得很详细，陆友白认识到，“他的主义方针和言论，尤使我们中国人难堪”，须有个“对等的集合”，一方面“辟他的荒唐，觉的他梦呓”，另一方面“唤醒我们的同胞，大家懂得日人的心思，快快起来准备”。而且，今后的“东亚问题，无论什么时候，什么事情，中国和日本，终有密切的关系在里边”，对中日关系“须得研究个解决的方法才是”。[①] 所以，他决定创办一本日本研究期刊，对日本展开全方位长期跟踪研究。为此，陆友白筹划成立太平洋学社，并创办《黑潮》月刊。

一批深知日本研究的重要性、急迫性的留日学人也高度认同陆友白的做法。1919年9月28日，姚存吾致函陆友白，支持创办《黑潮》："我们虽不可学他们岛民狭隘的目光，终日利己损人的邪心，也不可放弃责任，仍守五十年前闭关自大、天朝蛮夷的恶习。"他“深信太平洋学社，是一种眼看世界，筹划东西洋，分担人类文化前进的机关”。[②] 1919年8月，《黑潮》第1卷第1号在上海发行。

《黑潮》第1号转载了戴季陶在1919年8月《建设》创刊号上发表的文章《我的日本观》中的一段内容：“诸君，你们试跑到日本书坊店里去看，日本人所做关于中日的书籍有多少？哲学、文学、艺术、政治、经济、社会、历史、地理各种方面，分门别类的，有几百种。每一个月杂志上所登载讲中国问题的文章，有几百篇。参谋部、陆军省、海军省、海军军令部、农商务省、外务省、各团体、各公司，派来中国长住调查或是旅行视察的人员，每年有几千个。‘中国’这个题目，日本也不晓得放在解剖台上，解剖了几千百次。装在试验管里化验了几千百次。我们中国人却只是一味的排斥反对，几乎连日本字都不愿意看，日本话都不愿意听，日本人都不愿意见，这真叫做‘思想上的闭关自守’‘知识的义和团’了。”[③]

可以说，陆友白创办这本刊物完全是五四爱国运动的产物。

① 《我们为什么要研究日本？该怎样去研究》，《黑潮》第1卷第1号。

② 姚存吾：《致陆友白函》，《黑潮》第1卷第3号。

③ 《补白》，《黑潮》第1卷第1号。

（三）《黑潮》的办刊宗旨

陆友白创办日本研究期刊，未取名“日本研究”，主要还是考虑这本刊物的定位不仅仅是研究日本，还兼顾东亚局势与中日关系，所以取名《黑潮》，即西太平洋之潮。针对“日本研究”是“日本名词”的质疑，陆友白解释：“日本人研究支那问题，叫做支那研究。我们中国人也有采用同样名词的，如江苏省教育以前发行的教育研究。”①

关于《黑潮》的办刊方向，陆友白以中日关系、日本侵华为主题。《黑潮》第 1 卷第 1 号指出：“本刊牺牲私人的精神和经济，做全国平民对日公开的研究言论机关。各界惠稿或通信研究是极端欢迎的。”在这一期面向第 2 号的征稿方向中，他写道：“一、日本人与德睦〔谟〕克拉西。一、最近朝鲜之自决运动与日本之军警。一、关于日本人经营支那研究事业之调查。一、中日国际之面面。一、日本对华投资之政策。”②

在《黑潮》第 2 号，陆友白又发出新的征稿启事：“太平洋西北一带，风涛险恶，触目惊心，我人既不能振翮飞渡，又未敢自甘沦溺。”“近自青岛问题发生，国人对此，虽各有坚决之表示，然此种热度，必可免五分钟之讥讽否？”强调“此黑潮者，即专事日本研究，以求彻底之解决者”，而“黑潮之主张，为民自决的、积极的、永久的、破坏而兼建设的”。③

陆友白以《黑潮》为园地，广邀同人。至 1920 年 1 月，太平洋学社特别社友有陆友白、郭虞裳、项康原、戴霭庐、郭外峰、郭沫若、郃光典、王君浩、连炎川、张幼山、徐伯轩、白清心、欧阳刚中、萧汉天、黄伯樵、陈管生、安淮阴、顾梦飞、朱咏薇、林敏兰、范云六、谢晋卿、童润夫、李振忠、林克庵、刘奇、范墨林、钱江春、潘仰尧、余诚武、陈怀恕、侯绍裘、傅彦长、杨立人、黄丹护、吕舜祥、接倬青、

---

① 记者：《“日本研究”作何解》，《黑潮》第 1 卷第 1 号。

② 陆友白：《同志诸君公鉴》，《黑潮》第 1 卷第 1 号。

③ 《本刊征求海内外同志诸君文字启》，《黑潮》第 1 卷第 2 号。

某隐名。[①] 他们大多有求学日本的经历。

陆友白以一己之力创办《黑潮》，是社长、总编辑、主要撰稿人、发行人，为中国日本研究的先驱。《黑潮》第3号刊出孤雁撰《随感录》，他写下了自己内心的感受："日本之研究中国，自东亚同文会始。其始也，朝野上下，亦视同赘疣，无有援之者。阅时愈久，同文会之裨乎政治、外交、军事、贸易者愈著。于是政府乃发国币以补助之，士夫乃醵巨资以辅成之，而同文会遂扬眉吐气，居然作日本'对支政策'之南针矣。"《黑潮》"愿以东亚同文会为师表，愿其洋溢乎中国"。[②]

二　《黑潮》月刊的办刊经历和特点

（一）《黑潮》办刊经历

由于《黑潮》月刊的主旨是研究日本问题。1919年8月，陆友白拟出编辑大纲。一是"评论"，就"'太平洋问题''东亚问题'的一事一物，拿批评的态度来下简单确切的解释，不为'狭义之爱国'者的谩骂，不做感情的奴隶"。二是"专论"，专就"'日本问题'上做'朴实''有系统'的文章"，可分两项，"（甲）日本的政治、经济、社会等政策、民间情形和中日国交的内幕等等，与我国有直接的关系，我们国民不可不知的说明其'过去''现在'并推想其'将来'。（乙）日本的政治、经济、社会等政策和民间情形虽与我国没甚直接的关系，我们也不可不知的说明其长处、短处和所以"。三是"文艺"，"就以上范围做寓言、纪实等诗歌小说"。四是"纪事"，"就关于东亚的大事要闻做有系统有线索的纪事"。[③] 陆友白强调基础研究、应用研究并重。

从《黑潮》创刊号目录来看，"评论"有"太平洋学社"撰《太平洋主义》，《中日可亲善否?》（初次征文之结果）。"专论"有《我们

---

① 《太平洋学社现有特别社友》，《黑潮》第1卷第3号。

② 孤雁：《随感录》，《黑潮》第1卷第3号。

③ 《〈黑潮月刊〉编辑大纲》，《黑潮》第1卷第1号。

为什么要研究日本？该怎样去研究？》，“日本黑龙会首领内田良平原著”《日本人之支那解决论》，“刚中”撰《读“支那问题号”》，“梦飞”撰《日本天产物不足之隐忧》，“T. Z.”撰《日本之海军》，“琴仲”撰《日本宗教之现状》。“小说”有“Y. B.”撰《万恶的米》。“附录”有《日本人对于美国人之心理》《西报论日本不靖之因果》《大东北与大西北》《东北问题与中国》。

《黑潮》第1号约80页，附录占1/10，作者多用笔名，纸张普通，校对有错。为此，1919年9月3日，范详善致函陆友白，对《黑潮》的栏目设置提出意见："研究学术的材料似可加入一二，因买杂志者，半在欲知世界大势，半在研究学术也。虽曰黑潮，有一定目的，但学术范围有广狭，若专就日本言，如日本历史、地理、物产、人种、国民性等，均可著为专篇，愈多愈好。"关于定价，"鄙意每册定价一角半，至少有一百二十页以外"；"著作者须有数人标出真姓名"；"校对方面当再求精细"；"如新青年及每周评论等之随感录，亦可加入，借以提起阅者之兴趣"。[①]

范详善较为推崇《新青年》《每周评论》，而这两本畅销杂志是政论性综合期刊，而非专业学术期刊，与陆友白创办一份专业学术期刊的初衷相去甚远。为此，9月4日，陆友白复函范详善，关于日本历史、地理、物产、国民性等，"本期已略有一二，以后自当陆续采用。但此等问题，亦属调查研究之性质，去学术甚远"。他强调，"政治问题之范围既狭，收集材料虽易枯窘，然以我思之，此事尚属创举，以前国人对此问题，注意者少，国内外同志，一时又未易呼应，今则各方之压迫日急，国人亦稍稍觉悟，几少知真相者，皆愿出其全力，共作中流之砥柱，则所谓枯窘，自不必患"。陆友白认为《建设》"奈何亦以为杂货店，我实认为不合"。他希望《黑潮》"以为全国公开之对日言论机关"，作为日本研究专刊。[②]

① 《范详善致陆友白函》，《黑潮》第1卷第2号。

② 《陆友白致范详善函》，《黑潮》第1卷第2号。

对此，郭沫若深有同感。1919年11月9日，郭沫若致函陆友白："事属创始，有许多不如意的事情，自然是要经过的。可是'时间'便是我们的保证人。只要我们有坚确的自信，不挠的毅力，排除万难，奋迈前进，将来总有达到圆满地步的一日。"①

《黑潮》创刊后，因为缺乏资金和人才，印刷不精，在形式上和内容上都未能使读者满意。陆友白加以改进，第2号较第1号略有好转。1919年10月10日，陆友白撰《本刊紧要启事》，指出："我们现在所要组织的，不外是增进人才和经济的实力，想国内外留意东方问题的热心志士，一定到处都有，如蒙赞助，随时指教，那是很欢迎很感激的。"②

1919年10月，《黑潮》第2号出版。"评论"有陆友白撰《东亚将有大战乎?》《西藏问题与东亚》。"讲演"有杨立人撰《山东问题中国在和会失败的原因——记余日章先生在江苏教育会的讲演》。"专论"有钱江春撰《日本对华之经济政策》，郭开贞撰《同文同种辩》，夏社撰《抵制日货之究竟》，陆友白撰《日本无米之恐慌》，吕云彪撰《日本各界之生活近况》，戴霭庐撰《日本人与德睦〔谟〕克拉西》，马伯援撰《限制军备声中之日本陆海军扩张计画》。"诗"有《太平洋的黑潮》（霭庐友白）、《大船》（友白）、《雀》（友白）、《风》（开贞）。还有"随感录"、"通讯"、"笔记"、附录等栏目。

《黑潮》月刊，顾名思义，应为每月出刊或两月出版一期，由于缺乏资金和稿源，销路有限，未能畅销，至1920年1月，《黑潮》第3号方出版。"评论"有陆友白撰《民国九年之东方》，郃光典撰《二十世纪的太平洋》。"短评"有陆友白撰《爱国主义究竟是什么?》《所谓〈上海公论〉者》。"讲演"有戴季陶撰《日本问题之过去与将来——在报界联合会之演说词》。"专论"有陆友白撰《山东问题之回顾》，童有葛撰《满蒙与日本》，钱江春撰《日本对华之经济政策（续）》，薛

① 郭沫若：《致陆友白函》，《黑潮》第1卷第3号。
② 陆友白：《本刊紧要启事》，《黑潮》第1卷第2号。

培元译《日本之使用霸权》，吕云彪撰《福州事件之真相》，郃光典撰《中日平民听者》，谢晋卿撰《欧洲战祸和日本军事的进行》，吕云彪撰《今后国人对日应有的计划》，戴霭庐撰《日本人与德睦〔谟〕克拉西（续）》。“讨论”有《对于太平洋主义之讨论》。“诗”有郭沫若撰《箱崎吊古》。此外还有“随感录”、“通讯”、“纪事”、谢晋卿撰《日本过去重要事件之摘记》、附录。

陆友白曾对此加以解释：“本社发行以后，虽不能准期出版，但是日本人的报纸和杂志里面，对于我们已是很注意了。最近如东京的《大日本》杂志”，“译了我们的文章《东亚将有大战乎》，去警告他们的国民。上海发行的《上海公论》”，“也惹起了笔战。日报里边转载批评的更不少。以后我们更多事了”。[①]

自1919年8月至1920年1月，前后6个月，《黑潮》共出3期，名为月刊，实际上类似于季刊，属于短刊，未能坚持下去。

究其停办原因，1919年最为畅销的刊物如《新青年》《东方杂志》，以综合见长，属于“杂乱派”，紧抓社会热点问题，迎合社会大众，特别是爱国青年的心理和需要，1期可售几千册甚至1万册以上。陆友白办日本研究专刊，一般来说学术期刊读者不太广泛，发行量较少。《北京大学月刊》能够维持，因有北京大学的经济资助。《建设》能够出刊，因有中华革命党的经济资助。而陆友白以一己之力，缺乏足够的资金去填补亏空，不得不停刊歇业。与1930年创办的《日本研究》期刊相比，《黑潮》创刊在社会大环境与学术小环境方面仍不能说完全成熟，是早产儿，早早消失。其实，1919年出版的大量期刊大多是短刊，《黑潮》并非特例。

（二）《黑潮》办刊特点

陆友白等人学习了新的编辑出版技术，重视栏目的设置和划分，文章编排主次分明。第1号有“评论”“专论”“小说”“附录”。第2号

---

① 《本社启事》，《黑潮》第1卷第3号。

有“评论”“讲演”“专论”“诗”“随感录”“通讯”“笔记”“附录”。第 3 号有“评论”“短评”“讲演”“专论”“讨论”“诗”“随感录”“通讯”“纪事”“附录”。所有 3 期以“评论”“专论”居多，约占每期刊物版面的 2/3，可以看出《黑潮》是研究型期刊。同时，《黑潮》亦刊登“译文”“小说”“诗”等。这是 1919 年前后社科期刊普遍现象，如《新青年》《少年中国》《新潮》等，带有那个时代的印记。

在行文风格上，《黑潮》作为综合性日本研究专业期刊，以时事政治为主，使用白话文，新式标点，以问题意识为导向，就某一具体问题做深入研究，反对大而无当、夸夸其谈的文风。《黑潮》创刊号的征文“简例”规定：“来稿务求简单明了，洋洋大文章概不欢迎。来稿须切中事理，勿凭空虚论。”[①] 这个标准不仅是对征文的要求，也是陆友白的办刊理念，是对所有刊登于这本期刊的论文的要求。

关于《黑潮》的作者群体，第 1 号的作者多使用笔名，如“刚中”“梦飞”“T. Z.”“琴仲”“Y. B.”。第 2 号的作者多使用原名，如陆友白、杨立人、钱江春、郭开贞、吕云彪、戴霭庐、马伯援；亦有使用笔名的，如“夏社”。第 3 号的作者使用原名，如陆友白、郃光典、戴季陶、童有葛、钱江春、薛培元、吕云彪、谢晋卿、郭沫若等，多为太平洋学社的特别社友。这些留日学人具有西学素养，接受过政治学、经济学、法学、史学的专业训练，对日本问题及中日关系学有专攻，在国际政治、中日关系等方面具有较深造诣。他们的本业为学者、高校教师、报人等。其中，陆友白作为创刊人、发刊人、社长、总编、主笔，撰文最多，居功至伟。

《黑潮》为民间研究组织创办的刊物，没有官方背景和财政资助，陆友白自己决定办刊的方针、体例，撰写论文，具有强烈的草根性、自发性、精英性。留日学人学有专攻，各擅其长，撰写论文，刊物具有多元性、包容性、独立性、专业性。

以关于日本的专题文章的综合性期刊向专号、专刊，向日本研究期

① 《本刊第二次征文》，《黑潮》第 1 卷第 1 号。

刊过渡，走向专业化，是必然趋势。《黑潮》出版地在中国上海，作者群主要是留日学人，刊物内容以学术论文为主，刊登的论文通过分析材料得出结论，有别于报纸、周刊、综合性期刊的日本新闻或短论，有别于以编译日文资料为主的《日本潮》，是近代中国第一份真正意义上的日本研究学术期刊。

三 《黑潮》月刊的文章内容

关于《黑潮》上文章内容的类别，可以分为中日关系、日本侵华、日本政治、日本经济、日本文化、日本军事、日本宗教等。

（一）东亚局势与中日关系

1. 宣扬“太平洋主义”。一战后，遭到重创的大英帝国轻易不诉诸战争。美国成为世界第一大经济强国，在中国推行“门户开放，机会均等”政策。巴黎和会结束后，美国国会拒绝批准《凡尔赛和约》，未参加国际联盟。美国与日本在东亚地区的矛盾进一步加深，英国虽与日本维持同盟关系，但也难以容忍日本的侵略扩张。美国与日本是和是战？日本会继续侵略中国吗？陆友白等人开始传播“太平洋主义”，关注东亚地区和平与中日关系走向。

《黑潮》创刊号刊出《太平洋主义》一文，指出：“我们东方人的责任，第一要把太平洋的热流，溥遍到秦皇岛以外各地方，使大家受着便利。第二要把西洋的文明，连根起蒂的掘他过来，使照不到光明或照而不到的东方人，有个清醒的日子。”[①]“我们大家要觉悟，中华民国现在还是东方的独立国，我们还是独立国的国民，我们有意思，还在这未曾亡国的时候赶快去做。”可是，“现在我国的外交界有的闻了闷药，有的吃了哑口汤，有的睡在梦里，有的坐在井里，都是靠不住的。这泰

① 太平洋学社：《太平洋主义》，《黑潮》第1卷第1号。

山重的担负，以后都在我们国民的肩上”。[①]

2. 国内学界对“太平洋主义”的回应。《黑潮》创刊号发出《本刊第二次征文》，“问题”是“对于太平洋主义之意见”。[②]《黑潮》第3号刊出一部分征集到的文章。姚存吾认为，一是“中日外交公开，防止密约，时时揭破日本军阀、财阀、野心家、浪人的阴谋诡计”；二是“揭示中日两国政治、社会、生产的现状，促两国国民彻底觉悟，大家努力，先扫除一切现有的黑暗势力”；三是“输入西洋的文明，发展固有的文明，创造新文明，期于世界共进，同享人类的幸福”。[③] 欧阳孝纯认为，日本“实为吾人最大之仇敌”，“最险之邻邦，亦东亚和平世界和平之障碍也”，故“万不能依为外援，以至遭噬脐莫及之忧”。[④] 刘奇认为，“还要把中国重造一种新文化，由太平洋洋流分送到全世界去，方显得远东的光明了”，“要从积极方面使我国国民彻底觉悟，造成一个最新的德谟克拉西的国家”。[⑤] 这些看法见仁见智，总的倾向是反日、自新。

3. 中日能否亲善？《黑潮》第一次征文“中日可亲善否?”收到“二百余卷”，概括来稿的看法，关于“可以亲善的原因”：“因为人类有友爱互助的同情”；“因为两国确有唇齿相连的关系互相提携的必要”；“因为两国的平民都有亲善的本心”；“因为两国的平民都有废止军阀革新社会的觉悟”。[⑥]

关于“不可亲善的原因”：“因为两国的分际不平均，利害不一致”；“因为日本抱一种危险的侵略主义”；“因为两国立国的根本观念不同”；“因为日本空言亲善不从事实做去，而侵略的痕迹已数不胜数”；“因为两国的军阀和官僚处处瞒了他的平民在那里捣鬼”；“因为日本常唆使或冲动中国的内乱，暴动他的乐祸心，太不近人情”；“因

---

① 太平洋学社：《太平洋主义》，《黑潮》第1卷第1号。

② 《本刊第二次征文》，《黑潮》第1卷第1号。

③ 姚存吾：《对于太平洋主义之讨论》，《黑潮》第1卷第3号。

④ 欧阳孝纯：《对于太平洋主义之讨论》，《黑潮》第1卷第3号。

⑤ 刘奇：《对于太平洋主义之讨论》，《黑潮》第1卷第3号。

⑥ 《中日可亲善否?》，《黑潮》第1卷第1号。

为中国一般射利的亲日派在那里卖弄”；“因为日本的小学教育为一种对华作战的预备，拿危险思想去愚他的国民”；“日本因为地位的危险，不得不用急进的侵略主义，而此主义大不利于中国”；“因为日本用新闻政策到西方去播弄华人的是非”。[①]

关于“如何可以亲善”：“两国的平民战胜军阀的黑暗势力”；“两国平民的自决主义、民治主义发达”；“日本革除一切野心，放弃一切特权”；“日本革命成功，一切大革新”；“日本国民彻底觉悟”；“中国人明白日本平民的真意”；“东方大战争，日本失败——内乱”。[②]

4. 中日开战问题。针对青岛问题有可能成为东亚战争导火索的传言，陆友白撰《东亚将有大战乎?》，分析中日难以开战：“于万不得已时，日本或将出其恐吓之手段，而为示威之宣战！动员令！爱的美敦书！此时中国必外饬和平，内整军备以待战。同时，必有第三国出而和解，两方立刻无事。”如果“日本以示威之宣战，不能下坛，而欲以极短时间，为背水之一战，则中国必内实守备，按兵不动。日本亦将知难而退”。他判断，“中国与日本必不以此项之交涉而开战，故东亚局面暂时可以保全和平”。[③]

5. 美日开战问题。陆友白对美日两国做对比：“日本则尽力不如美国，而于南洋得德领诸岛，东方争青岛，并欲于商业及其他一切势力上，排斥美国于其所梦想之大亚细亚主义之外。”[④] 他认为：“东方第一次之大战争，必为美国与日本，且伏机已远，经此战后种种原因，而为期尤迫。我国民处此国交险恶、瞬息万变之时机，宜如何准备！准备！”[⑤]

6. 1920 年后东亚局势何去何从?《黑潮》作者认为日本缺乏资源，难以支撑一场大规模的战争，国际联盟不可依恃。该刊第 3 号刊出陆友白撰《民国九年之东方》，指出：“中日国交破裂，美日国交破裂，欧

① 《中日可亲善否?》，《黑潮》第 1 卷第 1 号。
② 《中日可亲善否?》，《黑潮》第 1 卷第 1 号。
③ 陆友白：《东亚将有大战乎?》，《黑潮》第 1 卷第 2 号。
④ 陆友白：《东亚将有大战乎?》，《黑潮》第 1 卷第 2 号。
⑤ 陆友白：《东亚将有大战乎?》，《黑潮》第 1 卷第 2 号。

洲各国集中远东运动，复因此种种，而将发生无数枝节问题，盖东方初次多故之时机也。”[①] 于是，可知“世界各国之集中于日本问题，而日本孤立之形势，乃益不可掩。然我知日本早有所觉悟，而准备之矣；无如岛邦之人口与财富，有以限之也。而生计不得安全之日本国民，朽腹以供其野心家牛马之驱策，为尤可惜耳”。他强调，“国际联盟，特一世界分赃之假面具耳；一切人道正理，在此二十世纪中，决无实现之望也；我人须准备实力，以铲除一切障碍，德谟克拉西，亦许我以为正理自由而战也，愿我国民，勿迷信于廿世纪所不能行之一切光明主义，而自贻无穷之后患焉”。[②]

7. 关于日本的太平洋政策。《黑潮》第 3 号刊出郃光典撰《二十世纪的太平洋》，指出：“日本太平洋的计划，完全是侵略的，英美种种的设施，全是由于日本的侵略激成的，所以太平洋的罪恶，日本应负完全责任。”[③] 他预测，“假若日本要因为这次的帮助，能够实行他的‘侵略主义’、‘吞并主义’，中国——东亚——一部分的不幸，固不足论，恐怕全世界的人类，又不能高枕无忧了”。[④]

五四运动爆发后，国内掀起抵制日货风潮予日本经济以打击，日本不得不暂时收敛对中国的侵略扩张行径。中国学界日本研究的广度与深度都有拓展，心态较为平和，趋向冷静客观看待日本对华政策。留日学人传播“太平洋主义”，希望中日亲善，对比美国、英国、日本的对华政策，指出日本积极对外扩张，中国成为其侵略扩张首选，中国人民必须奋发努力，不可依恃外力，不可将希望寄托于国联。

（二）日本侵略中国状况与动向

1. 驳斥和警惕日本侵华言论。日本统治者佯装支持孙中山的革命活动，实际上勾结北洋军阀，扶植各种亲日势力，制造矛盾，挑起事

① 陆友白：《民国九年之东方》，《黑潮》第 1 卷第 3 号。
② 陆友白：《民国九年之东方》，《黑潮》第 1 卷第 3 号。
③ 郃光典：《二十世纪的太平洋》，《黑潮》第 1 卷第 3 号。
④ 郃光典：《二十世纪的太平洋》，《黑潮》第 1 卷第 3 号。

端。《黑潮》创刊号刊出日本黑龙会首领内田良平原著《日本人之“支那解决论”》，包括：“绪论”：“战后之支那大陆与太平洋必为国际竞争之中心”。“一、欧洲之平和回复期”。“二、日英战争之必至”，其中包括“（一）印度问题”“（二）支那问题”“（三）经济与军备之不权衡”“（四）英俄之关系”“（五）日英冲突之时机”。“三、日支之关系”，认为日本“于支那行经济的发展，而使其关系密接，固非无用之策也，然欲以之而结两国政治的超越之关系，其本末之颠倒，亦云甚矣。盖我于其经济上，即得与结亲善，且得保障，然于其政治上，若不确立卓越之基础，其目的仍不能达也”。“四、支那处分案”，提出：“一、将南满东蒙之统治权委任于我。二、占支那财政之整理监督权。”① 对此，《黑潮》记者评论：“日本之所谓之保全东洋和局，在杜绝西力之东渐，以实行大亚细亚主义，其对于解决中国之方法，不外以快刀利剑，灭亡中国。故其计划阴险奸恶，令人难堪。”②

日本侵略中国蓄谋已久，不会因中国的五四爱国运动而放弃。日本的“实业之日本”杂志社于1919年6月发行《支那问题号》一册，约180页，收录了自许“支那统监”的大隈跛侯（重信）一派、以头山满为代表的浪人群体、以寺内正毅为首的“阴谋家”等日本各界名人的涉华言论。中华书局直译该专号，名为《日本人之支那问题》。《黑潮》创刊号刊出“刚中”撰《读“支那问题号”》予以评论。③

第一次世界大战后，针对英国、日本企图侵略中国西藏地区，《黑潮》第2号刊出陆友白撰《西藏问题与东亚》，指出：“英日两国面子上虽是同盟，若揭开内幕一看，恐怕这阴险两电，一天接近一天了；他们对于中国的西半面，大家都怀着鬼胎，不声不张，尽力去做，谁先下手，就谁占便宜，第二人就不易进门了。但是他们不久总是要到东方来解决的。”“现在我们中国做了砧上的肉，听凭人家来宰割两下子，吃不牵匀，还要打架。现在我们国民要想想，还是听凭人家来宰割呢？还

---

① 〔日〕内田良平：《日本人之“支那解决论”》，《黑潮》第1卷第1号。

② 《记者评论》，《黑潮》第1卷第1号。

③ “刚中”：《读“支那问题号”》，《黑潮》第1卷第1号。

是要怎么样去解决？"[①]

2. 讨论五四运动问题。余日章对五四运动的举措做出反思。他在江苏省教育会发表讲演，认为："中国人自己不助自己，却盼望人家来帮助，自己不想如何觉悟，如何进行，偏偏怪煞人家为什么不来助吾。这种劣根性，第一要破除。要知道能自助，才配受人助。"而且，"中国人最喜欢做正面文章，往往忘却反面如何做去"。例如，"要求罢斥三贼，抵制日货。罢斥抵制，都是正面文章。罢斥三贼以后，应该怎样？难道就从此没有卖国贼么？抵制以后，应该怎样？难道就从此不要用东西么？"他强调"要在建设上多下些功夫"。余之演讲，由杨立人撰成《山东问题中国在和会失败的原因——记余日章先生在江苏省教育会的讲演》一文，刊于《黑潮》第2号。[②]

3. 日本对中国的侵略，包括军事、政治、经济、文化、教育等方面。《黑潮》第2号刊出钱江春撰《日本对华之经济政策》，可分为"商业上之联络""改革中国币制""合办中国之银行""对华投资"。[③]

日本占领朝鲜、中国台湾后，侵略中国大陆，首选东北、山东，之后将是内蒙古地区。戴季陶关注日本侵略中国的动向，加以研判。《黑潮》第3号刊出戴季陶的《日本问题之过去与将来——在报界联合会之演说词》，分析"日本侵略之方针，向称为'蝎形的侵略'"，"盖以辽东半岛为右钳，以山东半岛为左钳，而台湾岛则其属针也。仰右钳，则满蒙皆在其势力之下；伸左钳，则黄河以北各地，皆在其囊括之中；而据有辽东及山东两半岛，已完全将渤海湾封锁，再伸其尾针之势力，以扫及南洋一带诸要港，则其蝎形之势力，乃能完成"。[④]

4. 讨论中日山东问题。日本侵略山东地区由来已久，中国政府拒绝在《凡尔赛和约》上签字。关于中日山东问题的交涉，《黑潮》第3

---

① 陆友白：《西藏问题与东亚》，《黑潮》第1卷第2号。

② 杨立人：《山东问题中国在和会失败的原因——记余日章先生在江苏省教育会的讲演》，《黑潮》第1卷第2号。

③ 钱江春：《日本对华之经济政策》，《黑潮》第1卷第2号。

④ 戴季陶：《日本问题之过去与将来——在报界联合会之演说词》，《黑潮》第1卷第3号。

号刊出陆友白撰《山东问题之回顾》，包括“一、山东问题之发端”“二、巴黎和会之经过”“三、拒签后各方面之影响”“四、今后我国民应有之准备”。他指出：“以今日之形势推之，国际联盟，未必有若何之势力，而日本之逼迫，乃不待国际联盟之开始，而日甚一日，故我人须有充分准备，庶可有恃无恐耳：（1）坚持工商绝交。（2）全国各界各种团体，组织国民军，从事操演。（3）国民节衣食，从事救国贮金。（4）……兵器……（5）联络国内……国外……（6）修好……（7）埋伏……”①

5. 如何抵抗日本侵略中国？《黑潮》第3号刊出吕云彪撰《今后国人对日应有的计划》，建议：“求实际的真学问”“壮国民的胆量”“预备对日的经济”“改良工业”“侦探诡秘”“练兵备械”“抵制日货”“宣布罪状于各国”“冷落他的租界”“促政府力争”。②

6. 讨论“福州事件”。1919年11月16日，驻福州的日本领事馆因不满中国学生提倡使用国货，组织台湾及日本的一些浪人殴打学生及中国巡警，酿成事端。消息传出，全国震惊。《黑潮》第3号刊出吕云彪撰《福州事件之真相》，回顾事件经过，指出“福州事件发生后，国内外同胞之愤慨，又与青岛问题相似，国家多故，我民无安枕之日矣”。③

7. 就日本侵略行径向其政府发出呼吁。《黑潮》第3号刊出《本社为闽事对于日本当局之忠告》：一是“致日本内务大臣”，“请速遣使来华，协同两国官宪，切实调查，撤回军队，惩戒罪魁，赔偿损失，派员道歉，以维正理，而见真正之亲善，则两国人民之幸，亦东亚和局之幸也”；二是“致日本陆军海军两大臣”，“阁下素以明达闻天下，必能熟筹而审思之，请速主持公道，撤回福州军队，惩戒罪魁，赔偿损失，遣使道歉，以维中日亲善之初衷，合力防止西力之东渐，则中

① 陆友白：《山东问题之回顾》，《黑潮》第1卷第3号。
② 吕云彪：《今后国人对日应有的计划》，《黑潮》第1卷第3号。
③ 吕云彪：《福州事件之真相》，《黑潮》第1卷第3号。

日两国之幸也”。[1]

日本亡华之心不死，步步紧逼。面对中国在巴黎和会上的挫败，留日学人、进步知识分子根据日本侵略中国的历史、现状，研判日本侵略中国的动向和趋势，指出国联不可依恃，密切关注中日关系的走向，警惕日本对中国的新侵略行径，特别是内蒙古地区，提出建议，警醒国人，要有所防备，不可使历史的悲剧重演。

（三）日本政治

关于日本政局，《黑潮》予以关注。《黑潮》第2号刊出戴霭庐撰《日本人与德睦〔谟〕克拉西》，第3号予以连载，简介这一民主思潮在日本的传播以及一些人士的看法，特别是军队可适用“德谟克拉西”的问题。[2]《黑潮》第3号刊出谢晋卿撰《日本过去重要事件之摘记》，以大事年表的方式简介1919年1月至6月日本国内的重要事件，既是重要资料，也是观察日本政局的一个窗口。[3] 总体上看，《黑潮》对日本国内政局的关注以编译资料为主，没有长篇专论。

（四）日本经济

1. 日本经济结构的缺陷。《黑潮》作者认为，日本是一个小国，国内市场狭小，缺乏自然资源，先天不足，后天失调，经济结构存在严重缺陷。《黑潮》创刊号刊出“梦飞”撰《日本天产物不足之隐忧》，指出：“欧战以来，国中工业猛进，以是原料益乏。几非仰给于人，不足自给。”虽然日本“极力提倡自给自足之策，无如限于土地，终难奏效”。故“时至今日，百物昂腾，中人以下，无不恐慌，衣食之不足，已不可掩。即燃烧原料，军器原料之缺乏，不数年后，恐亦陷于今日衣食不足之境”。包括：“一、衣食原料之不足”“二、燃烧原料之不足”“三、制造军械原料之不足”。所以“不得不垂涎于地大物博之我国

---

① 《本社为闽事对于日本当局之忠告》，《黑潮》第1卷第3号。

② 戴霭庐：《日本人与德睦〔谟〕克拉西》，《黑潮》第1卷第2号。

③ 谢晋卿：《日本过去重要事件之摘记》，《黑潮》第1卷第3号。

矣”，于是“施种种外交手段，以阻我国势之或振，彼可遂其野心，自图富强，为东方之魔王，解其所不能解之隐忧”。可是中国执政“当局者，竟堕其术中，逞一时意气，违反民意，自相残杀，似亡国亦有余荣者”。①

2. 中国民众抵制日货问题。五四运动时期，中国民众自发抵制日货。短期内通过抵制日货，减少日本对华输出，打击日本经济。但日货通过走私倾销等方式，继续输入中国市场。对此，郭沫若陷入沉思，撰《抵制日货之究竟》，刊在《黑潮》第2号。他指出：“五七交涉，在民国四年。逾年而输入额增加三分之二，又逾年而倍增，又逾年而增至三倍以上。”故“此次学潮声中之抵制日货，日人对之，非特不加戒惧，反有乐观然者”。他“统计日货之输入，奢侈之品四之三，必需之品四之一”。而“此四之三，由于国人之淫奢，本无供给之必要”。“即四之一，亦以国人之贪近便苟且为之，非与我国计民生有若何之关系。”由于国人“淫奢苟且之病已深，故抵制复抵制，曾未能得有结果”。所以建议，“持久之策”，消极方面：“甲、需要方面。A、摒去奢侈品。B、奖用国货。无论必需品、奢侈品，如有国货可代，宜努力奖用。乙、供给方面。A、采办国货。如煤炭木材等宜自采办。B、购用西货如机械等类，暂用西货，力图仿造。”积极方面：“甲、振兴实业教育；乙、开办工厂；丙、励行交通政策。”② 郭沫若从中国大众消费习惯找原因，提出可行之策。

3. “米骚动”事件与日本民众生活之窘况。一战后，日本物价上涨，出现民众抢夺大米的冲突。《黑潮》第2号刊出陆友白撰《日本无米之恐慌》，指出：“日本近年来之米骚动，无时无地无之，甚且挟入政党势力，肇惨无人道之祸。”“日本之于民食问题，毫无适当之政策，而于军事等之食料上，又可决其毫无准备也。”“供给不足需要，既如上述，近复以外未输入之缺乏，与货币之低落，米价因之腾贵，为前此

① “梦飞”：《日本天产物不足之隐忧》，《黑潮》第1卷第1号。

② 夏社：《抵制日货之究竟》，《黑潮》第1卷第2号。

所未有。”[①]

《黑潮》第2号刊出吕云彪撰《日本各界之生活近况》，此为翻译前述“实业之日本”杂志社所发行书中的一段内容，简介一战后日本民众的生活状况。因物价上涨，普通大众生活困难。[②] 陆友白作前言，指出：“须知日本之国民，正困苦颠连于其帝制之下，而不能自脱，故早晚将有平民之组合，起为自决之运动，以颠覆其无道之政府。今我国民稍受日本少数之军阀派野心家浪人等之压迫、侮辱，又何足惧！又何足惧！”[③]

面对日本侵略者，陆友白、郭沫若等人通过简洁有力的文字，分析日本的产业结构实为“先天不足，后天失调”，指出中国是一个落后的农业国，日本是一个较为先进的工业国。中国是一个大国，人口众多，缺乏现代工业基础，战时亦很难实现工业化，日强中弱，中国抵抗日本的侵略还是要立足于农业经济的基本面。中国如果善用煤铁资源，发展工业，便能拥有长期抵抗日本侵略的物资。中国人民只要振作精神，发展经济，完全有能力与日本一争高下。这些文章的明确立场、宏观论证、通俗词句有助于向社会大众说明日本兴盛、中国衰败的因由，以及中国振兴之路。这些文章虽然草率简略，却反映出《黑潮》月刊对日本经济问题的关注，提出的对策有一定道理。

（五）日本军事

近代以来，日本穷兵黩武，对外侵略扩张，充当战争挑拨者的角色。通过中日甲午战争、日俄战争、第一次世界大战，日本从中国劫掠巨额的财富，侵占大块的土地。一战期间，日本政府大力发展海军，试图在西太平洋与美国、英国一争高下。

《黑潮》创刊号刊出《日本之海军》一文，简介“日本之海军根据地”和军港、“日本海军军舰之标准”、“日本海军之军舰”，指出“海

---

① 陆友白：《日本无米之恐慌》，《黑潮》第1卷第2号。

② 吕云彪：《日本各界之生活近况》，《黑潮》第1卷第2号。

③ 陆友白：《前言》，《黑潮》第1卷第2号。

军用原动力之原料，又皆仰给于外国”。“粮食问题，又足以制死命。”“故今日东方若有战事，日本而入极端的战争状态时，若不得外国之供给食料及原动原料，则除以极短时间一生悬命（日本名词作拼命解）背水一阵外，绝无胜利之余地也。”[①]

针对日本的海军扩张计划，《黑潮》第 2 号刊出马伯援撰《限制军备声中之日本陆海军扩张计画》，指出：“此次西洋大战，德意志之瓦解，亦既昭强权主义者以绝大之教训，乃日本仍觉而不悟，一味横行其黑暗思想，将来之破产，我人可得而预料之矣。”[②]

《黑潮》第 3 号刊出谢晋卿撰《欧洲战祸和日本军事的进行》，指出：“日本人扩张军备”，“他的近目的，是牵制东亚”，而“其远目的，究竟如何”。“他目前所扩张的陆军海军，不过为践踏西伯利亚与中国满蒙或巡逻太平洋南洋群岛的一个小小准备罢了。”作者要问：“彼三岛五千万人，有德国八千万人的科学能力否？更有德国三千万万的财富否？吾知三岛之人闻之，亦当自发疑问。”总之，“彼辈今日不觉悟而大增武力，可以尽量增加，究其极亦不过再惹一场更大的世界杀戮。然而彼时的日人，要想如今日德人之仅仅破产者，恐怕照理亦有所不能”。[③]

留日学人密切关注日本的军备扩张，特别是日本海军的发展，认为日本势必与美国、英国发生冲撞，甚至是正面冲突。而以日本的综合实力，不足以与美英相抗衡，德国在一次大战中的前车之鉴不可不察。

（六）日本宗教文化

中日两国一衣带水，古代日本以中国为师，近代日本却对中国加紧侵略，其宗教信仰是什么？国民性格为何？武士道与日本侵略的成因为何？多位留日学人关注日本民族的深层心理结构。

1. 日本宗教概论。《黑潮》创刊号刊出《日本宗教之现状》一文，

① “T. Z.”：《日本之海军》，《黑潮》第 1 卷第 1 号。

② 马伯援：《限制军备声中之日本陆海军扩张计画》，《黑潮》第 1 卷第 2 号。

③ 谢晋卿：《欧洲战祸和日本军事的进行》，《黑潮》第 1 卷第 3 号。

简介“日本现在之宗教，都分三种，曰佛教，曰神道，曰基督教”。关于日本人在中国的传教，“垂涎蒙土已久，近更极意联络活佛”。至于“基督教之传日，不过五十年，现在实际活动之烈，几为他教所莫及。且能用其主力于社会事业，以引人之注意，尤可谓能得其道。不过因此种关系，亦仅获盛传于都会之地耳”。“论其教势，将来能驾神道而上之，可操左券，若欲与根深蒂固之佛教相抗衡，则犹非一时之事。今其一派，有融通儒佛理，以图推广者。然而其效，正未可知也。”①

2. 中日“同文同种”论。郭沫若撰《同文同种辩》，刊于《黑潮》第2号，约5000字，是一篇较长的论文，包括：“一、绪论”“二、中日两国言文之异同”“三、日本人废弃汉字之运动”“四、中华民族之由来”“五、日本民族之研究”“六、结论”。他指出，“日本民族乃种种杂多之混血人种也”，包括“虾夷”“汉人种”“通古斯族”“马来人种”。要而言之，“日本民族乃黄棕混二色之混合人种，就中以棕色人种之成分为最多，故其蛮风野俗，洎今犹未醇。而日本皇族，其先实纯粹之马来人耳”。他认为：“中日两国并非同文同种。夫以仁道正义为国是，虽异文异种，无在而不可亲善。以霸道私利为国是，虽以黄帝子孙之袁洪宪，吾国人犹鸣鼓而攻之矣。”②

3. 日本民众的传统心理。日本社会士农工商，等级制森严，民众安于现状，服从权威，迷信武士道精神。《黑潮》第2号刊出傅彦长撰《我对于日本几方面的意见》，指出：“日本自从立国以来，为什么没有过革命，因为多数的日本人，只有奴隶心、服从心，给少数的王侯将相管住，怕得不敢动，他们以为天皇是一个神，是天生的，大家都应该对他下拜。王侯将相都有种，王侯将相所说的话，所发的命令，都是不错的。”“照着去做就是了”，这是“真正的大和魂！武士道算得什么呢！”这是“很贫弱的国民性，世界没有大交通以前，日本靠着这个国民性，国内就不会生内乱，很可以安安稳稳的过太平日子”。明治维新后，

① “琴仲”：《日本宗教之现状》，《黑潮》第1卷第1号。

② 郭开贞：《同文同种辩》，《黑潮》第1卷第2号。

“本来国小人少，又是服从心很利害，定了方针，自然没有阻力。三十年工夫，就做出一个强国来，日本既经做了强国，那般什么博士学士一类的人物，就想出许多自己的国民性来做标榜，依我看来，日本的出身，不过这样罢了”。[①]

留日学人研究日本，关注日本对中国的侵略。同时，也开始关注日本的文化，关注日本民族的宗教信仰和深层心理结构，加深对日本社会、日本民族的认识，在日本研究领域有所突破。

结　论

1919年夏，在五四爱国运动的鼓舞下，陆友白等人创办《黑潮》月刊，发表文章，揭露日本侵略中国，陈述救国方法，力图警醒国人不忘国耻，分析中日关系现状与走向，开创了民国前期日本研究期刊。

关于《黑潮》的日本研究主题，留日学人和进步知识分子心系国家前途命运，反帝爱国，救亡图存，紧密结合中国社会实际，动态地介绍和研究日本，密切关注日本对中国的侵略，侧重于东亚局势、中日关系史、日本侵华史、日本经济结构等。这些“评论”“专论”是救亡图存研究，是被动应急研究，是鉴往知来研究。留日学人聚焦日本侵略中国的过程，关注中日关系的现状与动向，探讨日本政治、经济、文化、教育、军事、外交等，分析日本侵略中国，指责北洋政府出卖国家权益。

关于《黑潮》日本研究的视角，这些“评论”“专论”揭露和批判日本帝国主义企图灭亡中国、奴役中华民族，中日关系、日本侵华、日本经济成为研究热点，逐渐触及较深层次的领域，如文化、思想、宗教等，研究对象及范围较为广泛。中日两国同属东方国家，具有相似的文化传统和历史渊源，也有相异的国情民风，开展中日两国比较研究，可以全面、深入地认识两国及中日关系。

---

① 傅彦长：《我对于日本几方面的意见》，《黑潮》第1卷第2号。

关于《黑潮》日本研究的专题，趋向于深化与细化，向社会大众传播日本各方面的知识。留日学人重视中日关系史、日本侵华史的研究，特别关注日本对山东、东北、内蒙古的侵略扩张，重视中日关系的走向，试图从中吸取教训，分析日本侵略中国的走向，预判日本将侵占东北全境，提出从对外政策、国防安全、军事安全等方面，中国政府和人民应采取措施，有效应对。

关于《黑潮》日本研究的范式，留日学人尝试推介西方社会科学的新学科，在学习、模仿、借鉴、移植西方现代学术话语和研究范式的过程中，通过译介、编纂，引入西方的学术观念，加以改进，撰写论文。《黑潮》既是历史载体，也是近现代学术研究的试验场，展示日本研究由传统史学向现代学术的转型，由综述走向专题，学者由通人转为专家。

《黑潮》是第一份真正意义上的近代中国日本研究学术期刊，对于日本研究的专业化、学科化、体系化做出了可贵探索，在近代中国报刊史、近代中国日本研究期刊史上占有重要地位，为之后的日本研究期刊的创办提供了可资借鉴的经验教训、学术范式。

关于《黑潮》日本研究的局限性，民国前期的日本研究处于草创阶段，没有国家政权的组织，没有专门的研究机构，没有专项经费，呈现出自发性、零散性、重复性等特征，存在一些缺陷。一是如何开展日本研究？研究什么？处于探索之中。二是在学科比例上，主要是中日关系史、日本侵华史、日本经济结构，而对于日本国内政治、文化等，因紧迫性、时效性不强，关注略显不足。三是在研究动因上，为现实政治服务，不太重视基础研究、长远研究。

关于《黑潮》与日本研究的队伍建设，《黑潮》是中国日本研究成果的集中地，是一块试验田，会聚了一批留日学人、有志青年，是他们研究日本问题、发表学术论文的园地。《黑潮》具有引领作用，是中国日本研究的风向标，培养了一批日本研究专业人才，积累了一些经验。《黑潮》停刊后，戴季陶、郭沫若、谢晋青等人继续从事日本问题研究工作，成果迭出，是中国日本研究的主力。

留日学人、进步知识分子根据日本侵略中国的历史、现状，研判日本侵略中国的动向和趋势。与日本的中国研究期刊相比，《黑潮》独木难支，与中国救亡图存的需要存在一定距离。成因十分复杂，没有国家政权的组织、动员、投入，光靠少数留日学人的文化自觉，实际上难以持续、长久。为抵抗日本对中国的侵略，留日学人大声疾呼开展日本研究，躬行实践，在某些领域、某些方面有所建树，取得突破，成为中国日本研究的先行者、推动者、引领者。

以史为鉴，在抵抗日本侵略的视野下，五四运动时期，一批留日学人心系国家前途命运，努力收集中日关系史料，自发研究日本问题，创办《黑潮》月刊，发表文章，传播新知，向社会大众传播关于日本侵略中国的实情，介绍日本社会现状。他们以学术研究为工具，致力于救民族于危难，具有强烈的历史使命感与现代国民意识，迈出坚实的第一步，起到承先启后的作用，在中国日本研究史上占有重要地位。因诸多复杂因素，《黑潮》月刊未能得到足够重视，相关史料整理、学术评价明显滞后。追寻留日学人和进步知识分子的足迹，探讨他们在民国前期如何研究日本，重新评价，还原历史本来面目，启迪日本研究的未来走向，正当其时。

（审校：孟明铭）

德川吉宗时期幕府的对华“采办”

李文明*

内容提要： 在德川幕府的文献中，幕府及其首领采办的商品、引进的技术均被称为所谓的“御用物”。德川吉宗上台后，面对财政危机，幕府推行所谓“享保改革”。“享保改革”的重要特征之一是“开源节流”。这个特征在这一时期幕府的对华贸易中也有所反映。在所谓“御用”消费品方面，幕府的对华采购出现了“节约化”特征。比如，采办书画作品并不执着于珍品真迹，而是径直采办临摹品。德川吉宗时期幕府对华“采办”的更大特征是“商品采办中夹带技术引进”。幕府通过下谕旨请托、以贸易信牌为要挟等手段，获得了部分药材的种苗以及熬制砂糖的技术，尤其是制糖技术的引进对德川时期的农业和经济产生了深刻影响。当然，在幕府试图获取先进技术的过程中，中国商人也采取迂回推托的方式部分保护了本国技术。

关 键 词： 德川吉宗　享保改革　御用物采办　中日贸易史

德川时期，幕府虽是日本的政治统治者，但同时也以“经济实体”的身份直接参与对外贸易。建立幕府前，对外贸易就曾是德川政权蓄积财力的重要手段。德川幕府建立后，其对海外贸易的直接参与没有中断。例如，德川初期史料《丝割符宿老觉书》就记载了幕臣小笠原一庵、长谷川波右卫门二人共同将德川家康订购的“白丝一千丸”押送至伏见城的史事。[①] 德川家康、德川秀忠时期，幕府直接购买的商品主

---

* 李文明，中国社会科学院世界历史研究所副研究员，主要研究方向为日本德川时期史。

① 「糸割符宿老覚之書」、山脇悌二郎『近世日中貿易史の研究』、吉川弘文館、1960、付録、197 頁。

要为生丝、金属、枪炮、火药等。[①] 可见，德川初期幕府参与海外贸易的主要目的仍在于充实经济、军事实力。随着统治稳固，幕府海外采办的商品结构逐渐发生变化。至18世纪初，幕府采办的“御用物”便以砂糖、龙眼肉、鱼翅、沉香木、书画等消费享乐品为主了。[②] 在德川幕府官修文献《通航一览》中，无论是枪炮火药、消遣娱乐品等实物商品，还是生产技术，只要是幕府官方“采办”或“请托寻访”的，均被称为所谓“御用物”。[③] 类似的称谓还有“御用意物”“御调物”等。[④]

学界在幕府“御用物采办”的问题上有一定积累，但以太田胜也系列论文为代表的先行研究大多关注德川前期的“御用物采办”。[⑤] 1716年，旁系支脉出身的德川吉宗上台，幕府首领的世系发生转移，内外政策也出现明显变化。为应对财政危机，德川吉宗推出了以开源节流、平衡收支为主要特征的“享保改革”。世系的转移和“改革”的推行使德川吉宗统治时期（1716～1751）成为德川幕府历史上“承前启后”的重要转折时期。在此期间，幕府的“御用物采办”也呈现出与其前代、后代均有所不同的特征。尤为突出的是，在对华“采办”过程中，德川吉宗的幕府还试图获取生产技术，这使德川吉宗时期幕府的对华“采办”在幕府“御用物采办”史上更为突出。而目前学界在此方面的研究尚不多见，因此本文尝试对德川吉宗时期幕府的对华“采办”进行初步梳理。

---

① 太田勝也「江戸時代初期対外貿易における幕府の買物」、『徳川林政史研究所研究紀要』1978年3月号、330-368頁。

② 太田勝也「江戸時代初期対外貿易における幕府の買物」、330-368頁。

③ 林韑『通航一覧　第六冊』、泰山社、1940、28頁。

④ 太田勝也「長崎貿易における幕府の買物—いわゆる『長崎御用物』に関する試論—」、『徳川林政史研究所研究紀要』1979年3月号、437頁。

⑤ 太田勝也「江戸時代初期対外貿易における幕府の買物」、330-368頁；太田勝也「長崎貿易における幕府の買物—いわゆる『長崎御用物』に関する試論—」、437頁。

一　消遣娱乐商品的采办

消遣娱乐商品采办的“节约化”是德川吉宗时期幕府采办有别于前代的主要特征之一。德川幕府及其首领是当时日本的统治者，其为自己采办的商品中必然有大量供统治阶层消遣娱乐的商品。17世纪中期以后，幕府官方的消遣品、娱乐品采办规模日渐扩大，以至于17世纪后期幕府在长崎设置了专司“御用物”采办的官员“御用物方”。① 在“御用物方”之下，还设置了负责鉴别商品真伪、品相的吏员“目利”。据《长崎初发书》记载，德川纲吉时期（1680～1709），“御用物方”之下有“目利”19人，包括“伽罗（沉香）目利二人、鲛（鱼翅）目利三人、卷物（卷轴，主要为中国书法作品）目利五人、书物目利三人、唐物道具目利三人、唐绘目利三人”。② 19人之中，职位名称中带有“唐”、专门负责采办中国商品的“目利”有11人，其余8人职务名称中虽无“唐”的字样，但其工作内容也包含中国商品。以“唐目利”为主的“目利”配置，既说明幕府消费品采购量明显增加，也表明幕府高层对中国商品有着极大的消费需求。从“目利”的人员结构可以看出，这一时期幕府“采办”的商品主要是奢侈品、消费品。从德川纲吉时期开始，幕府上下“奢侈成风，财政失调”。③ 在财政失调的诸多因素中，幕府自身和武士上层的商品消费占很大比例。德川吉宗上台后，推出了“厉行节俭”的改革措施。④ “就勤俭节约而言，历代将军中没有谁比得过吉宗”，以至于奈良本辰也将其称为“俭约将军”。⑤ 德川吉宗本人在穿着上以“粗线”“棉质”为主，所配腰刀以“铜铁代替华美的金银装饰”，其在上台后不久还对普通市民的衣服穿

---

① 太田勝也「江戸時代初期対外貿易における幕府の買物」、330-368頁。

② 「長崎初発書」、住友修史室編『泉屋叢考』第10輯、住友修史室、1958、付録、23頁。

③ 吴廷璆主编《日本史》，南开大学出版社，1994，第276页。

④ 吴廷璆主编《日本史》，第282页。

⑤ 奈良本辰也『日本の歴史17　町人の実力』、中央公論社、1982、159頁。

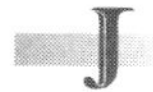

着做出严格限制。[①]

德川吉宗的“节俭”政策，在幕府“御用物”采办上必然也有具体表现。譬如，德川吉宗幕府在采办“唐绘”时，并不执着于珍品真迹，而是委托中国商人径直采办临摹品。在1724年“南京唐商”[②]费赞侯写给幕府的文书中有关于此种情况的清晰记录。该文书说：“蒙谕委带明朝以前之名画，十家至十四五家，要总临七八十张至一百张内。其画幅一样宽大。临就作成册页，每家名画五六张。若罕有之名画，即一幅亦不妨。其画样，山水、人物、花鸟、草虫等，总要照本画笔势。色彩、浓淡、墨色，须酷似各家风仪之别致。临来画之总数内，彩色七八分，水墨二三分。敢不遵依，但名家古画系罕有之物。官府富家珍藏，唯恐借来临画，势必延迟岁月。赞自当竭力承办，须俟临就带来进上，为此具呈。”[③]据此文书可知，幕府虽然委托采办“明朝以前之名画”，但并不是要采办真迹，而是要采购临摹的作品。幕府仅在临摹品的品相上提出了“须酷似各家风仪”的需求。因此，从幕府采购临摹品的史实来看，日本现藏的明代以前的中国名画中存在一批清代江南临摹品，而这些画作也多酷似原作。

书画以外，在其他消遣娱乐品采办方面，德川吉宗幕府也注重节俭。譬如，幕府在采办供上层消遣的“唐犬”时，开始强调“雌雄相配”。宁波唐商邵聚文回复幕府的文书中对此有详细记述。该文书说：“前番进上，犬四只之内，三只最佳，已充上用。其虎斑毛长雄犬一只不堪上用。今又要照此三只之样，雌雄相配，不拘五只或十只，着黄哲卿下次带来，但是比此三只，大大些更妙。小者不要纵犬，而毛长者亦不要。今聚回唐，将上谕详细说与黄哲卿知道，再来之日带来进上。为此具呈。”[④]由文书记述可知，幕府采购“唐犬”时，不仅要“雌雄相

---

① 奈良本辰也『日本の歴史17　町人の実力』、159-161頁。

② “南京唐商”指江苏、安徽一带的商人。德川中前期，日本对中国地名多用明代旧称，此处“南京”指明代南直隶，即清初江南省。

③ 林韑『通航一覧　第六冊』、20-21頁。

④ 林韑『通航一覧　第六冊』、8頁。

配”，且要“大大些更妙”。这两点要求表明，幕府打算自己繁育“唐犬”，从而减少此方面的开销。“声乐犬马”常用来描述统治阶层的奢侈生活。采办“唐犬”之外，幕府也委托中国商人采办“唐马”。《通航一览》辑录的“唐通事报告书”中有德川吉宗时期幕府采办“唐马”的记录。该报告书中记载：“去去戌年，着三十一番南京船头伊韬吉牵唐国之良马渡来之事。去春，向南京罢归。采办右之良马。然有称泽旺阿刺蒲坦，西鞑之部类，叛朝廷。朝廷为集征伐人数，于诸省调选兵马。故所请难成……总，武官之外，民间难以调贩军马。幸此所官府与伊韬吉有识，则以此缘故，去冬向其求乘马二匹。尤伊韬吉……染病，自身难以渡海。于是，将信牌让与弟伊孚九，此次遂牵右述之乘马。”[①]从报告书内容来看，幕府采购“唐马”的数量较少，但品种要求为“良马”。由此可见，其采办“唐马”应当既供上层习武消闲，也有改良幕府马种的目的。马虽有民用价值，但也是重要的军事物资。这份报告书中说，当时在中国西部，有“泽旺阿刺蒲坦……叛朝廷”，而清廷“为集征伐人数，于诸省调选兵马”，因此“民间难以调贩军马”。当时，对于出口日本的普通商品，清朝较为宽容，甚至民间较少见的《御制律历渊源》等图书也有少量出口至日本。[②] 但对于马匹这类军事物资，清朝还是有着严格的出口管控的。最终，唐商伊孚九虽为幕府采购了少量用于交通骑乘的“乘马”，但无法为其采购军马这样的军事物资。幕府采办“唐马”可能与德川吉宗的个人兴趣有着较大关系。德川吉宗本人“十分爱好马术……在马术方面，他自己也有着较为高超的技术。因此，当他看到荷兰人凯兹尔演示的马术后，曾为之怦然心动。当然，最吸引其目光的是凯兹尔所带来的阿拉伯马。他不仅立即让家臣向凯兹尔学习马术，为了这匹阿拉伯马，他还下令翻译‘治疗马匹’的书”。[③]

---

① 林韑『通航一覧　第六冊』、20頁。

② 浅井允晶「間重富と『暦象考成』後編―その入手をめぐる問題を中心に―」、『大阪歴史』第68号、2009、19-52頁。

③ 奈良本辰也『日本の歴史17　町人の実力』、188-189頁。

总体而言，德川吉宗时期幕府仍然持续通过中国商人采购消费品、娱乐品，但在德川吉宗主导的“享保改革”背景下，幕府采办的消遣娱乐品有着“节约化”的趋势和特征。这也与“享保改革”在经济上的主要特征——“开源节流”相吻合。

二　药材种苗与炮制技术的官方“引进”

药材是幕府统治阶层保障自身生命、健康的必需品，同时医药也是其维持统治权力与权威的要素之一。[①] 德川时期，药材在中国对日本出口贸易中占很大比例。譬如，德川前期的海外贸易文献《增补华夷通商考》中就对中国各省出产以及出口至日本的药材种类有详细、系统的介绍。[②] 在中国医药开始传入日本的隋唐时期，日本便有了最初的药材种植。[③] 日本的药材种植历史虽较久远，但品种与产量十分有限。直至德川时期，日本的药材种苗引进和药材种植才逐渐走向规模化。1638年，德川家光在江户设立了南北两个“药园”，由幕府直接管理。在北药园“高天御药园”中，幕府建有祭祀神农的神农堂。[④] 这说明德川初期的统治者有着小规模保障药材生产的意识。但是，后继统治者对此并不十分重视。1681 年、1684 年，为修建护国寺和扩建“白金御殿”，北药园与南药园的土地被征用，南北药园就此废弃。德川吉宗上台后，药材种植重新得到重视。在德川吉宗主导下，幕府在大阪、堺、京都、江户、骏府分别设立了 5 所“和药种改会所”，幕府希望以此引进珍稀

① 海原亮「書評：岩下哲典著『権力者と江戸のくすり—人参・葡萄酒・御側の御薬—』」、『史学雑誌』第 3 号、1999、118-119 頁。

② 转引自李文明《日本〈华夷通商考〉及其增补本中的海上贸易》，《东北亚学刊》2018 年第 5 期，第 50~55 页。

③ 指田豊「飛鳥・奈良・平安時代の生薬事情—漢方の芽生え—」、『植物研究雑誌』第 4 号、2017、237 頁。

④ 渡辺均・新藤聡・松原紀嘉・池上文雄「薬園から学ぶ漢方生薬の国産化—薬用植物の効率的栽培とその将来性—」、『植物研究雑誌』第 91 巻、2016、397 頁。

药材，扩大珍贵药材的种植规模。① 药材以外，德川吉宗还曾推动甘蔗等经济作物的种苗引进。② 由于这些“引进”取得了一定的成果，部分作物的“引进”对日本历史产生了深刻影响，因此日本学界也常将德川吉宗推出的这一系列举措称为药材与经济作物的“国产化运动”。③ 就直接动机而言，“享保改革”时期的“国产化运动”也有着应对幕府财政危机的目的。

中国医药是日本“汉方”的根，因此幕府推动药材“国产化”必然依赖中日贸易。《通航一览》载，日本享保“十一年正月，（幕府）有寻访药草之事。（幕府）请在馆船主费赞侯等九人，各持（药草）渡海而来。同年八月，又命丁益谦、施翼亭等持药草种苗渡海而来”。④ 对于幕府的请托，费赞侯在《药种御寻之答》中有详细记述：“蒙谕，人参制法、冰片采取之法，各种糖种之始末做法，并委带来各项药材，俱已悉知。但其中可以带来者共十种，糖之制法一件，又不能带来之药共十七种。外，人参、冰片不知者，一一开明，并遵依等件，开列于后。其原枝人参、人参须、折人参，生在辽东山中，其制法土人不肯传人。所以别省之人皆不知，无处可问。冰片出产外国，非中华之产，无有知其采取之法（者）。各种糖蔗之详细做法，回唐寻明详细，容再来之日报覆。肉苁蓉，易于腐烂，故采取不来，即要腌之，要生取晒干，难以带来。秦艽、郁金、益知、密蒙花、独活、羌活、延胡索、胡黄连、甘蕤、牡荆，此十种所产之地，路途甚远，难以带来其叶子花根也。肉豆蔻、荜茇、白豆蔻、草豆蔻、白附子、大枫子叶，俱出产外国，非中华之产，难以带来。白术、苍术、夏枯草、威灵仙、砂仁、百部、草果、大青、蒿本、枫树叶，此十种再来之日，其叶子花根遵依带

① 渡辺均・新藤聡・松原紀嘉・池上文雄「薬園から学ぶ漢方生薬の国産化―薬用植物の効率的栽培とその将来性―」、397 頁。

② 日本農業発達史調査会編『日本農業発達史 3』、中央公論社、1978、136－138 頁。

③ Ito Mamiko, “Natural History and Amateur Scholars in Japan from the Seventeenth to Nineteenth Centuries”, *Study of the 19th Century Scholarship*, No. 11, 2017, p. 18.

④ 林韑『通航一覧　第六冊』、20 頁。

来。”[①] 费赞侯等中国商人十分清楚幕府采购药草种苗的目的是实现相关药材的“国产化”。幕府如果引进了这些种苗，掌握了相关药材的炮制方法，必然会给所有中国商人的商业利益带来损失。因此，对于幕府请托采购的27种药材种苗，费赞侯仅为其带来10种，其余或以“易于腐烂，故采取不来”“路途甚远，难以带来”，或以“出产外国，非中华之产”等理由加以推托。对于重要药材人参的炮制方法，更是以“其制法土人不肯传人”为由加以回绝。虽然费赞侯等人的推托、回绝最直接的目的是保护他们个人的商业利益，但事实上也是对中国药材知识产权权益的自发保护。对于费赞侯等人强调的理由，幕府也知道是“托词”。因此，同年八月，幕府再次命丁益谦、施翼亭寻访药材种苗。《通航一览》辑录的丁益谦等人向幕府申领贸易信牌的文书中说：“前蒙谕，采办二十八种药草苗子，俱系外国或产于唐山遥远之地。诚恐迟延岁月，一时不能采办。自当尽心带来。五班船主业已遵依。仅复蒙谕，此药草苗一定明年内带来，谦等敢不遵依。因为及期早来，给赐临时信牌，感激不浅。但此药草苗，或在外国或在远方采办。故赐谦等二人咬留吧港门信牌各一张。庶得倍加用心，将二十八种，每人各分十四种，各人专心采办，拈选良品，明年内带来进上。倘所带不善，不堪上用，或假托难以采办，因不带来，止载货物即行遣回。为此具呈。”[②] 这份文书表明，幕府在引进药材种苗方面，未因费赞侯的推托而善罢甘休。从该文书的表述来看，幕府应该以不再颁发贸易信牌为要挟，向丁益谦等人进行了行政施压。通过一再“请托”甚至以收回贸易信牌为威胁等手段，幕府获得了一些药材的种苗。但对于其十分看重的人参种苗以及其他珍贵药材的种苗，费赞侯、丁益谦等人始终未向其提供。田村玄雄在《朝鲜人参耕作记》中追溯日本人参种植的源头时说道：“（日本）享保四年，对州侯（对马藩主）自朝鲜得人参六株献，植之于野州日光。而后经四十五年，至（日本）宝历十三年，而成五百万

① 林韑『通航一覧　第六冊』、20-22頁。
② 林韑『通航一覧　第六冊』、23頁。

株。”[①] 可见，德川时期日本主要是通过朝鲜获得人参种苗的。对于人参之外其他未能获得的药材种苗，德川吉宗只能命学者、医师在国内寻访。寻访不得的药材甚至仅能尝试用药性类似的其他品种“替代”。比如，幕府曾以“滨防风”来替代防风。[②]

在药材的“国产化”方面，幕府及其首领德川吉宗高度参与，他们既利用幕府的权威以首领“谕旨”的方式向中国商人“请托”，也通过颁发通商信牌的行政权力直接向中国商人施压。迫于幕府压力，部分药材种苗流失。这种流失表面上看是费赞侯等商人未能抵御幕府压力，但更深层次的原因在于他们的背后缺少清朝国家力量的支持。顺治时期，清廷曾有过将日本纳入朝贡体系的想法，但德川幕府对此十分抵触。[③] 这就造成了清廷与德川幕府既无近代外交通商关系，也无传统勘合朝贡关系的局面。对于中日贸易，清廷大体持不加阻止的态度，而当日本要求中国商人向日本申领带有日本年号的“照票”时，清廷又“准海商领倭票照”。1726年，日本发生枪击中国商船事件。对此事件，清廷内部虽有议论，但最终仍没有做出“任何反应”。出于对日本金银铜的需要，康熙理性接受信牌贸易，“赴日商人却逐渐意识到他们的商业利益似乎更多地”受制于日本。[④] 因此，在中日贸易活动中，尤其是面对幕府的“谕旨”和要挟，商人往往只能以个体力量与日本幕府周旋。前引史料中提到的“路途甚远，难以带来”“出产外国，非中华之产”“易于腐烂，故采取不来”等商人个体提出的推托理由最终难以抵御幕府的国家力量。不过，即便如此，费赞侯、丁益谦等人仍自发地对本国的药材种苗与炮制技术做出了一定的保护，辽东人参的种苗与炮制技术始终未因他们而流失。

---

① 田村玄雄『朝鮮人参耕作記』、百花街蔵版、1764、1丁。

② 渡辺均・新藤聡・松原紀嘉・池上文雄「薬園から学ぶ漢方生薬の国産化—薬用植物の効率的栽培とその将来性—」、397頁。

③ 王晓秋：《试论清代中日关系的开端》，《郑州大学学报》（哲学社会科学版）2008年第3期，第137~139页。

④ 孟晓旭：《正德新例与康熙朝的中日关系》，《郑州大学学报》（哲学社会科学版）2008年第3期，第141~143页。

三　甘蔗培育与制糖技术的官方“引进”

在德川吉宗推行的药材与经济作物“国产化运动”中，甘蔗培育与制糖技术的引进是最成功的项目之一。早在隋唐时期，中国的糖与糖类制品便已传入日本。[①] 然而，直至德川幕府建立前后，日本对于糖与糖类制品仍完全依赖进口。据日本农业发展调查会考证，“甘蔗苗……最早是在庆长年间（1596~1615）才由漂流到中国闽州的奄美大岛人直川智带回日本的”。[②] 不过，此时的甘蔗种植规模很小，影响极其有限。德川初期的元和年间（1615~1624），幕府又曾“从琉球引入甘蔗苗，分发给各藩种植”，但此次引种也“没有取得好的结果”。[③] 甚至出版于1712年的《和汉三才图会》中仍写道：“甘蔗，在我国虽有移种，然不甚繁茂。”[④] 德川前期，日本的甘蔗种植规模十分有限，进口砂糖又卖到其“实价十倍以上”的价格。[⑤] 因此，在当时的日本，糖是十分珍稀的物品。1844年出版的《广益国产考》中写道：“砂糖者，二百余年前，高贵之人尚不得知之，‘下贱’之人更无从得见。”[⑥] 现代家政学者铃木晋一也指出，日本的“砂糖羊羹”“砂糖馒头”“砂糖饴”等传统糕点在名称上突出“砂糖”字样，正可表明砂糖在过去的日本曾十分珍贵。[⑦]

德川中期之前，日本对糖的需求主要依赖进口，而中国则是日本糖类商品的主要进口来源国。据岩生成一研究，德川初期的1637年，日本自中国进口白砂糖70万斤、黑砂糖20万斤、冰糖70万斤，总计160万斤。德川中期的1769年，日本自中国进口的糖类商品总量达到顶峰，该年共进口292万3201.3斤。但德川后期的1821年，日本自中国进口

① 小葉田淳「砂糖の史的研究に就いて」、小葉田淳『史説日本と南支那』、野田書房、1942、213頁。

② 日本農業発達史調査会編『日本農業発達史3』、136頁。

③ 日本農業発達史調査会編『日本農業発達史3』、136頁。

④ 寺島良安『和漢三才図会』、島田勇雄・竹島淳夫・樋口元巳訳注、平凡社、1990、81頁。

⑤ 日本農商務省農務局『砂糖ニ関スル調査』、日本農商務省農務局、1913、4頁。

⑥ 大蔵永常『広益国産考』巻二、摂陽四書楼刊行、1844、21丁。

⑦ 鈴木晋一『たべもの噺』、平凡社、1986、159-162頁。

的糖类商品总量仅有94万8935斤。[①] 从岩生的统计来看，1769年之前日本对中国糖类商品的需求总体呈急剧上升趋势，1769年之后又呈现出快速下降的趋势。德川前期需求的上升与德川幕府统治逐渐安定、经济日渐增长有着密切关系。而德川后期需求的下降既与经济社会发展的停滞有关，也与德川吉宗统治时期日本对产糖作物（甘蔗）与制糖技术的引进有着重要的关联性。

经济因素是幕府下决心解决制糖问题的重要动机之一。德川吉宗继位前，幕府的财政危机已十分严重，外贸入超较多。1715年，幕府发布《海舶互市新例》，希望以此限制进口总额。[②] 幕府虽能限制贸易总额，但无法从根本上压制日本国内市场对中国糖类商品的需求。正如岩生统计的那样，《海舶互市新例》颁布后，从中国进口的糖类商品量仍呈上升趋势。面对此种局面，当时主导幕政的新井白石主张移种甘蔗，以“国产糖”替代“进口糖”。他论说道：“每年自海外南方进口之砂糖诚多也。糖本低廉之物，但我国购买此物之价，与年俱增。终至六十余州通行之货币因其而减少。……去年，问（制糖）于琉球人。答曰：琉球自南国引蔗根，而今黑砂糖足充国用。近日，读《天工开物》乃知，中国甘蔗之起始，亦乃自西土引至蜀地。……我知（蜀地）大体与我国日道（即纬度）相当。故于我国萨、日、土、纪、骏等州移种，必可繁衍。”[③] 德川吉宗上台后，新井白石在政治上虽遭贬斥，但其“砂糖国产化”构想得到了德川吉宗的推动。[④] “引种甘蔗”和“引进砂糖制法”甚至作为德川吉宗的重要历史功绩写进了《德川实纪·有德院殿御实纪》。《有德院殿御实纪附录》记载：“而今砂糖日用不缺，不赖唐土舶来，因有国产可用之故也。遍寻甘蔗栽培之法之际，有享保一二年松平大隅守继丰之家人名曰落合孙右卫门者，往萨摩国细访栽培

① 岩生成一「江戸時代の砂糖貿易について」、『日本学士院紀要』第1号、1973、4、21-22頁。

② 吴廷璆主编《日本史》，第241页。

③ 栗田元次『新井白石の文治政治』、石崎書店、1952、444頁。

④ 岩生成一「江戸時代の砂糖貿易について」、16頁。

之事，得受其教，乃种植（甘蔗）于浜之御庭，又种植于骏河、长崎等地。享延初，特追考其（甘蔗、砂糖）事。乃有深见新兵卫有邻（书物奉行）等奉旨自《天工开物》、府志、县志等诸书之中，考究收集而得（栽培、制糖之法）。又问于来长崎之唐商李大衡、游龙顺等，遂有各种制造之法奉书献上。”① 据此记录可知，德川吉宗上台之初便开始推动砂糖“国产化”。幕府一方面将甘蔗从萨摩引种到江户、骏河、长崎等地，另一方面又从中国农书地志中搜寻栽培甘蔗、熬制砂糖的先进技术。同时，幕府还直接向唐商李大衡、游龙顺寻访甘蔗栽培和熬制砂糖的方法。关于甘蔗栽培和制糖技术的引进，日本学术界多将其总结为“琉球”“唐书籍”“唐商”三条路线。② 然而，就“琉球路线”而言，琉球自身的制糖技术也部分源自中国，且“琉球糖”的品种品质均有所局限；而“唐书籍”也是通过“唐商”传入日本的。因此，归根结底，日本能够获得砂糖制作技术主要还是得益于中日贸易。

相比《天工开物》等书，唐商还可以为幕府带来“实物”生产工具，而“实物”是无法从书籍中获得的。譬如，李大衡就曾在其“答幕府书”中提到“再来之日”会为幕府带来木制的“糖漏”“石车”“铁钎”等制糖器具模型。《通航一览》辑录的《李大衡答幕府书》说：“糖漏乃圆形磁器，高有二尺三四寸，上大有一尺五寸，顺下小至三四寸，下留一孔二寸。可以出水，放糖时，将孔塞住，方不漏出。待至糖坚，拔去塞住，自出糖水。石车样式，再来之日，以木头作，就带来。铁钎样式，再来之日，以木头作，就带来。”③ 器具模型之外，李大衡等唐商还向幕府传授了甘蔗栽培技术。《李大衡答幕府书》说道：“十二月砍蔗尾长一尺，浸于水中五六日，取起埋在沙中，至二三月自能发芽生根。挖出插于菜园中，至发芽起有尺余。用粪水灌一次，有草灰放在蔗根边更妙。天时旱，不时灌水更佳。”④ 此外，《通航一览》中

---

① 『徳川実紀　第九編』、黒板勝美校訂、吉川弘文館、1982、316 頁。

② 松浦章「江戸時代唐船による砂糖輸入と国内消費の展開」、『東アジア文化交渉研究』第 3 巻、2010、336 頁。

③ 林韑『通航一覧　第六冊』、25 頁。

④ 林韑『通航一覧　第六冊』、25 頁。

还辑录了李大衡写给幕府的《煮乌砂糖法》和《煮白砂糖法》。《煮乌砂糖法》和《煮白砂糖法》记述十分详细，包含了收割甘蔗、压榨蔗汁、进锅熬制、添加辅料、过滤泥渣、沉淀冷却、晒出成品等熬制黑糖、白糖的全过程①。

在德川吉宗的直接推动下，18世纪中期以后日本逐渐实现砂糖自产。“至宽政（1789~1801）之初，诸地多有产出，（国产砂糖）较唐产更为盛行。更其甚者，大师河原等地，即冰糖亦可熟练熬制。”② 随着日本国产砂糖总量提高，糖在日本也渐渐成为大众消费商品。③ 至19世纪前期，“江户之内，十物（糖制品）之中，七八分乃用倭制”。④ 与此同时，日本从中国进口的糖类商品总量急剧下降。至1818年，日本从中国进口的砂糖总量只有42.7万斤，仅相当于历史最高年份的约14.6%。⑤

结　语

德川幕府曾是日本的统治者，其为自己采办商品必然有着消遣娱乐

---

① 林韑『通航一覧　第六冊』、24-25頁。史料原文为：“煮乌砂糖法：蔗有二种，一名甘蔗，一名竹蔗。煮汤竹蔗为主，甘蔗次之。种蔗在于二月，取蔗尾插在地中。用粪水灌三四次，待至十月，长有六七尺。砍来用石车，使牛托牵，夹出蔗汁。将汁放锅中，约计蔗汁二百斛，用蚝壳灰三四两，同蔗汁煮沸，用铜清匙去其泥渣。直至熟。锅中糖若瀼出，恐满于锅外。用麻油渣一滴即止。锅中糖已熟，取糖些少放冷水中，其糖坚凝为度。一齐取起，放在竹簸中，用木刀挍数次，就如沙头。火去已冷，即为乌糖。煮白砂糖法：将蔗汁放在锅中，约计二百斛，用蚝壳灰三四两，同蔗汁煮汁瀼。用铜清匙，去其泥渣，煮至数瀼。将汁取起，放在木桶中，俾渣煮沉于桶底，桶下半截，开两个眼。用木闩塞住。拔去木闩，清汁流入锅中。再将上面清汁煮至二日。又将上面清汁再煮，锅中糖已滚浮满出。用麻油渣些少，一滴即止。煮至三甘，取起糖二十斛。放在糖漏中，用铁钎周围攒下数次。其余锅中糖，煮至四甘。取起三十斛，放在糖漏中，再攒下数次。又将锅中糖煮至五甘。取些少糖，滴于冷水中。其糖坚如龙眼肉为度。一齐取起滕满糖漏中，复用铁钎攒下至数次。糖如沙头方歇。迟至十余天，糖已冷坚凝，将糖漏底下塞住拔去。令其糖水滴下，略尽用烂泥十余斛。盖于漏面上，又有糖水滴下，待至泥坚。将泥取去，其糖略白。又用烂泥十余斛，盖于漏面上，又有糖水滴下，待至泥坚。将泥取去，其糖即白。后将漏中糖，取出晒干，是为白糖。”

② 『徳川実紀　第九編』、316頁。

③ 小葉田淳「砂糖の史的研究に就いて」、217頁。

④ 小川顕道『温知叢書九　塵塚談』、博文館、1891、119頁。

⑤ 根据岩生成一论文数据计算得出。参见岩生成一「江戸時代の砂糖貿易について」、4、16、21-22頁。

的“宫廷采购”色彩。这一点在德川吉宗时期幕府官方对华采办中也有明确体现。譬如，长崎官员为幕府采办的“御用物”中包含书画、犬马等消遣娱乐型商品。但是，对于“俭约将军”德川吉宗来说，其采办的“御用物”也有着较为浓厚的“节俭”特征。德川吉宗时期，幕府采办书画径直购买临摹品、仿作品；采办“唐犬”，不仅总数不多，且要求雌雄相配，以便本地繁殖。当然，德川吉宗时期幕府对华“采办”的更大特征则是“商品采办中夹带技术引进”。德川吉宗时期，幕府试图通过唐商引进药材、甘蔗种苗以及炮制药材、熬制砂糖等先进技术。幕府通过下谕旨请托、以贸易信牌为要挟等手段，获得了部分药材的种苗以及熬制砂糖的技术。尤其是制糖技术的引进对德川时期的农业和经济产生了深刻影响。至引进制糖技术半个世纪后的日本宽政年间，日本甘蔗生产与制糖业已成长为与棉、蓝（染料）并列的三大经济作物产业。[①] 无论是消费品采办的节约化，还是药材、砂糖生产技术的引进，都可说明德川吉宗推行的“享保改革”在对外贸易领域也具有较强的“开源节流”特征。同时，药材、砂糖等方面的“技术引进”也是德川吉宗“宽容实学”“鼓励实学”的主要举措之一。[②]

清代中期，中国在制糖、药材种植与炮制等领域仍有着领先日本的纯熟技术。虽然中国商人采取了迂回推托的策略尽量保护自身的商业权益，但日本幕府仍通过下谕旨请托和行政施压等手段获得了中国的制糖技术和部分药材的种苗。相关技术的流失表面上是商人个体在面对他国政府压力时委曲求全的结果，但根本原因在于从事海外贸易的商人遇到困难时，清廷很少能做出积极的反应。这一点在南洋贸易中也有所反映。当然，从另一个维度讲，德川吉宗时期日本从中国引进相关技术的史实也表明，直至近代前夕中国的技术仍在哺育着日本文明。

（审校：张耀之）

① 日本農業発達史調査会編『日本農業発達史 3』、138 頁。

② 奈良本辰也『日本の歴史 17　町人の実力』、190 頁。

《孙子兵法》与幕末日本对“兵学焦虑”的回应

——以佐久间象山和吉田松阴为中心

王淇铭*

内容提要：在日本德川幕府末期的危机之下，佐久间象山和吉田松阴等产生兵学近代化焦虑，《孙子兵法》成为其主动探索进路的一大思想资源。他们认识到近世日本武备废弛和纸上谈兵的弊病。为此，象山通过著书立说和亲自试验西方炮术等实务，形成以“知彼知己”为核心的应对逻辑。黑船事件后，深受震动的松阴也在对《孙子兵法》的有关认识上向其师象山疾速接近，并负责执行开风气之先的“下田踏海”行动，为上述逻辑补上“用间”的关键一环。作为前近代东亚思想的公共产品，《孙子兵法》为应对时代变局提供了理论参照和方法指引，而幕末日本先觉者的解读特色和践履特征也从侧面呈现出日本对待外来文化的独特取向与中国兵法的域外流变曲线。

关 键 词：《孙子兵法》　佐久间象山　吉田松阴　“下田踏海”事件

日本德川幕府末期，西方在东亚世界展现出强大战力，而幕藩旧制下的自我改革又日趋步入绝境，社会各阶层涌现出对全新思想话语的“渴求暗流”。[①] 一批有识之士开始重审东亚传统兵学和考量西方近代兵

---

* 王淇铭，东北师范大学历史文化学院博士研究生，主要研究方向为东亚思想史、东亚军事史。

① 韩东育：《德川幕府后期日本财政改革的正当性悖论》，《中国社会科学》2018 年第 1 期，第 197 页。

学，并极为忧心日本海防问题，希图寻找到可行的应对之策。对幕末兵学家而言，这显然是一种由现实危机引发的近代化焦虑，本文将之命名为“兵学焦虑”。其中，佐久间象山（1811～1864）与吉田松阴（1830～1859）实乃尤具代表性的兵学家。象山与松阴的生命轨迹相似且时常交汇。他们都曾对以《孙子兵法》为代表的东亚传统兵学典籍进行过深入研究，也对1840年鸦片战争等事件抱以警觉，屡屡上书陈言海防问题。象山先行投身西方技术特别是炮术，松阴也受其影响积极转向学习西方兵学。1853年的黑船事件令他们摇撼不已，遂一同谋划出航美国。翌年，松阴在下田港登美国船舰未果，自首入狱，象山也因连坐而身陷囹圄，史称“下田踏海”[①]事件。在狱中，象山著有《省愆录》，松阴亦著有《幽囚录》。后来，两人的生命又都因被杀而终结。在日本近代化历程中，他们不仅是个体意义的“先觉者”，还形成了以两人为核心的庞大“师门”。象山之徒孙、松阴之徒伊藤博文直言：“如今庙堂栋梁器，都是松门受教人。”[②] 在山县有朋题额的碑文上，其师祖象山则被称为“夙忧外事，策时务”，为百余年唯一能与林子平并肩的“先见之士”。[③] 从这一明朗的师承关系网络中，能够窥见二人对日本近代化转型的影响力。

在诸多先行研究中，佐藤坚司较早介绍了佐久间象山与吉田松阴的《孙子兵法》研究，并对二人思想与行动的内在关联进行探讨，其研究对本文极具启发意义。但遗憾的是，他并未明确揭示“兵学焦虑”这一幕末兵学家共同面临的历史背景，并且其史料运用失之过简，部分观点有待商榷[④]。不过，佐藤坚司的开拓性努力不容忽视，为后学的深入研究提供了空间和方向。与佐藤坚司几乎同时，美国学者塞缪尔·B.格里菲斯（Samuel B. Griffith）在回顾日本的《孙子兵法》研究史时，

---

① 郭连友：《吉田松阴与近代中国》，中国社会科学出版社，2007，第225页。

② 德富蘇峰『吉田松陰』、岩波書店、1981、159-160頁。

③ 山縣有朋題額、重野安繹撰「贈正四位佐久間象山先生碑」、信濃教育会編『象山全集 上巻』、尚文館、1913、1頁。

④ 关于佐藤坚司的部分观点，将在本文论述中进行商榷。参见佐藤堅司『孫子の思想史的研究—主として日本の立場から—』、風間書房、1962。

提到吉田松阴的武士道论、“下田踏海”事件和其“倒幕”主张等对明治维新的影响力，但仅流于线索性概览，更没有关注到佐久间象山及其与松阴的师承关系。[①] 20世纪90年代，野口武彦将吉田松阴视为“天生的兵学家”。他认为前往下田意欲出航美国的松阴“燃烧着想要接近对方进行敌情考察的使命感”，并且他尤为关注松阴对幕末日本形势的判断——“无先知之人”这种“令人震惊的现状”。显然，野口武彦已关注到幕末日本实际存在的“兵学焦虑”，即“松阴的兵学思想无疑是对外危机的产物，这既是危机的兵学，也是兵学自身的危机”。[②] 但是，对于松阴出海的“使命感”及其兵学思想与佐久间象山的内在关联，野口武彦却并未讲明。前田勉在野口武彦的基础上从兵儒对抗的维度展开研究，认为正是凭借着吉田松阴的“六尺微躯”，才使近世日本兵学与朱子学的对立得以扬弃，故而“松阴的思想非常适合装点近世日本思想史的棹尾”。[③] 前田勉的“棹尾”定位，与野口武彦将松阴列为江户兵学思想史最后一位可堪探讨的兵学家的做法异曲同工。然而，对于先为朱子学者，后转修兰学的佐久间象山，前田勉只略提及其“先见性”，未能展开具体论述。[④] 森田吉彦虽谈及佐久间象山对“下田踏海”事件的影响，但并未基于《孙子兵法》深度思考；而在其考察吉田松阴的《孙子评注》时，研究重心是松阴对兵法条目的解释和援引战例，未能结合松阴生平进行思考。[⑤] 近年来，国内学者逐渐关注吉田松阴。郭连友探讨了《孟子》对松阴的影响[⑥]，延续了侧重政治思想研究的问题意识；唐利国虽对佐久间象山与吉田松阴的学术互动有所讨论，但其论述主体仍是吉田松阴，且更为关注松阴如何认识日本面临的政治与民

---

① 不过，格里菲斯对日本兵学思想史的有关论断为本文提供了启示，这将在文末指出。Samuel B. Griffith, *Sun Tzu*: *The Art of War*, Oxford University Press, 1963, pp. 175-176.

② 野口武彦『江戸の兵学思想』、中央公論社、1991、292、297、282頁。

③ 前田勉『近世日本の儒学と兵学』、ぺりかん社、1996、467頁。

④ 前田勉『近世日本の儒学と兵学』、458頁。

⑤ 森田吉彦『兵学者吉田松陰—戦略・情報・文明—』、ウェッジ、2011；森田吉彦『吉田松陰「孫子評註」を読む—日本「兵学研究」の集大成—』、PHP研究所、2018。

⑥ 参见郭连友《吉田松阴与近代中国》，第78~147页。

族认同危机。[①] 对于佐久间象山在幕末日本兵学危机中的思想与行动，以及其对吉田松阴的影响等问题，仍有待深入考察。

回溯学术史可见，既有研究似在一定程度上存在不平衡感，即大多聚焦吉田松阴，相对忽视了松阴之师佐久间象山的先行实践与兵学反思。如此失衡感并非偶然，而是一种整体研究趋向，这甚至能在“日本思想大系”的编纂中得窥一二。[②] 然正如研究者的有关提示及本文开篇所言：佐久间象山对吉田松阴等门下弟子乃至明治政府政策的形成均有提点之功。[③] 故而佐久间象山是研讨幕末兵学时不容忽视的关键性人物。再者，尽管现有成果已经涉及二人对《孙子兵法》的研究，但对于他们达成的共通性认识及其与后续实践的逻辑关联，似存在更深一步考察的空间。本文首先回顾幕末日本的危急时势，梳理佐久间象山与吉田松阴对“兵学焦虑”的认识；之后着重探讨象山的先行应对，并依据其有关《孙子兵法》的论述，总结其形成的应对逻辑，再探讨这对松阴“知”与“行”的引领作用；最后从较长的时段出发，延伸思考东亚兵学近代转型的有关问题。

一　兵学流变与幕末危局

在中国历史的基本语境之下，所谓“兵学”一词，大抵可参照现代术语中的“军事学”。[④] 在日本从中世至近代的历史发展中，日本人

① 唐利国：《论吉田松阴的兵学与〈孙子兵法〉——以〈孙子评注〉为中心》，《军事历史研究》2009年第1期；唐利国：《兵学与儒学之间：论日本近代化先驱吉田松阴》，社会科学文献出版社，2016。

② 吉田松阴的论著在“日本思想大系”中独占一册，而年长的其师佐久间象山只能与其他四位思想家“共享”一册，且次序排于松阴之后，这本身折射出日本学界的研究趋向，也是探究佐久间象山及其对吉田松阴影响的意义所在。参见『日本思想大系 54　吉田松陰』、岩波書店、1978；『日本思想大系 55　渡辺華山・高野長英・佐久間象山・横井小楠・橋本左内』、岩波書店、1971。

③ 韩东育：《明治前夜日本社会的体制阵痛》，《日本学刊》2018年第6期，第150~151页。

④ “所谓‘兵学’，指的是中国历史上探讨战争基本问题，阐述战争指导原则与一般方法，总结国防与军队建设普遍规律及其主要手段的思想学说。……直至晚清让位于近代军事学。”参见黄朴民、魏鸿、熊剑平《中国兵学思想史》，南京大学出版社，2018，第3页。

对于“兵学”的理解恐没有这么单纯。为此，梳理“兵学”流变的大致经纬，是探究幕末时代变局时不可不察的一大前提。可以说，佐久间象山和吉田松阴要面对的问题也都与兵学在较长时段的流变有关。

在中世数百年间，日本战乱频仍、兵燹不断，此时的兵学思想更多地停留于“学以致用”的军事学，在战略、战术乃至格斗技艺层面提供指导。当时，已传入日本的《孙子兵法》等中国兵典先是作为皇室与将门秘不示人的藏品，后又被广泛运用于战争。据称，“中国古代兵书的权威对战国以前的武将拥有不可轻视的影响力”。[①] 然而，步入近世，伴随着武士的角色逐渐从战斗者向统治者转变，其职责已从勇武求胜转向稳定社会秩序。曾经作为“兵法与武艺之称谓”的“武士道”或曰“武道”[②]，便由所谓战斗技艺与实践道德发展为理论化、系统化的哲学。于是，在江户前期儒学家、兵法家山鹿素行（1622~1685）的援引下，连素被视为儒门圣贤的孔孟都变成了“兵法之大家”，面对这些先圣“无兵书传世”的诘问，素行的回答是“四书”与“六经”皆兵书也。[③] 如此认识，奠定了“山鹿流兵学”的基本认知模式，深刻影响着包括吉田松阴在内的江户后学。“山鹿流兵学”的有关表达意味着兵学的纯军事学意味逐渐淡化，取而代之的是侧重深受儒学影响的伦理学与政治学取向。[④] 因此，尽管此时的《孙子兵法》等“和汉兵书”仍被广泛学习，但这一语境下的“兵法”对近世武士而言似已不是彼时的战争指导攻略那么纯粹。加之近世日本的长久和平，真正具有军事学意义的兵学实践也日渐阙如。所谓兵学已逐渐沦为文字乃至理论上的游戏，缺少实用效能。

在武士角色转变、战争实践缺失与“兵学”概念流变之外，还有更为具体而现实的武备废弛问题。在承平日久的社会背景下，特别是元禄时期（17 世纪后半叶至 18 世纪初），原属“四民体制”序列之末的

---

① 浅野祐吾『軍事思想史入門—近代西洋と中国—』、原書房、1979、252 頁。

② 丸山眞男『丸山眞男講義録第 5 冊　日本政治思想史 1965』、東京大学出版会、1999、215 頁。

③ 広瀬豊編『山鹿素行全集　思想篇　第一巻』、岩波書店、1942、319 頁。

④ 唐利国：《近世日本兵学与幕末的近代化转型——从山鹿素行到吉田松阴》，《世界历史》2020 年第 4 期。

商人势力快速发展，而高居次序之首的武士在都市文明的奢靡中受到极大感染，后来甚至因挥霍无度而堕为债务人。这些现象背后是财政日渐崩溃和幕藩体制江河日下。[①] 有感于武士衰颓之风，江户中期导致朱子学“解体”的荻生徂徕在一定程度上体现出先见性。他著《钤录》，鄙夷兵学务虚之风，并主张武士与农民的“土着”[②] 之说。[③] 徂徕的兵学思想受到戚继光影响，戚氏在《纪效新书》中明确表达了通过“第于下手详细节目”[④] 来弥补《孙子兵法》缺陷的革新之意以及排斥“城市游滑之人”的考虑。

若在和平年代，上述窘境尚能通过应急性改革维稳一时，而一旦有敌国外患，积蓄已久的诸多弊病都将暴露无遗。佐久间象山和吉田松阴面临的正是此种境遇。19 世纪中前期，清朝在第一次鸦片战争中迅速落败，也令日本对海防问题渐生警觉。据佐久间象山回忆，鸦片战争结束后，他便受“英夷寇清国”的影响，多次“上书陈策”，当得知在他之前，清朝就已有魏源著《圣武记》先行上书时，象山便视其为“海外同志”。但对于《海国图志》中的“辑铳炮之说”，已深入研习西方炮术等兵学实践的象山却称之为“儿童嬉戏”。[⑤]

稍晚的 1846 年，时年 16 岁的吉田松阴也意识到：“方今太平已久，武备渐弛。而西洋之贼日炽月盛。……岂得无觊觎皇国哉？”[⑥] 他写道：

---

① 韩东育：《日本近世新法家研究》，中华书局，2003，第 1~8 页；韩东育：《从“道理”到“物理”——日本近世以来“化道为术”之格致过程》，台北：台湾大学人文社会高等研究院东亚儒学研究中心，2020，第 6~21 页。

② “土着”即回归土地。荻生徂徕提出，可以遣返聚居在都市的武士和农民，令其回归乡里，希望以此改变武士战斗力日益衰退等问题。

③ 荻生徂徠「辨名　上」、『日本思想大系 36　荻生徂徠』、岩波書店、1973、228−229 頁；前田勉『近世日本の儒学と兵学』、245 頁。

④ 戚继光：《纪效新书自叙》，载戚继光《纪效新书》（十四卷本），范中义校释，中华书局，2001，第 6~7 页。

⑤ 佐久間象山「省諐録」、信濃教育会編『象山全集　上巻』、13−15 頁。

⑥ 吉田松陰「奉賀今公受幕府鞍鐙賜詩序」、山口県教育会編『吉田松陰全集　第一巻』（定本版）、岩波書店、1936、335 頁。《吉田松阴全集》主要分为“定本版”（十卷）和“普及版”（十二卷）。“定本版”出版时间较早，并保留了吉田松阴的汉文著述原貌；“普及版”则以“定本版”为底本，更加全面地整理了松阴文稿，并将汉文著述改为更方便在日本普及的日文。本文引用《吉田松阴全集》时以保留原貌的“定本版”为基础，兼以更加全面的“普及版”为补充。

“当时师友多以诗文书画诱人……独叔父玉园子岩先生以经义，父执治心气斋先生以兵学诱掖后进。而治心气斋先生尤以海贼为深忧。余于是发愤忘食讲求边防，谓诗文书画皆玩物丧志闲思消日之魁也。”[①] 次年，松阴在《甲胄论》中也已认识到面对西方火炮，日本传统甲胄是“弱之于强，固不可敌也”。[②] 但当时对于时势的敏感与担忧只出自少部分人。松阴称幕府“至武备之事，率措而不讲，居其职而素其餐，为其事而无其功”，在他看来，“虽万无天坠之惧，绸缪之谋不可忽。况今羯狗窥我，日甚一日，一旦有变，何以对君上，何以对祖宗，何以对万民，何以对本心”，[③] 接连四个“何以”，显示出松阴的忧患意识，但是此时尚鲜见其具体行动。

与松阴的四个“何以”相似，佐久间象山也在入狱后写下了对传统兵法的“何以”式追问，表现出其研习兵学后生成的困惑：“善战者，先为不可胜，以待敌之可胜。其不可胜，何以致之？善守者，藏于九地之下；善攻者，动于九天之上。其藏于地下，动于天上，何以得之？善战者，先立于不败之地，而不失敌之败。其立于不败之地，何以能之？如此之类，吾未睹其有事实也。”[④] 其中的“善战者”“善守者”“善攻者”皆出自《孙子兵法·形篇》。松阴的四个“何以”批判了幕府保守势力的“尸位素餐”，象山的追问则更为直接地触及传统兵学多有“道理”、缺少“物理”的实际问题。

面对当时的日本“兵学”空有经典理论，但缺乏实际解决方案的痼疾，焦虑的象山将目光投射到已展现出强大战力的西方兵学。他认为，在“洋兵”中尤为重要的是“器学”。为此，他高度重视已出版的荷兰语书籍，试图从兰学中获取有关西方炮术的知识，却多次受到不懂

---

① 吉田松陰「講孟劄記」、山口県教育会編『吉田松陰全集　第二巻』（定本版）、岩波書店、1935、478-479頁。

② 吉田松陰「甲冑論」、山口県教育会編『吉田松陰全集　第一巻』（定本版）、371頁。

③ 吉田松陰「與妻木士保」、山口県教育会編『吉田松陰全集　第一巻』（定本版）、362頁。

④ 佐久間象山「兵要」、信濃教育会編『象山全集　上巻』，31頁。

甚至鄙夷“洋兵”之辈的阻拦。[①] 屡屡碰壁的他，在《示诸生》中显现出前所未有的焦虑：“予观汉人谈兵，大都如海上蜃气。虽变幻百出，目可悦其奇，而足卒不可践其境。至泰西兵法，一若平地起百尺楼台，其功非仓卒可辨。然及积年累月，而其工告成。则岿然焕然，吁可畏乎。其骇人也，贤辈所学，大小炮术，乃其作楼台之土木也。勉其奋拔，以萃其工，是予所深望。”[②] 象山的一褒一贬不可谓不尖锐。关于“汉人谈兵”的批判性言论，他随后又有所修正：“详证术，万学之基本也。泰西发明此术，兵略亦大进”，“《孙子兵法》，度量数称胜，亦其术也。然汉与我，有孙子以来，莫不诵习而讲说。而其兵法依然如旧，不得与泰西比肩”。问题的实质是仅凭“上学”，却“于无下学之功也”。[③] 也就是说，象山发现在被称为“上学”的《孙子兵法》中早就蕴藏着与西方“详证术”类似甚至可与西方近代兵学对接的兵略。他真正意欲批判的对象并非谈兵的“汉人”，而是“汉与我”自“有孙子以来”唯知诵习旧学，自诩掌握“和汉兵学”便能应对一切外患，却抗拒吸纳西方兵学之辈。

不仅如此，将目光投向研习西方炮术的象山与松阴都曾用“纸上谈兵”形容上述唯知“祖述”以及无法对西方火炮实情做到“知彼知己”的保守者。西方火炮曾在16世纪德川幕府统一战争乃至更早时期发挥关键性作用，然而，关于炮术操练的技艺在统一后的太平之世脱离实用、逐渐衰退。[④] 至幕末时期，西方新式火炮的杀伤力和对战争进程的左右能力更令亲历者咋舌。但是，在当时仍不乏固守“和汉之智略”者，他们仅将问题归咎于“二百余年之泰平”和“武备废弛”等因素，漠视乃至憎恨西方炮术，而见证过西方火炮威力的人，则申斥保守者的

---

① 佐久間象山「荷蘭語彙板行許可を乞ふため阿部侯へ上申書」、信濃教育会編『象山全集　上巻』、136頁；佐久間象山「藩主より荷蘭語彙板行許可伺書稿」、信濃教育会編『象山全集　上巻』、140頁。

② 佐久間象山「示諸生」、信濃教育会編『象山全集　上巻』、536-537頁。

③ 佐久間象山「省諐録」、信濃教育会編『象山全集　上巻』、10頁。

④ 宇田川武久『鉄炮伝来：兵器が語る近世の誕生』、中央公論社、1990、146-154頁。

说法为“纸上之空论”，于实战则无补。[①] 对此，象山直言：“盖不以操教，而易言之，以能济其事者。自古及今，未之有也。赵括之败，可以鉴矣。”[②] 松阴亦上书：“兵学炮术之事有别于一己之小武艺。……兵学之事，拘于一流一派而无变通，则不堪实用”，“不知古今之事迹、沿革之次第，则流派之传书亦落入赵括读父书之弊”。[③]

总体来看，日本近世之兵学与此前大不相同，佐久间象山与吉田松阴在积弊已深的幕末先于时人认识到武备废弛、纸上谈兵和既不“知彼”也不“知己”的弊病。在这一基础上，产生“兵学焦虑”的象山与松阴都有并容西方兵学之意。但是，细究两人差异，象山的思想与行动基本上一以贯之，即极为重视西方炮术，毫不犹豫地展开“下学”实践以补空“上学”的不足；而年轻的松阴则在经历了“方寸错乱”的失望、困顿与动摇后，在坚持“山鹿流兵学”这一家学底色的前提下，尽力容受西方兵学。也就是说，松阴的学习态度带有一定的保守性、选择性和有限性。[④] 但无论如何，在象山等人的影响下，松阴毕竟反对那些轻视和批判西方兵学的学者，认为他们“攻之者过矣，未迹其由也。夷法之淫浸，宁无由哉”。[⑤] 特别是在黑船事件的前夜，他还说出了“关于西洋兵学，日本依然百不知一”“读西文原书乃当今之大急务”[⑥] 等焦虑话语。这都意味着在佩里来航之际，松阴已基本上与象山在思想上达成一致，否则便无从解释两人谋划出海的计划，为什么最终由松阴具体践行。

---

① 勝海舟『陸軍歴史　上』、海舟全集刊行会編『海舟全集　第六巻』、改造社、1928、3-6頁。

② 佐久間象山「兵要」、信濃教育会編『象山全集　上巻』、33頁。

③ 吉田松陰「文武稽古万世不朽の御仕法立気附書」、山口県教育会編『吉田松陰全集　第一巻』（普及版）、岩波書店、1940、280-281頁。

④ 唐利国：《兵学与儒学之间：论日本近代化先驱吉田松阴》，第86~91、108~109页。

⑤ 吉田松陰「操習總説」、山口県教育会編『吉田松陰全集　第一巻』（定本版）、287頁。

⑥ 吉田松陰「兄杉梅太郎宛」、山口県教育会編『吉田松陰全集　第五巻』（定本版）、岩波書店、1935、181頁。

二　先行应对与逻辑生成

在佐久间象山与吉田松阴的密谋尚未开始之前，作为前辈的象山就已在效法西方兵学的事务上进行过诸多尝试。身为知名的实践者，象山的兵学建树绝不仅仅表现在入狱后对前半生的追忆、反思与总结。如前揭，鸦片战争结束后，他除上书直陈兵学弊病之外，还通过种种实际行动予以应对。象山正是在先行实践的过程中，逐渐推演出关于“知彼知己”的逻辑，并影响到松阴出海的行动。

佐久间象山的先行应对主要表现在著书立说和亲自试验西方炮术两个方面。首先来看佐久间象山在著书立说方面的一系列做法。

第一，批判旧式兵书“不知彼不知己”。在鸦片战争的冲击下，日本出现了一批如佐藤信渊的《水陆战法录》等兵学论著。在新式西方兵学潮流的洗礼下，以松宫观山、德田邕兴等为代表的旧式学派逐渐淡出舞台，同时，此前的不少兵书也遭到批判。1843 年，佐久间象山重读可归于旧式兵学典籍的《海国兵谈》，深感以“先见”著称的作者林子平存在不足：“率皆饤饾旧闻，无足称者。其水战篇，自负前人未发，且以为尽精详。以余观之，浅妄杜撰，尤为可嗤。世固有不知彼不知己，率意妄作，而悍然自用者，不唯子平也。”[①]“饤饾”形容文章的杂凑与堆砌，暗示实用性不高。能够看出，对尚处于“锁国”状态的日本而言，“不知彼”可谓有志之士的痛点。

第二，将“通夷语”视为破除上述困境以实现“知彼”的一大先决条件。为此，象山出版了外语著作，并提出最终目的是“驭彼”。1845 年，象山在逐渐掌握荷兰语后，拥有了阅读原著、接触西方学术“前沿”的能力。5 年后，他深感外语能力对“知彼”的重要性，遂提出“驭夷情者必先洞夷情，洞夷情者必先通夷语”。[②] 所谓“驭夷情”“洞夷情”，实际上就是了解西方的实情，即“知彼”。在他看来，若要

① 佐久間象山「書海國兵談之後」、信濃教育会編『象山全集　上巻』、606 頁。
② 佐久間象山「皇國同文鑑序」、信濃教育会編『象山全集　上巻』、374 頁。

“知彼”，“通夷语” 可谓尤为重要的前提。同年，他还上书幕府老中阿部正弘，请求许可出版《荷兰语汇》。在陈情中，象山写道：“夫用兵之道，以知彼知己为先务，而知彼又为先务之先务。”[①] 可见，“知彼” 已成为佐久间象山若干兵学实践的最先要务。后来，象山又将上述两论加以调和：“驭夷俗者，莫如先知夷情；知夷情者，莫如先通夷语。故通夷语者，不惟为知彼之阶梯，亦是驭彼之先务也。”[②] 象山提倡 “通夷语”，是出自对时势和 “知彼知己” 的战略考量。其中，“先通夷语” 用以 “知彼”，进而 “驭彼” 的逻辑，也逐渐明晰。

第三，指出当世兵书与西方兵学的实情存在差距，出版个人专著予以纠偏，并提出 “知彼所善” 和 “以彼防彼” 的说法。1850 年，象山指出，“近来倡西洋火技之说者，往往有之”，但在这一热潮下，有关著作 “咸未及详明西书所载”，其中 “臆度杜撰、诳惑盲聋” 之处 “观亦多矣”。也就是说，其所载内容往往与西方真实情况存在差距，这将 “自误误人”。于是，象山表达了他的著书态度，竭力做到 “无征于西书不敢书，无征于西书不敢图，无征于西书不敢以诲人”。他还强调：“御边莫若兼取洋方，以彼防彼，谋猷协同。”[③] 1851 年，象山推出精心校订的图编，指出：“始予沉潜西洋神器之术，盖将知彼所善，以自补缺。故间有笔录为图，亦惟自备遗忘。” 他表明，这套图编未曾 “出以示人”，今时出版是因为 “近闻往往有妄人假托洋说，而衒卖此术。或乃目未识洋文，而谬传其说，弹制器规，茫然莫之能悉，而苟且从事，贻害同学”。[④] 在上述内容中，“以彼防彼” 之说与清朝 “师夷长技以制夷” 的提法有相似之处。如欲 “以彼防彼”，则必先 “知彼所善” 来补充传统兵学的不足。

以上是象山在著书立说方面的实践。实际上，为应对 “兵学焦虑”，象山未止于纸张意义上的实践，更是亲自试验西方炮术，还招收

---

① 佐久間象山「荷蘭語彙板行許可を乞ふため阿部侯へ上申書」、信濃教育会編『象山全集　上巻』、136 頁。

② 佐久間象山「省諐録」、信濃教育会編『象山全集　上巻』、14 頁。

③ 佐久間象山「題十二朋獨野戰砲圖」、信濃教育会編『象山全集　上巻』、615 頁。

④ 佐久間象山「礮學圖篇敘」、信濃教育会編『象山全集　上巻』、717 頁。

吉田松阴、坂本龙马等门生，共同研究、传授技艺，可谓身体力行。

从表面来看，象山对西方火炮的学以实用，是出自“防夷”的现实需求。他之所以强调火炮等器物的变革，是因为“边海防堵，皆不得其法，所陈铳器，皆不中其式，所接官吏，皆凡夫庸人”，既无火炮之器物，又缺乏善于操炮之士，实在是难以“不令外夷开易侮之心”。但幕府不察如此“防御之至要”，象山不由得感慨：“胸无甲兵，如此而欲无开夷人侮心，宁可得乎？”①

然而，细究之下，象山的炮术实践还符合其对《孙子兵法·火攻篇》“古今之变”的深层考虑。在他基本知晓西方火炮的发展趋势和巨大威力后，便洞察到武器变革将颠覆古代战法，故云：

> 孙子火攻，以火佐攻。今则以火攻守，是古今之变也。古者以油薪之火佐攻，故行火，有因，有时日、内外之应，昼夜之风，皆在所详。今用大小神器之火，以为攻守。故不由因，不择时日，不论内外，不问风之有无，皆可用之。而震击之威，焚烧之惨，非古者油薪之可比也。我攻守用火，敌攻守用火。火火之变不可胜穷，非天下之至明，其孰能参于此。惟理势可坐谭也，选练不可空论也，此尤主将之所宜虑修，读孙子者其亦知之哉。②

象山开宗明义指出，古时“油薪之火”与今时“大小神器之火”的威力存在天壤之别，其原因有三。第一，《孙子兵法·火攻篇》在开篇便列举了火攻的几种作战方式：“一曰火人，二曰火积，三曰火辎，四曰火库，五曰火队。”③ 所谓“火人”“火积”“火辎”“火库”“火队”，“火”字均是名词的动词化使用，其实质都是己方以火攻击被动的敌方，在篇尾更是直接提到“以火佐攻者明”。如象山所言，《孙子兵法·火攻篇》重在指导对敌人“放火”，并不符合武器发生时代变革

① 佐久間象山「省諐録」、信濃教育会編『象山全集　上巻』、8頁。

② 佐久間象山「省諐録」、信濃教育会『象山全集　上巻』、33頁。

③ 杨丙安校理《十一家注孙子校理》，中华书局，1999，第276~278页。

后的“以火攻守”。第二，象山认为，《孙子兵法·火攻篇》的“火发于内，则早应之于外。火发兵静者，待而勿攻”等表达，意味着古时火攻需要依赖内应及判断时机，一旦缺乏安排与考虑，便是玩火自焚，而新式西方火器则在击发时减少了这些依赖。第三，《孙子兵法·火攻篇》强调“火发上风，无攻下风。昼风久，夜风止”[①]，在本质上显示出古时的火攻战法对风力、风向等自然条件的依赖。例如，赤壁之战之所以成为古代火攻取胜的重要战例，其前提条件不仅需要黄盖诈降为“应”，而且需要风向正确且“时风盛猛”[②]。象山指出，西方火器打破了对诸多自然条件的依靠。一言以蔽之，在象山看来，《孙子兵法·火攻篇》中的火攻战法已难以直接适用于自身所处时代。

由此，便不难理解象山在《偶感》中的态度：“帝用蚩尤兵，终克蚩尤兵。圣人百世师，何无学夫明。刀枪我所长，炮舰彼所精。多少万古算，长令英雄惊。”[③] 按照象山的思考，昔日黄帝曾以“蚩尤兵”力克“蚩尤兵”，那么西方精于炮舰，故应当效仿“圣人”做法，力倡西方炮舰，以“西洋兵”力克“西洋兵”。这一逻辑也与象山此前所说的“知彼所善”“以彼防彼”等若合符契。可以看出，象山“读孙子者其亦知之”之言，强调不可“空论”，正是因为观察到火攻问题的古今之异与东西之别，并以完成时代转化为目的。

除了对《孙子兵法·火攻篇》的现实思考之外，象山还阐述了自己投身于制炮与操练的思想动因，这与其对中国兵学家诸葛亮的推崇和西方实验精神的观察有关。象山曾在《诸葛武侯赞》中言：“卓哉诸葛公，躬耕南阳下。一朝得其君，再吹刘家火。宏规本礼乐，细事暨流马。”[④] 与象山屡屡上书幕府却不被采纳的经历相比，诸葛亮虽“躬耕南阳”，却有“一朝得其君”以“吹刘家火”的君臣知遇，这令其心生艳羡。可以说，这一点与传统文人渴求获得重用的心态并无不同。然

① 杨丙安校理《十一家注孙子校理》，第281页。

② 《三国志》卷五四《周瑜鲁肃吕蒙传第九》，中华书局，1982，第1263页。

③ 佐久間象山「偶感」、信濃教育会編『象山全集　上巻』、1003頁。

④ 佐久間象山「諸葛武侯贊」、信濃教育会編『象山全集　上巻』、883-884頁。

而，值得深究的是“细事暨流马”之语。所谓“流马”，指诸葛亮在北伐之时发明的军事运输器械。象山之所以在称赞诸葛亮时强调这一点，与其自身的兵学追求有关。象山的以下言论更加直接地显示出这一点：“一器之滥，足累一兵，而累及于全伍全军。兵法所云器械不利，以其卒予敌者是也。然则一器之精，足利以兵，而利及全伍全军，亦可知已。然从古大将全材，不遗细事，能躬造木牛、制造弩，则诸葛武侯一人而已矣。”[①] 诸葛亮以丞相之高位，尚能“不遗细事”，躬身制造“神弩”“木牛”“流马”等军事器械，正是象山格外钦佩和意欲效仿的对象。而在《示诸生》一文中，象山关注到西方炮术与实验之关联：“予之为炮学无他奇特，但要以效于西洋先觉所为。不加私智，习熟积累，有得于心手耳。而其因炮分员，随员执事，动作相济，若使手足，是尤为当务之急。凡西洋炮法，悉定于军争实验之余，与夫偷安之世出于浅人妄意者不侔。然为之而不习，习矣而不熟，生涩杭樫，身不与事相安……西洋兵家之言曰：欲行者必动其足。诸君勇猛奋发，以进其足。”[②] 佐久间象山亲身践行西方近代军事科学得以发轫的“实验”精神，通过“动其足”的方式“效于西洋先觉所为”。如此实际行动与其批判的云云空谈和浑水摸鱼者相比，的确大相径庭。

要之，在密谋出海一事发生之前，佐久间象山已先于吉田松阴在著书立说和亲自试验西方炮术两方面进行了实践，以应对“兵学焦虑”。尤其值得注意的是，《孙子兵法》中的“知彼知己”是象山尤为重视的一大理论，在此基础上，他又结合现实提出了“知彼所善，以自补缺”等延伸说法与个人创见。也就是说，“知彼知己”已经成为象山的“兵学焦虑”应对逻辑。这是因为在论著中，象山批判旧式兵书没有做到“知彼知己”，而在他看来，若要真正“知彼”，就必须先“通夷语”，才有基础研习西方兵学。不仅如此，当时虽有不少著作引介西方兵学，可其中多有臆测杜撰之处，距离真实的西方兵学尚有较大差距，仍然属

---

① 佐久間象山「迅發撃銃説」、信濃教育会編『象山全集　上巻』、600 頁。

② 佐久間象山「示諸生」、信濃教育会編『象山全集　上巻』、537 頁。

于不“知彼”。为此，他出版了本来自用的图编，强调要“知彼所善”，方能“以彼防彼”和“驭彼”。延续这一思路，象山对《孙子兵法·火攻篇》“古今之变”的思考未尝不是一种对“知彼知己”的实践，他正是在这一思考中充分认清火攻之法的变革已不是想与不想的问题，而是在古今之异与东西之别的强烈反差之下必须如此的问题，故而才有“读孙子者其亦知之”的警言。从更广阔的视野来看，幕末先觉者的全部努力大多或显或隐地符合“知彼知己”的逻辑。

三 “下田踏海”的知行经纬

在显示出西方强大军事实力的鸦片战争中，日本尚属置身事外的旁观者，而1853年马休·佩里等率炮舰叩关一事给幕末日本更多有识之士敲响了警钟，吉田松阴便是其中之一。黑船事件促使他与象山谋定的出海一事从思想转化为行动，而松阴出海的行为背后是对象山的应对逻辑的进一步完善与“知行合一”式的落实。

鸦片战争虽也对松阴造成影响，但松阴尚停留在未能眼见为实的疑惑和醒悟过程的初始阶段。[①] 然而，1853年7月9日（嘉永六年六月四日），当松阴在佩里来航后远眺到美军舰队船坚炮利的实情时，“不啻极大的冲击”。[②] 用松阴自己的话来说，“船炮均不可敌，胜算甚少”。[③] 这也促使1851年尚有些保守地呼吁“西洋各国之炮术亦混编于是”[④] 的松阴急剧转向彻底批判日本传统炮术和毫不犹豫地效法西方兵学。“本邦炮术亦勉强却是，其术多为技艺家之言而非经兵家之论定，一概难用。”[⑤] “故大炮小铳可共仿西洋器械节制日日操练。今日之事甚急而

① 吉田松陰「東遊日記」、山口県教育会編『吉田松陰全集　第七巻』（定本版）、岩波書店、1935、175頁。

② 〔日〕山口宗之：《吉田松阴》，马安东译，台北：东大图书股份有限公司，1990，第41页。

③ 吉田松陰「道家龍助に與ふ」、山口県教育会編『吉田松陰全集　第五巻』（定本版）、153頁。

④ 吉田松陰「文武稽古万世不朽の御仕法立気附書」、山口県教育会編『吉田松陰全集　第一巻』（普及版）、282頁。

⑤ 吉田松陰「將及私言」、山口県教育会編『吉田松陰全集　第一巻』（定本版）、561頁。

非可犹豫狐疑……”[①] “西洋炮术一言可断……若以此二者比较，其黑白判然。”[②] 这种几近颠覆的认知转变有助于理解为什么松阴初入象山门下时，还没有特别重视这位西方炮术大家的学问，甚至初入师门时在书信中绝口不提老师，[③] 此时却疾速与象山步入同轨。

值得注意的是，象山的思想变化虽不比松阴剧烈，但他同样意识到了新问题。如前所述，在艰苦学习之下，象山已认识到“通夷情”的重要性，并在多个方面付诸实践，形成了以“知彼知己”为核心的应对逻辑。可是，虽然象山已经尽己所能遍览纸上资料，并且自觉走上兵学器物的实验之路，但毕竟没有真正置身海外，因此，上述实践仍然属于象山本人所批判的纸上谈兵。恰如黄遵宪东游日本后所言：“杰俊贵识时，不出户庭而论天下事则浮，坐云雾而观人之国则暗。故兵家贵知彼。”[④] 象山同样认识到“不出户庭”难以真正“知彼”的道理，这可在“下田踏海”事件后，其致友人的信中获得印证：“当今边备之事，莫如知彼。知彼之方略在于选良才遣彼国，悉察彼之形势情实。火兵之术，水军之方，海岸之备，仅据书传，难得要领，往往难免有隔靴搔痒之感……然事未得遂，颇为遗憾。”[⑤] 象山认为，尽管他的各项行动已走在时人前列，但仍是雾里看花、纸上谈兵。若要真正实现“知彼”，就应当自觉走出“户庭”。

伴随认识到自己前之应对并未走出纸上谈兵的窠臼，《孙子兵法·用间篇》进入象山的视野，为其弥补“隔靴搔痒之感”提供了理论支持和方法指引。“用间篇”居《孙子兵法》十三篇之末，象山认为：“孙子之书，首列始计，而以用间终焉，盖贞下起元之意也。故军国之

① 吉田松陰「將及私言」、山口県教育会編『吉田松陰全集　第一巻』(定本版)、561 頁。

② 吉田松陰「叔父玉木文之進に贈る」、山口県教育会編『吉田松陰全集　第一巻』(定本版)、174 頁。

③ 唐利国：《兵学与儒学之间：论日本近代化先驱吉田松阴》，第 85~86 页。

④ 黄遵宪：《日本国志》，上海古籍出版社，2001，凡例，第 4 页。

⑤ 佐久間象山「獄中より山寺源大夫三村晴山に贈る」、信濃教育会編『象山全集　巻四』(増訂版)、信濃每日新聞株式會社、1935、255 頁。

务，莫先于间。事莫重于间，情莫亲于间。”[①] 可见，在象山看来，“用间”是孙子思想体系中尤为重要的一环。那么，究竟缘何如此重要？他的解释是：“间之于军，犹瞽之相聋之史乎。瞽而无相，则前有水火而不知；聋而无史，则后有车马而不省。军而无间，则敌之所以谋吾陷吾者，吾皆茫然。甚则敌国之形势，敌主之仁暴，敌将之能否，敌众之强弱，敌兵之利钝，并不得其实。”[②] 不仅如此，象山还将“用间”与“庙算”放在一起讨论。《孙子兵法》首篇“计篇”提出“经之以五事，校之以计而索其情”[③] 的说法，过往注者多将之视为“庙算”，即预测战争的方法。象山却将之解释为：“故经考索情，虽曰兵之先著，非初有间谍而得其实，则亦无以施其计也。”又：“所谓庙算者，无所由立，尚何和战守御之可言哉。”最后他感叹：“故曰：微乎微乎！无所不用间也，而世有大敌在前，而不知用间，属有胜间之任，而视之如草芥者，可痛哭也已。”[④] 通过上述内容能看出，象山认为应将“计篇”和“用间篇”放在一起考虑，如果不“用间”，那么“经考索情”便缺少了“事实”，“计篇”中至关重要的“庙算之论”亦难以成立。当时，世人对于“敌国”的方方面面均“不得其实”，即没有真正做到“知彼”，而获得“事实”的方法正是“用间”。只有“用间”才有助于摆脱“盲人摸象”般的模糊感。

因此，当象山听闻俄罗斯彼得一世以大帝之尊化名出访研习西方兵学的典故后，便深感有效仿的必要，开始从门人中选拔“上智为间”，以求出访国外探听虚实。[⑤] “上智为间”的说法，同样源自《孙子兵法·用间篇》。该篇提到，古来明君贤将之所以“动而胜人，成功出于众”，是因为“先知”：“先知者，不可取于鬼神，不可象于事，不可验于度，必取于人，知敌之情者也。”[⑥] 从这个角度来看，前揭象山“先

---

① 佐久間象山「省督録」、信濃教育会編『象山全集　上巻』、34頁。
② 佐久間象山「省督録」、信濃教育会編『象山全集　上巻』、33-34頁。
③ 杨丙安校理《十一家注孙子校理》，第2页。
④ 佐久間象山「省督録」、信濃教育会編『象山全集　上巻』、33-34頁。
⑤ 佐久間象山「小寺常之助に贈る」、信濃教育会編『象山全集　巻四』（増訂版）、157頁。
⑥ 杨丙安校理《十一家注孙子校理》，第290~291页。

知夷情”的诉求应与此处的“先知”含义相同。所谓“上智为间”是如同昔日通过妃子妹喜了解到夏桀情报进而辅佐殷商大兴的伊尹，以及深谙商朝实情并为两任周王之师的姜太公那样的人：“昔殷之兴也，伊挚在夏；周之兴也，吕牙在殷。”① 《孙子兵法》表明，“上智为间”在“汤武革命”中发挥了作用，并强调此为“兵之要”，甚至是“三军之所恃而动也”。② 如此可见，象山对松阴寄予了非同一般的厚望。按照“上智为间”的逻辑，一旦松阴成功出海，便有望如伊挚之于商、吕牙之于周，③ 将有助于日本之“兴也”。对于出海一事，日本学者源了圆评价：“他（指佐久间象山——引者注）恪守《孙子兵法》，认为首先必须正确理解西方的情况，为了让人充当‘间谍’，他曾劝说吉田松阴偷渡海外。”④ 佐藤坚司更是一言论定：“象山对《孙子》的研究，归结到一点就是‘用间’。”⑤

最终，年轻的吉田松阴承担了“上智为间”的重任，执行了出海“用间”的任务。1853 年佩里来航后，他前往浦贺探听消息，之后返回江户，追随佐久间象山继续研习西洋炮术。1853 年 10 月 20 日（嘉永六年九月十八日），松阴与象山商议前往长崎搭乘俄国军舰，然而，抵达长崎后却与俄舰失之交臂。次年正月，佩里舰队再次到达浦贺，后与幕府签订《日美亲善条约》（又称《神奈川条约》）。4 月 24 日，在岸边徘徊多日的松阴终于等来了停泊在港内的美舰，向舰队长官递交《投夷书》后，松阴与门人金子重之助在艰难的航行条件下，于夜半（已是次日黎明）登上美舰，向舰上之人表达希望获准前赴美国。但是，美方拒绝了松阴，并将之送归陆地。随后，松阴自首入狱，佐久间

① 杨丙安校理《十一家注孙子校理》，第 300~301 页。

② 杨丙安校理《十一家注孙子校理》，第 301 页。

③ 关于《孙子兵法·用间篇》中提及伊尹与吕尚是“上智为间”的说法，中日古代学者多有怀疑，日本江户时期的神田白龙子、关五龙、樱田简斋、伊藤凤山等《孙子兵法》注释家各有讨论，参见森田吉彦「幕末における『孫子』用間篇註釈—反間問題と下策問題—」、『情報史研究』2021 年第 11 号。

④ 源了圆『德川思想小史』、中央公論新社、2000、228 頁。

⑤ 佐藤堅司『孫子の思想史的研究—主として日本の立場から—』、400 頁。

象山亦遭连坐。[①] 事后，象山在书信中里谈及出海事件："弟子吉田者"，"通汉书、有胆略、具文才、耐苦难，天生之情也"，"实为小弟门下不可多得之忠烈义士也"，"然事未得遂，颇为遗憾"。[②] 他还在狱中回忆："门人长门吉田某，奇士也，奋然欲私索虏之情实以立事功，不遂，官捕之，余亦逮录下狱。"[③] 出海"索虏"的主要缘由在于眼见为实，唯有亲历才能跨越书本的理论，消解经年累月纸上谈兵所营造的"隔靴搔痒之感"，并真正摆脱"兵学焦虑"。然而在当时的背景下，这种对《孙子兵法·用间篇》的践履充满限制，只能被视为异端。

还需要讨论象山如何考虑"用间"与"知彼知己"的关系。正如象山诗文里写的那样："用间在得人，全胜在知彼。"[④] 在他看来，为了"知彼"而"用间"，就能够实现中国兵法所倡导的"全胜"。前揭佐藤坚司将佐久间象山对《孙子兵法》的研究归结到"用间"。考虑到出海事件对象山师徒命运的转折性影响及围绕该事件的诸多表达，佐藤坚司之说诚非虚言。然而，分析至此却不难看出，"用间"是象山认识到前叙其实践仍未能实现真正"知彼知己"之后的一种补充途径。因此，与其将"用间"视为象山研究《孙子兵法》的主旨，不若以"知彼知己"的应对逻辑代之，似乎更符合实情。

关于"知彼知己"与"用间"的问题，松阴的嗣后表达更为透彻直观："是十三篇结局，遥应《始计》。盖孙子本意，在知彼知己，知己篇篇详之，知彼秘诀在用间。一间用，而万情见矣。七计立矣，自古明君贤将，皆用之，何如今人漠然不省焉？"[⑤] "十三篇结局"即为"用间篇"，其"遥应《始计》"以及"知彼秘诀在用间"等观点，无疑再度与象山的"知"与"行"达成共识。不仅如此，在解释"用间

① 关于此事过程，可参阅〔日〕山口宗之《吉田松阴》，第41~47页。

② 佐久間象山「獄中より山寺源大夫三村晴山に贈る」、信濃教育会編『象山全集　巻四』(増訂版)、255頁。

③ 佐久間象山「讀孟子」、信濃教育会編『象山全集　上巻』、29頁。

④ 佐久間象山「君恩」、信濃教育会編『象山全集　上巻』、35頁。

⑤ 吉田松陰「孫子評註」(坤)、山口県教育会編『吉田松陰全集　第四巻』(定本版)、岩波書店、1934、449頁。

篇”的“故惟明君贤将，能以上智为间者，必成大功”[①] 时，松阴又道：“以上智为间者，孙子议论，出人意表处。今世之人，不知用间，即用之，皆朴嫩小材，何能成功焉?”[②] 正是这种认识论上的高度一致，促使象山与松阴在出海为间的实践上一拍即合，然而锁国令之下，武士的行动空间囿于日本国内，既不具备出海的条件，也令当局难以容忍，故此事以未果而告终，且影响到两人命运。不过，这种意欲冲破牢限的出海意识，却在日后形成官方推动的热潮，影响到日本历史走向。

结　语

《孙子兵法》等中国传统兵法是前近代东亚世界共有的兵学思想资源，作为一种公共产品在东亚各国广泛流传。西方近代兵学的产生与流播使幕末日本面临抉择困境，传统兵学与西方兵学之间也不乏对垒之势，并给佐久间象山和吉田松阴等带来兵学近代化的焦虑。然而，象山与松阴作为最具代表性的幕末兵学家，既对《孙子兵法》等传统兵书熟稔于心，又反对自我封闭，在接受西方兵学上扮演了力行者乃至殉道者的角色。这种矛盾却又客观存在的事实，意味着在看似紧张的两种兵学之间，或许存在具有调和作用的知识或学问。佐久间象山与吉田松阴被视为幕末先觉者和日本近代化的先驱，实际上，纵观二人的兵学思想与实践历程，《孙子兵法》对他们的影响不可谓不小。他们共同认识到近世日本武备废弛和纸上谈兵的弊病，并产生了“兵学焦虑”。对此，象山对《孙子兵法·形篇》展开追问，触及传统兵学“道理”（上学）建树甚丰和后世学人“物理”（下学）建设甚少的问题。他并不认为《孙子兵法》无法与西方兵略接轨，只是后学拘泥陈法、不知变通，迟滞了兵学革新的进程。为了“知彼知己”，在著书立说方面，象山提倡掌握外语、研读原版兵书和引介西方兵学，但发现这仍是隔靴搔痒、纸

① 杨丙安校理《十一家注孙子校理》，第301页。

② 吉田松陰「孫子評註」（坤）、山口県教育会編『吉田松陰全集　第四巻』（定本版）、452-453頁。

上谈兵；在对《孙子兵法·火攻篇》进行“古今之变”式思考后，象山走上对西方兵学器物的试验之路，不过在后来认为此仍属“不出户庭”式的纸上谈兵，同样无法“知彼知己”。通过对《孙子兵法·用间篇》的解读，象山认识到唯有“用间”方能脱离纸上谈兵的尴尬、破解无法真正“知彼”的难题，为“知彼知己”的应对逻辑补上了关键一环。黑船事件使吉田松阴的思想发生急剧转向，他迫切希望掌握西方炮术，并在《孙子兵法》的“计篇”与“用间篇”两相呼应和通过“用间”来实现“知彼”的问题上与象山达成一致。最终，象山对松阴寄予“上智为间”的厚望，“下田踏海”事件亦随之发生。

面对展现强大实力的西方近代兵学，佐久间象山和吉田松阴并没有放弃《孙子兵法》等传统兵书，而是出于兵家本能联想到“知彼知己”的概念，借此形成分析时局并寻找应对之策的逻辑。他们格外强调《孙子兵法》的“用间”思想，认为其有助于解决日本近世以来纸上谈兵的弊病，并最终付诸实践。这显示出《孙子兵法》的思想特质在异域日本近代转型历程中非但没有过时感，反而能为幕末志士接受西方近代兵学提供理论参照和方法指引。不过，依据中国域内的兵学思想史流脉，中国兵法的核心要义应是“不战而屈人之兵”的全胜观与“慎战”主义战争观。“知彼知己”等思想固然脍炙人口且具有跨越时代的指导意义，却似乎未必如前两者般占据主流地位。因此，佐久间象山和吉田松阴等日本先觉者在幕末变局中对“知彼知己”的偏爱与个性化创见，以及进而产生的“用间”践履行为，也从一个侧面呈现出日本对待外来文化时的独特取向。长远来看，在佐久间象山与吉田松阴之后，日本逐渐走向对外侵略的诸般行动意味着幕末生成的“知彼知己”逻辑已走向“既不‘知彼’也不‘知己’”[①]的非理性状态，并被无条件的“驭彼”所取代，其中的思想流变与行动过程仍存有深入探讨的可能性。

（审校：邹皓丹）

① Samuel B. Griffith, *Sun Tzu: The Art of War*, pp. 177–178.

在世界史中认识日本：西嶋定生“东亚世界论”的成立史及其论争谱系

李果安[*]

内容提要： 西嶋定生是20世纪中后期日本最具影响力的历史学家之一，他提出的“东亚世界论”是日本学界构建新世界史像的重要努力。战后初期日本史学的困境和现实问题孕育了西嶋定生构建新世界史像的问题意识。西嶋定生以这一问题意识先后研究了中国经济史、中国历史分期和秦汉国家构造等问题，进而提出“册封体制论”。以此为契机，西嶋定生将日本学界关于东亚世界的设想具体化，最终形成“东亚世界论”。20世纪末，随着宏观“历史理论”式微，学界也围绕“东亚世界论”产生了“去稳定化”和“去中心化”两种趋势的论争。这些论争是史学范式转变的具象化，丰富了我们对东亚历史的认识，但“东亚世界论”的问题意识和理论价值仍值得我们重新理解，从而为促进中国历史学发展提供借鉴。

关 键 词： 西嶋定生　日本史学　册封体制论　东亚世界论　历史理论

引　言

西嶋定生是战后日本历史学界的代表人物，其“东亚世界论”尤其受到学界重视，长期发挥着范式作用。此前，中国学界主要关注作为

* 李果安，北京大学历史系硕士研究生，主要研究方向为江户时代日本对外关系史和知识史。

“东亚世界论”一部分的“册封体制论”，将其归为海外东亚国际秩序研究的一种理论加以运用。[①] 随着中日学术交流增加，近年来中国学界出现了一些将西嶋“册封体制论”具体置入日本东亚史研究脉络中进行把握的评论，促进了对西嶋学说的理解。[②] 此外，一些在日本学界颇具代表性的评论文章也相继被译介，提升了中国学界对“东亚世界论”的整体认识。[③]

但是，西嶋“东亚世界论”的理论价值仍然有待进一步挖掘。一方面，西嶋一生横跨中国经济史、中国历史分期、秦汉史、日本古代史等多个领域，其成果在中国学界已得到充分关注，比如秦汉史学界关注西嶋对爵制、皇帝制度的研究，明清史学界关注西嶋对明代棉业和手工业经济的研究，中古史与东亚史学界则关注“册封体制论”。不过，西嶋的“东亚世界论”较之以上列举的具体研究有着独特地位。一方面，在西嶋看来，“东亚世界论”不仅是对东亚地区历史进程的整体叙述，而且是他构建适应20世纪后期现实背景的新世界史像的重要一环，而这层意涵尚未得到中国学界的充分重视。所谓“世界史像”，是日本历史学界常用的术语，指对世界历史的宏观建构，从内涵和功能上来说都

---

① 黄纯艳：《中国古代朝贡体系研究的回顾与前瞻》，《中国史研究动态》2013年第1期，第55~65页。

② 例如，韩东育：《东亚世界的“落差”与“权力”——从“华夷秩序”到“条约体系”》，《经济社会史评论》2016年第2期，第21~40、126页；陈奉林：《日本的东亚史研究及其启示》，《世界历史》2018年第1期，第123~137、159~160页；蔡凤林：《关于东亚历史视域下的古代中日民族关系史研究动态》，《中央民族大学学报》（哲学社会科学版）2018年第2期，第75~85页；冯立君：《东亚抑或东部欧亚——隋唐东亚关系史研究的理论、范式与成果》，《江海学刊》2019年第2期，第181~188页；蔡凤林：《平成时代日本学界“东亚世界论”研究动态及其表现出的对华社会思潮》，《日本研究》2020年第1期，第63~74页。

③ 例如，〔日〕李成市：《日本历史学界东亚世界论的再探讨——兼与韩国学界的对话》，王坤译，载杜文玉主编《唐史论丛》第21辑，三秦出版社，2015，第1~15页；〔日〕金子修一：《历史上的东亚国际秩序与中国——聚焦西嶋定生》，张鸿译，载拜根兴、冯立君等编译《古代东亚交流史译文集》（第1辑），中国社会科学出版社，2018，第44~53页；〔日〕铃木靖民：《东亚世界史与东部欧亚世界史——以梁的国际关系、国际秩序、国际意识为中心》，张鸿译，载拜根兴、冯立君等编译《古代东亚交流史译文集》（第1辑），第1~26页。

和中国学界的“历史理论”差可比拟。[①] 另一方面，西嶋在各个领域的史学实践贯穿着共通的问题意识，“东亚世界论”正是其问题意识的集中表达。因此，本文在前人对西嶋史学实践研究的基础上，将“东亚世界论”视为构建“历史理论”的一种努力，以期揭示“东亚世界论”的发展历程和理论价值，为中国世界史理论提供镜鉴。

一 “东亚世界论”为何提出：“一国史”与单线的世界史像

西嶋提出“东亚世界论”的问题意识来自他身处的现实环境。为了明确“东亚世界论”的发展历程和理论价值，我们需要从日本近代史学的困境以及战后日本史学界的新动向出发，梳理西嶋独特的问题意识及其利用的思想资源。

（一）“一国史”的渊源与影响

首先，正如大多数论者所强调的，“东亚世界论”是对日本孤立的“一国史”研究的突破。[②] 日本近代史学中的“一国史”问题由来已久，并通过日本大学中历史学科“三科制”的划分而固定下来。古代日本因为面临中国这一庞大的“他者”，为维护自我认同而援引第三者加入日本的世界观——在近世以前主要是印度，在近世后期则转变为欧美。这种“三国=世界”的“三国世界观”虽然在近世后期逐渐瓦解，代

---

① 中国学界使用的“历史理论”一般对应西方史学理论中的思辨的历史哲学（speculative philosophy of history），参见何兆武《思想与历史：何兆武自选集》，首都师范大学出版社，2008，第3页。此外，“历史理论”在中国学界的接受过程和微妙含义可参阅廉敏《“历史理论”一词在中国语境中的使用及其意义》，《史学理论研究》2022年第6期，第112~123页。

② 比如，李成市认为“东亚世界论”从根本上讲是为了克服战前主观异端化的“皇国史观”，因为后者割裂了在世界史中认识日本的可能，参见李成市《日本历史学界东亚世界论的再探讨——兼与韩国学界的对话》，第5页。永原庆二也在这个意义上认为西嶋定生承接的是战后日本史学发展中整体性认识本国史的动向。参见〔日〕永原庆二《20世纪日本历史学》，王新生等译，北京大学出版社，2014，第211~222页。

之以“万国”的世界观，但仍维持了在“万国”中突出“三国”的观念。[①] 日本在明治初年编纂的历史教科书就维持了上述结构，将“皇国”以外的世界史学科称为“万国史”，而“万国史”则分为亚洲史和欧洲史。[②] 1894年，那珂通世也明确提议在中等教育中将“世界史分为东洋史和西洋史”。到1910年，随着“东洋史”从“史学科”分离，日本大学的历史学科才正式形成了日本史、东洋史、西洋史三科并立的局面。“三科制”将日本同时与“西洋”“东洋”割裂开来，不利于在世界史中认识日本。[③]

此外，东洋史在20世纪上半叶与日本帝国政治的结合进一步限制了日本学者的世界史视野，加剧了“一国史”的倾向。东洋史随着日本在亚洲的侵略扩张步伐而展开，“东洋”本身遂成为日本与欧美展开博弈的空间隐喻，其内部也因为缺少各族之间的共通性而充塞政治意图。[④] 比如，在“三科制”移植到殖民统治地区大学的过程中，台北帝国大学与朝鲜的京城帝国大学在“国史学专攻”与“东洋史学专攻”之外均不设“西洋史学专攻”，而是分别代之以“南洋史学专攻”与“朝鲜史学专攻”。这是出于在殖民统治地区“因地制宜”开展教育、配合政策的意图，清晰体现了日本大学历史学科的工具化。[⑤] 20世纪30年代以后，以天皇为中心、认为历史研究必须护持“我国之美事”的“皇国史观”逐渐统治日本学界。“皇国史观”神化天皇、日本民族和日本文化，并支持“大东亚战争”，这些特质更加割裂了日本史与世界史，“中国停滞论”亦作为侵略依据提高了影响力。这使日本学界的日本历史与世界史形成了分隔和孤立的研究。

---

① 渡部浩『日本政治思想史—十七~十九世紀—』、東京大学出版会、2010、301-302頁。

② 文部省編『史略』、文部省、1872。

③ 〔日〕永原庆二：《20世纪日本历史学》，第36~37页。

④ 黄东兰：《作为隐喻的空间——日本史学研究中的“东洋”“东亚”与“东部欧亚”概念》，《学术月刊》2019年第2期，第156~157页。

⑤ 永島広紀「京城帝国大学法文学部の史学系講座とその歴史学研究—台北帝大、满洲·建国大学との比較的視点を踏まえた考察—」、小澤実·佐藤雄基編『史学科の比較史—歴史学の制度化と近代日本—』、勉誠出版、2022、235-249頁。

（二）单线的世界史像与战后初期的“世界史论争”

其次，“东亚世界论”也志在批判欧洲中心论的单线世界史像，导入新世界史像。① 因为在“一国史”之外，另一些尝试在世界史中认识日本的学者以欧洲近代图式为准绳，形成了单线的世界史像，反而束缚了历史研究的视野。

明治维新后，探讨日本能否追上“欧美”的历史学研究与本国中心主义一体两面，盛行于日本学界。日本在日俄战争中取胜后，高涨的民族自信心和渴望证明自我的心态促进了以欧美近代社会为指向的比较研究。② 战后，随着学制改革，“东洋史”和“西洋史”在1949年整合为“世界史”学科，学界也反转了对于明治国家的观点，态度趋于反省。但日本史学界仍囿于单线的世界史像，只是其目的从论证本国优越性转换为以欧美为准绳批判日本“扭曲的”近代社会。③

日本的马克思主义史学与“近代主义”史学有许多相同话题。讲座派马克思主义史学由于战时的抗争以及战前对日本社会的批判被盟军的战后改造所证明，在战后初期一度获得正统性的地位，其普遍规律、发展阶段论、结构分析等史学理论盛行一时。1949年，历史学研究会将原来的日本史、东洋史、西洋史三部会改为原始古代史、封建史、现代史，希望以普遍的发展阶段来构筑世界史。历史学研究会以“世界史的基本法则”为先验前提的做法既束缚了从特殊、具体的社会本身提取理论的可能，也阻碍了学者突破一国内部之发展阶段论、探索世界史“全像”，因而在随后几年中越发受到质疑。④ 如西嶋在1955年历史学研究会大会上的主旨发言中所说的：“问题是，在什么意义上，为了

---

① 〔日〕关尾史郎：《古代东亚世界的构造——日本的研究动向及若干问题的提出》，载北京大学历史学系编《北大史学》第4辑，北京大学出版社，1997，第2、8页；金子修一「古代東アジア研究の課題—西嶋定生・堀敏一両氏の研究に寄せて—」、金子修一『古代東アジア世界史論考—隋唐の国際秩序と東アジア—』、八木書店、2019、3頁。

② 〔日〕永原庆二：《20世纪日本历史学》，第38页。

③ 〔日〕永原庆二：《20世纪日本历史学》，第125~128页。

④ 〔日〕永原庆二：《20世纪日本历史学》，第336~337页。

什么目的，我们需要在古代史、东洋史或西洋史上下功夫，如果我们只是探寻所有历史共通的基本法则，我们能回答眼前的历史问题吗？”[①] 1955 年前后，历史学研究会的新部会制衰落，学院派历史学与“三科制”复兴，日本的马克思主义史学也逐渐失去统治地位。不过，马克思主义史学为日本史学界提供了一套有效的分析工具，而其绝对正统性的瓦解则开放了构建新世界史像的可能。[②]

（三）“眼前的历史问题”与新的世界史构想

最后，西嶋在上述发言中对“眼前的历史问题”的强调暗示了其思考与战后初期一系列现实问题的紧密关系。明治维新后，日本主要在“脱亚入欧”的线索上运动，努力接近以欧美为中心的国际秩序。但日本在二战中与欧美主要国家兵戎相见，又大举侵略亚洲国家，最终既没能成为欧美国家，又不见容于亚洲诸国，在现实世界中孤立于欧美与亚洲。战后初期，中华人民共和国成立（1949）、美日签订安保条约（1951）、万隆会议（1955）等现实问题持续刺激日本知识分子对于本国位置的危机感。在此影响下，“世界史的基本法则”一类论调渐趋式微，但世界史书写是否可能随之成为问题。

打开这一局面的是一桥大学西洋史教授上原专禄。1954 年、1955 年，“世界史讲座”系列陆续出版了三木亘等学者的著作，将历史上四个主要的“历史世界”的互动作为主轴来书写世界史，初步提出世界史书写的新方式。[③] 上原专禄在此基础上于 1960 年召集一批学者编写新的世界史教科书，西嶋也参与其中。上原认为，当时人们所持的世界史观是西欧近代的创造，因而他反对“东洋”与“西洋”对立、以“野蛮”和“文明”为准绳的旧世界史像，呼吁要以当代日本国民的问

---

① 转引自遠山茂樹『戦後の歴史学と歴史意識』、岩波書店、2001、194 頁。

② 戸邉秀明「マルクス主義と戦後日本歴史学」、『岩波講座・日本歴史第 22 巻　歴史学の現在〈テーマ巻 3〉』、岩波書店、2016、157-158 頁。

③ 遠山茂樹『戦後の歴史学と歴史意識』、199-201 頁。其中，“历史世界”与下文上原所用“文明圈”一词的内涵基本相同。

题意识和生活意识为基础来书写世界史。[①] 他提出，应该在四大文明圈的互动中理解世界史，尤其要在以中国为中心的“东亚文明圈”中理解日本历史。[②] 这其实是上原对自己早年所持“近代主义”式世界史像的反思。由于战后初期第三世界的兴起，上原越发感受到“近代”不仅意味着理性的胜利，也见证了欧洲对全世界的支配和榨取。因此，从第三世界国家依附于欧洲的现实出发，世界史书写必须强调近代以前各个独立历史世界的存在和运作，从而改革现实。[③]

新的世界史构想刺激了日本学界对东亚地区进行整体性把握。战前，内藤湖南已经提出中国文化的传播使东亚地域形成了系统、连续的历史，构成类似世界史的结构。[④] 该结构具体如何形成以及东亚各国间是否仍存在内部社会的更深刻的联系等问题便浮现出来。战后较早对此做出贡献的是前田直典，其名文《东亚地区古代的终结》[⑤] 被称为战后揭示东亚诸国历史关联性的划时代作品。[⑥] 前田对东亚诸国历史关联性的思考与中国历史的分期问题紧密相连，他一方面提出对中国与朝鲜古代、中世分期的新看法，另一方面则通过中、朝、日三国历史分期的新见解强调东亚诸国历史的关联性。[⑦] 松本新八郎、石母田正、藤间生大等学者继踵其后，深化了对东亚诸国关联性的认识。到了 20 世纪 60 年代，作为学术用语的“东亚世界”已经出现。[⑧] 但“东亚世界”在此时只是一个理论层面的设想，不论时空设定、具体共通要素还是形成、发

---

① 上原専禄「世界史を学ぶために」、上原専禄編『日本国民の世界史』、岩波書店、1960、2、5-10 頁。

② 上原専禄「世界史を学ぶために」、9-12 頁。

③ 村井淳志「上原専禄の世界史認識論の展開—『民族の自律性』概念を中心に—」、『教育科学研究』第 6 号、1988 年 5 月、13 頁。

④ 内藤虎次郎『支那上古史』、弘文堂書房、1944、1、6 頁。

⑤ 前田直典「東アジアにおける古代の終末」、鈴木俊、西嶋定生編『中国史の時代区分』、東京大学出版会、1957、349-373 頁。

⑥ 〔日〕关尾史郎：《古代东亚世界的构造——日本的研究动向及若干问题的提出》，第 4 页。

⑦ 前田直典「東アジアにおける古代の終末」、135-136 頁。根据前田对中、朝、日历史分期的新见解，朝鲜、日本与中国的历史发展差距越来越小，这表明朝、日通过吸收中国文化而加速发展，并引申出东亚诸国历史关联性问题，参见前田直典「東アジアにおける古代の終末」、151 頁。

⑧ 金子修一「東アジア世界論の現在」、二〇一五年度駒沢史学会大会記念講演、2015、67 頁。

展过程都缺少系统研究，尤其亟待弄清构成古代东亚国际秩序的具体形式及其结构。[①]

以上原为代表的学者提出的世界史构想方式对西嶋影响甚大，令他直至晚年仍在追忆。[②] 前田等学者的路径和遗留问题亦引导西嶋走向对东亚世界的具体考察。正是西嶋对中国国内爵制秩序、东亚地域册封体制等关键议题的研究，使“东亚世界”成为一个具体、自足的概念。

二 进入“东亚世界”具体图景的契机：从爵制秩序到册封体制

（一）从中国历史分期问题上溯秦汉爵制秩序

西嶋的学术生涯开始于太平洋战争这段动荡不安的时期，其内心“因席卷一切的激流而交织着对自己生命的不安和绝望”，唯有潜心收集史料以求完成论文。[③] 在此过程中，西嶋逐渐发现了贯穿他研究生涯的重要论敌——“中国停滞论”。西嶋认为，关于中国的停滞性理论是近代西方在全球扩张的过程中为确立自我意识而产生的观念，日本却不加批判地接受了这种倒置逻辑的观念，这扭曲了日本的中国认识。[④]“中国停滞论”正是当时日本史学“一国史”与单线的世界史像困境的缩影。破除“中国停滞论”、对中国文明特殊性做合乎规律的把握，进而更好地认识日本的历史与处境成为西嶋中国史研究的基本关怀。[⑤]

进入20世纪50年代，西嶋的学术重心逐渐转变为中国历史分期问题以及随之而来的秦汉帝国的形成与结构问题。战后日本中国史论争是

① 李成市「解説」、李成市編『古代東アジア世界と日本』、岩波書店、2000、265、266頁。

② 西嶋定生「世界史像について」、李成市編『古代東アジア世界と日本』、260-261頁。

③ 〔日〕西嶋定生：《中国经济史研究》，冯佐哲、邱茂、黎潮译，中国农业出版社，1984，“补记”，第656页。其毕业论文《关于明代棉花的普及和松江棉布》于1942年8月提交。

④ 〔日〕西嶋定生：《中国古代农业的发展过程》，载〔日〕西嶋定生《中国经济史研究》，第1~2页。

⑤ 〔日〕西嶋定生：《关于中国古代社会结构的特殊性质的问题》，载〔日〕西嶋定生《中国古代帝国的形成与结构：二十等爵制研究》，武尚清译，中华书局，2004，第1~4页。

这一转变的重要驱动力。[①] 一方面，在战后日本学者热烈讨论的中国历史分期问题中，西嶋认可前田直典的中国历史“三分法”，并将研究重心转向前田遗留下来的问题：如果在秦汉到隋唐之间没有出现所谓的“古代”与“中世”的分期断裂，那么整个唐以前的中国在何种意义上是“古代”社会？[②] 在这个“古代”时期进一步上溯，中国历史分期问题在西嶋这里就转化为研究规定了中国古代社会的秦汉帝国的权力构造。[③] 另一方面，从20世纪30年代到50年代，中国学界也展开了新一轮关于中国历史分期问题的大讨论，这次讨论逐渐由马克思主义史学家的论说占据上风，并最终于1956年以“五段论”的形式确立下来。[④] 日本史学界对此保持高度兴趣。1955年，中国马克思主义史学泰斗翦伯赞作为“中国科学院学术访日观察团”成员在日本发表关于中国历史分期问题的演讲，引起日本学者的热烈反响。随后，西嶋与铃木俊将相关讨论汇集成书，这推动了西嶋对相关问题的思考。[⑤] 通过审视中国历史分期问题，西嶋进一步反思了当时一味对照西方历史进程的日本史学。

随着对秦汉帝国的形成与构造问题思考的深入，西嶋更新了自己在20世纪50年代提出的秦汉国家“父家长奴隶制”的论点，并于1961年出版了《中国古代帝国的形成与结构：二十等爵制研究》一书。西嶋指出，皇帝对人民的权力支配与联系是经由“赐爵”实现的。[⑥] 不仅如此，“爵”本身是身份等级形成的媒介，故其第一义的机能在于形成

① 关于战后日本中国史论争，详见高明士《战后日本的中国史研究》，中西书局，2019，第34~78页。

② 内藤湖南关于中国历史分期的“四分法”参见内藤虎次郎『支那上古史』、3-7頁。前田直典的中国历史“三分法”参阅前田直典「東アジアにおける古代の終末」。二者之间的关键差异在于魏晋时期的社会有没有发生根本性的变化。此外，前田将中国古代社会的下限定在唐末是出于对东亚诸国历史连带互动的考量，这一点极具意义。

③ 〔日〕西嶋定生：《关于中国古代社会结构的特殊性质的问题》，第13~19页。

④ 参见刘林海《论中国历史分期研究的两次转型》，《北京师范大学学报》（社会科学版）2014年第1期，第115~119页。

⑤ 参见鈴木俊、西嶋定生編『中国史の時代区分』、東京大学出版会、1957。上引西嶋定生《关于中国古代社会结构的特殊性质的问题》一文即原出本书。

⑥ 〔日〕西嶋定生：《中国古代帝国的形成与结构：二十等爵制研究》，第53页。

身份秩序。[①] 这一上至天子、下至编户齐民的爵制秩序正是从内部支撑汉朝的一元化国家秩序。[②] 经此秩序，皇帝实现了对编户齐民的个人支配。西嶋以这项研究批判了日本学界一味以中国王朝对照被绝对普遍化的西方“帝国”模式的做法，将中国历史具体特殊的问题带回视野。爵制秩序理论也成为西嶋不久后提出的“册封体制论”的基础。

（二）作为爵制秩序外延的册封体制论

西嶋将关于中国史的研究成果用于推进对日本古代史的研究，使东亚世界的具体轮廓逐渐清晰。此前，日本学界已经不乏对东亚世界的设想，但西嶋在这些学者设想的基础上更进一步，揭示出东亚世界的具体图景。这一过程中的关键契机正是他对作为爵制秩序外延的册封体制的研究。

西嶋认为，6~8世纪日本发生的巨大变动是在世界史中思考日本的绝佳机会。其中的关键在于考察怎样一个存在于东亚的特殊具体的结构使律令制的传播成为可能，而这势必要首先考虑中国王朝的政治构造。[③] 所以西嶋要处理的课题转化为研究规定当时东亚国际关系展开的中国王朝的政治构造。西嶋指出，从355年前燕授予高句丽国王爵位和官职开始，中国王朝与郡县制崩溃后的朝鲜半岛国家结成了新的关系——册封关系。此后，这个关系扩展到整个朝鲜半岛和日本，在东亚地区形成了册封体制。册封体制在隋唐时期实现一元化，成为隋唐“世界帝国”秩序的一部分。6~8世纪东亚诸国交往、兴亡的历史过程显示，册封体制就是规定当时东亚国际关系展开的政治构造。西嶋将册封体制作为中国国内爵制秩序的外延，认为册封体制组成中国与周边国家的身份秩序并贯彻君臣关系的逻辑，所以需要举行各种礼仪活动，于

① 〔日〕西嶋定生：《中国古代帝国的形成与结构：二十等爵制研究》，第345页。

② 〔日〕西嶋定生：《中国古代帝国的形成与结构：二十等爵制研究》，第440~442页。

③ 西嶋定生「東アジア世界と冊封体制：六―八世紀の東アジア」、李成市編『古代東アジア世界と日本』、35頁。

是文物制度也随之传入各册封国。[①] 最后，东亚诸国固然是在自身特殊具体的历史过程中加入册封体制的，然而一旦被编入其中，就会受到册封关系的规制，并在册封体制的逻辑上开展国际、国内行动。[②]

在后续研究中，西嶋从中国皇帝制度等方面进一步巩固了“册封体制论”。[③] 他指出，秦朝开创的“皇帝”名号具有绝对支配一切的特征，在地方上表现为直接统治的郡县制，但这种无限性反而造成了其有限性，妨碍了中原王朝与周边政权建立关系。[④] 西嶋认为，西汉时期皇帝制度的发展解决了这一问题。首先，西汉实行郡国制，随着封建制的复活，中国统治者间接支配周边成为可能。[⑤] 其次，西汉后期的礼制改革后，“皇帝”与“天子”职能产生分化。其中，“皇帝”为统治本国臣民之身份；“天子”则为统治者代表上天治理天下之“爵”，承担祭祀和对外关系的职能，使皇帝对外支配关系制度化。[⑥] 最后，中国王朝对外思想也在汉代确立下来，主要包括以“礼”为共同原理的两大原则：一是区分华、夷的中华思想（即华夷思想），二是结合华、夷的王化思想。[⑦] 正是上述产生于战国到汉代的对外思想、封建制、皇帝与儒家之间的相互作用奠定了册封体制的基础。西嶋通过这一系列研究对册封体制正本清源，“东亚世界”形成的逻辑构造就此完备。

（三）“东亚世界论”的提出与完成

立足于以上研究成果，西嶋于 1970 年发表了著名的《东亚世界的

① 西嶋定生「東アジア世界と冊封体制：六—八世紀の東アジア」、100-101 頁。

② 西嶋定生「東アジア世界と冊封体制：六—八世紀の東アジア」、101-102 頁。

③ 西嶋定生「東アジア世界と冊封体制：六—八世紀の東アジア」、103-104 頁。在此，西嶋定生已开始考虑将出现于周的华夷思想、出现于西汉的外臣制度作为册封体制的起源加以考察。

④ 西嶋定生「皇帝支配の成立」、西嶋定生「西嶋定生東アジア史論集　第 1 巻」、岩波書店、2002、31-35 頁；〔日〕西嶋定生：《秦汉帝国：中国古代帝国之兴亡》，顾姗姗译，社会科学文献出版社，2017，第 187、189、214 页。

⑤ 西嶋定生「皇帝支配の成立」、37 頁。

⑥ 西嶋定生「皇帝支配の成立」、41 頁。

⑦ 〔日〕西嶋定生：《秦汉帝国：中国古代帝国之兴亡》，第 186~187 页。

形成》一文，这被视为“东亚世界论”提出的标志。① 西嶋认为东亚世界是近代以前诸多具有自我完结性的历史世界之一，拥有不同于近代欧洲普遍图景的特殊性，主要包含朝鲜、日本、越南以及蒙古高原以南、河西走廊以东的中国地区，但其地域也具有历史流动性。② 东亚世界是以文化圈形成的世界，存在汉字文化、儒教、律令制、（汉传）佛教四个共通的文化要素；但这些文化要素不是孤立发生作用的，东亚诸国的文化交流以册封体制这一政治媒介为前提，因此东亚世界也是一个以中国为中心的政治世界。③ 在政治世界与文化圈结合的意义上，东亚世界才是一个特殊具体且自我完结的历史世界。东亚世界也有具体的发展历程，其形成有赖于中国文明的发展，也有赖于周边民族政治性社会的成长，唯其如此才能诞生中国与周边国家的政治关系。随着皇帝制度、儒学理论的完善和封建关系的复活，东亚世界在汉代做好准备，在魏晋南北朝逐渐明显，最终形成于隋唐。隋唐后东亚世界并未消失，而是改变了其原理而存在，仍是一个以中国为中心的历史世界。④

西嶋通过对20世纪70年代初与日本紧密相关的两大现实问题的思考，进一步发展了“东亚世界论”。首先是中日关系。彼时正值中国恢复在联合国合法席位，加之日本首相田中角荣即将访华，西嶋遂在《朝日新闻》上发表连载文章，向国民论述世界史中的中日关系。西嶋首先指出，中国在19世纪前一直是东亚世界这个“自在”（日文为“即自”，an sich）世界的中心，甚至可以说东亚世界对中国而言就是

① 〔日〕李成市：《日本历史学界东亚世界论的再探讨——兼与韩国学界的对话》，第1页。此外，西嶋“东亚世界论”在20世纪60年代末成形可能还受到了其1965年在第十二届国际历史学会议上与拉铁摩尔（Owen Lattimore）围绕亚洲历史普遍性与特殊性之争的影响。因为即便是其1962年发表的划时代论文《东亚世界和册封体制：6~8世纪的东亚》，其初始标题《六到八世纪的东亚》（六—八世紀の東アジア）并未使用“东亚世界”的表述。在这次会议结束一年多后，西嶋才首次使用“东亚世界”的表述。西嶋定生「東洋史学と国際歴史会議」、西嶋定生「西嶋定生東アジア史論集　第5巻」、岩波書店、2002、195、197頁。

② 西嶋定生「東アジア世界の形成」、李成市編「古代東アジア世界と日本」、3-5頁。

③ 西嶋定生「東アジア世界の形成」、5-8頁。

④ 西嶋定生「東アジア世界の形成」、23-26頁。

它本身。[①] 但东亚世界对日本来说是“自为”（日文为“対自”，für sich）的，日本选择被这个自为的世界同化，成为其中的一部分。[②] 19世纪，东亚世界在异质的近代世界的冲击下瓦解。在此过程中，日本继续选择被近代世界同化，并加快了“母体”东亚世界的崩坏；中国则选择了抵抗近代世界，同时还努力克服自身内部已失去存在价值的秩序原理和政治体制，因此陷入“双重业苦”。[③] 西嶋认为，中国重返联合国象征着世界史的重大变化，日本不能仅仅踏袭旧路，有必要重视当下与中国的关系。借此，西嶋在原理层面上将日本和东亚世界联结起来，希望借新世界史像改造当下的世界。其次是越南战争。越战在20世纪70年代初逐渐走向尾声，但仍通过1970年的安保斗争对日本造成巨大影响。这正是西嶋将他此前未曾具体研究过的越南明确纳入东亚世界的问题意识来源。[④] 在身处20世纪70年代的西嶋看来，通过越战这一媒介，一个存在共通现实矛盾的东亚政治圈逐渐显像化。那么，将这一现实场域投诸历史，历史上这些国家产生关联的根基——包含这些国家的场域便作为一项课题呼之欲出。[⑤]

20世纪70年代初，西嶋以现实问题为媒介不断推进研究，终于彻底将日本史整合进东亚世界，完成了“东亚世界论”的构建。[⑥] 其中，发表于1975年的《东亚世界与日本史》一文可视为“东亚世界论”完成的标志。西嶋将此前已具体论述的汉至唐的东亚世界称为“古代东亚世界”，通过系统论述唐末“古代东亚世界”的崩坏、宋代东亚交易圈的形成、明初东亚世界的再编以及清末东亚世界的解体等命题，最终

① 西嶋定生「世界史における中国　上」、『朝日新聞（夕刊）』（東京）1971年10月27日、第7版。

② 西嶋定生「世界史における中国　下」、『朝日新聞（夕刊）』（東京）1971年10月28日、第5版。

③ 西嶋定生「世界史における中国　上」、『朝日新聞（夕刊）』（東京）1971年10月27日、第7版。

④ 李成市「東アジア世界論と日本史」、『岩波講座・日本歴史第22巻　歴史学の現在〈テーマ巻3〉』、58-59頁。

⑤ 李成市「東アジア世界論と日本史」、59-60頁。

⑥ 西嶋定生「東アジア世界の形成」、8-10頁。西嶋定生强调并非要将日本史消解在“东亚世界”中，而是要通过“东亚世界”的结构更好地把握日本历史的特殊具体性。

将“东亚世界论”的解释力牢牢置入日本史。西嶋尤其强调战国时代（1467~1590）以后日本社会及其与中国关系的变化使日本形成了独特的世界史位置。[①] 他认为，战国时代后，缺乏国际知识与视野的下级武士阶层掌握了国家权力，使日本同时孤立于东亚世界与欧洲近代世界，最终在近代走向自以为同化于欧美、亲手终结了孕育自身历史的东亚世界的悲剧，同时又对这个母胎在自身历史的残余不自知。[②] 通过这番论述，西嶋成功连接了“东亚世界论”与近代日本史，进而让“东亚世界论”的解释力直抵他所处时代的现实问题。至此，西嶋完成了“东亚世界论”的构建，实现了在世界史中认识日本的夙愿。

三 “东亚世界论”的论争谱系：“去稳定化”与“去中心化”

西嶋的“东亚世界论”不仅在日本学界引发了巨大反响，也在东亚其他国家得到了热烈推介和关注。虽然一直以来不乏学者对“东亚世界论”提出批判和修正，但其中相当一部分是在基本默认“东亚世界论”整体框架的前提下对该理论进行修正。[③] 因此，“东亚世界论”可以说在日本学界一度发挥着通用性理论的作用。[④]

但是，20世纪70年代以来，全球历史学界经历了“语言学转向”等重大转折，宏观把握世界历史进程的“历史理论”受到越来越大的冲击。从20世纪70年代初到80年代初，以社会史为代表的新史学范式也兴起于日本，让日本的现代历史学较之战后历史学发生了根本性的转换。一方面，在认识论层面上，宏大叙事的范式遭到质疑；另一方

① 西嶋定生「東アジア世界と日本史」、208頁。

② 西嶋定生「東アジア世界と日本史」、251-252頁。

③ 比如，堀敏一、高明士、韩昇等学者认为册封只是中国王朝确认与周边的君臣关系的一种形态，不足以囊括全局，并各自提出修正，参见堀敏一『中国と古代東アジア世界：中国と古代東アジア世界』、岩波書店、1993、76頁；高明士：《天下秩序与文化圈的探索》，上海古籍出版社，2008，第5、11-12页；韩昇：《东亚世界形成史论》，复旦大学出版社，2009，第38~39页。

④ 李成市：《日本历史学界东亚世界论的再探讨——兼与韩国学界的对话》，第1页。

面，在问题设定上，身体、心态、行动方式、少数集团等研究对象愈加受到重视。[①] 在此背景下，日本学界涌现了一批在原理层面挑战和质疑“东亚世界论”整体框架的研究。正如彼得·伯克（Peter Burke）所说，愈加流动的后现代社会促使学者质疑一切范畴和结构的效力，引发了历史学和社会理论中两个重要的运动：“去稳定化”（destabilization）和“去中心化”（decentring）。[②] “东亚世界论”作为构建“历史理论”的一种努力无疑身处旋涡中心，其论争谱系也清晰呈现出上述两大趋势。

（一）“去稳定化”：调整结构与取消结构

在西嶋的设定中，东亚世界的地域范围虽说具有一定灵活性，但总体来说还是限定于中国内陆和日、朝、越三国。西嶋尤其强调东亚世界和内亚文明的异质性，极力对二者进行区分。[③] 在东亚世界的成员里，越南又很少出现在西嶋的实证研究中。因此，在晚近学者看来，“东亚世界论”反而成为墨守边界的“新三国史观”。[④] 近年来致力于批判“东亚世界论”的代表性人物山内晋次如是表达不满：

> 拥有那样共通的指标、在一定程度上“自我完结的”历史世界，作为实态难道不是完全不存在的吗？这么说来，在更宽松的历

① 安丸良夫「表象と意味の歴史学」、安丸良夫『現代日本思想論：歴史意識とイデオロギー』、岩波書店、2012、143 頁。值得注意的是，早在社会史于日本发轫之初，中国日本史学界就敏锐地关注到这一点，并进行了详细的评介，参见沈仁安、宋成有《日本史学新流派析》，《历史研究》1983 年第 1 期，第 135~140 页。

② 〔英〕彼得·伯克：《历史学与社会理论》（第 2 版），李康译，上海人民出版社，2019，第 278 页。

③ 西嶋认为，内亚文明与东亚世界存在异质性，主要有两大原因：在政治上，中国与内亚诸国之间并非册封关系，而是受到其他政治结构，如盟约（宗法）的规制；在文化上，由于游牧民族流动性强、政权迭代频繁，与中国的政治关系常常不稳定，缺少稳定的汉字接受土壤。参见〔日〕西嶋定生《秦汉帝国：中国古代帝国之兴亡》，第 173~174 页；西嶋定生「東アジア世界と日本史」、148-159 頁。

④ 山内晋次「『東アジア史』再考—日本古代史研究の立場から—」、『歴史評論』第 733 号、2011 年 5 月、41 頁。

史“关联”中，更灵活地设定假想地域的话，或许更能描绘符合实态的生动的历史吧。①

“更宽松的历史‘关联’”和“更灵活地设定假想地域”的表述传达了20世纪末以来历史学家在“去稳定化”方向上对“东亚世界论”的批判。其中较为温和的方式是削弱“东亚世界论”的结构性色彩，从而更广泛地发现历史联系。这种方式一般呈现为“东部欧亚论”的形式。上田信是较早在历史学研究中使用“东欧亚”的学者，此前这一地域设定多用于自然科学，尤其是地理学领域。② 上田信认为元朝以后的中国历史无法仅从东亚来把握，因此基于对纳贡交易体系的研究而设立“东欧亚”。③ 随后，铃木靖民、广濑宪雄、山内晋次等学者也纷纷开始提倡“东（部）欧亚”。④ 以山内为例，他通过研究10世纪末到13世纪后半期宋、日间硫黄贸易的状况，指出日本历史与更遥远的内亚相连，因此不能墨守拘束于中、朝、日三国的“东亚史”。⑤ 这些实践反映了晚近学者摆脱“东亚世界论”的约束，进行更灵活、宽阔研究的愿景。但这种新的学术品位也与现实环境的变动不无关系。正如黄东兰所论述的，东亚世界向“东部欧亚”转化的背景是20世纪50年代至21世纪初日本民众对中、美两国好感度的逆转。她担心“东部欧

① 山内晋次「『東アジア史』再考—日本古代史研究の立場から—」、54頁。

② 有趣的是，上田信正是有环境史背景的历史学家。

③ 〔日〕上田信：《海与帝国：明清时代》，高莹莹译，广西师范大学出版社，2014，第23~26、40~43页。

④ 鈴木靖民「東アジア世界史と東部ユーアジア世界史—梁の国際関係・国際秩序・国際意識を中心に—」、『専修大学東アジア世界史研究センター年報』第6号、2012年3月、154、157頁；广濑憲雄「唐後半期から北宋の外交儀礼—『対』の制度と関連して—」、『史学雑誌』第118巻第7号、2009、54-55頁；广濑憲雄『古代日本外交史——東部ユーラシアの視点から読み直す』、講談社、2014、23-28頁；山内晋次『日宋貿易と「硫黄の道」』、山川出版社、2009。另可参见〔日〕古畑徹《何为东（部）欧亚史：近年来日本古代东亚史研究的新动向》，张汝译，《南开史学》2019年第2期，第33~49页。

⑤ 山内晋次「日本史とアジア史の一接点—硫黄の国際交易をめぐって—」、『江南文化と日本：資料・人的交流の再発掘』，会议论文，复旦大学，2011年5月，第204、210~211页。山内对硫黄贸易的详细研究可参见山内晋次『日宋貿易と「硫黄の道」』、山川出版社、2009。

亚”转向内蕴“脱亚”的逻辑，甚至使日本的自主性湮没在更广阔的历史世界中。①

“去稳定化”趋势中更为激烈的方式是取消东亚世界的结构性，这主要表现为揭示“东亚世界论”中许多设定的建构性。首当其冲的正是册封体制。在“东亚世界论”主要文章首次结集出版的第二年（1984年），鬼头清明就撰写了一篇书评，指出东亚国际关系的基础是东亚诸国国内的阶级矛盾和诸国间抗争的关系，而册封体制只是从中国角度来看体现于这些关系之上的“秩序”。② 进而，鬼头清明批判了西嶋“以中国为中心的国际秩序”的设想，认为东亚地域存在多个政治世界，各自被其内部关系所规定。③ 金子修一补充了这一思路，他提出“册封”一词鲜见于唐以前的中国史料，这让“册封”的定义变得暧昧。④ 不只日本学界，中国学界乃至欧美学界也不乏否认册封体制实际效力的观点。比如，王小甫指出隋唐时期不存在以中国为中心的国际秩序，当时的东亚诸国在盛衰连环中进行运动，不能用一个静态的框架加以限制。⑤ 王贞平亦指出中国王朝对外交往的实际情况与册封体制的理想状况存在落差，比如中日关系的实质是“互利”，“礼”“德”只不过是“求利”的辩护策略，因此无法完全用册封体制概括。⑥

在这两种“去稳定化”的趋势中，取消结构的方式过于激进，而且容易滑向彻底的功利主义的历史解释，因而其影响并未进一步扩大。⑦ 相较而言，调整结构的方式因灵活性脱颖而出，逐渐成为日本学者尝试超

---

① 黄东兰：《作为隐喻的空间——日本史学研究中的“东洋”“东亚”与“东部欧亚”概念》，第163、166页。

② 鬼頭清明「〈批評・紹介〉西嶋定生著『中国古代国家と東アジア』」、『東洋史研究』第43巻第2号、1984、147頁。

③ 鬼頭清明「〈批評・紹介〉西嶋定生著『中国古代国家と東アジア』」、148頁。

④ 金子修一「古代東アジア研究の課題—西嶋定生・堀敏一両氏の研究に寄せて—」、7-9頁。

⑤ 王小甫：《总论：隋唐五代东北亚政治关系大势》，载王小甫主编《盛唐时代与东北亚政局》，上海辞书出版社，2003，第22页。

⑥ 王贞平：《汉唐中日关系论》，文津出版社有限公司，1997，第4~7、16页；王贞平：《多级亚洲中的唐朝》，贾永会译，上海文化出版社，2020，第11、12页。

⑦ 参见韩东育对这种过度功利化历史解释的批判。韩东育：《从“请封”到“自封”——日本中世以来“自中心化”之行动过程》，台湾大学出版中心，2016，第165、207页。

越“东亚世界论”的主要路径。即便是“东亚世界论”最有力的捍卫者李成市，在强调该理论仍具解释力的同时，也不得不承认“6~8世纪的东亚世界的历史进程并非仅受册封体制影响……唐的军事活动将广阔的东部欧亚的诸民族都卷入其中”。[①] 如2021~2023年陆续刊行的新版“岩波讲座·世界历史”系列图书所示，日本的中国史学者现在明确表达了超越“东亚世界论”，在更广阔和灵活的“东部欧亚”空间中书写历史的志趣。[②]

（二）“去中心化”：消解中国中心与多元主体视角

“东亚世界论”另一个论争焦点在于中国的中心性。西嶋一直强调，“（在东亚世界中）中国一直是中心，甚至可以说中国就是东亚世界本身”。[③] 但一些学者对此表达了不同见解，中国无与伦比的体量，再加上中国王朝官方史料的尊讳倾向，令人很容易以中国的中心性为不证前提。[④] 由此，日本学界逐渐生发两种“去中心化”的方式：消解中国中心性的方式以及反思前近代“国家”及其边界的方式。

消解中国中心性的方式首先着眼于西嶋预设“中国”内外的做法，这尤其受到近年来日本秦汉史学界新成果的支持。其中较为温和的观点认为，西嶋仅对“天下”做字面意义理解，导致其对中国王朝内、外构造的一贯性说明不够充分。[⑤] 一部分学者比如阿部幸信则以印制、官制研究直接批判了作为册封体制基础之一的“内臣-外臣”学说及西嶋

① 李成市「6~8世紀の東アジアと東アジア世界論」、『岩波講座・日本歴史第2巻　古代2』、岩波書店、2014、244頁。

② 荒川正晴「中華世界の再編とユーラシア東部」、『岩波講座・世界歴史第6巻　中華世界の再編とユーラシア東部：4~8世紀』、岩波書店、2022、5-7頁。

③ 西嶋定生「世界史における中国　上」、『朝日新聞（夕刊）』（東京）1971年10月27日、第7版。

④ 较有代表性的论述可见 Tineke D' Haeseleer, "'Nobody Changed Their Old Customs'—Tang Views on the History of the World", in Benjamin A. Elman and Chao-Hui Jenny Liu, eds., *The "Global" and the "Local" in Early Modern and Modern East Asia*, Leiden, Boston: Brill, 2017, pp. 163-164. 蒂内克·达海瑟勒（Tineke D'Haeseleer）认为唐代的华夷世界观与官方文本相互塑造，最终确立了唐朝作为东亚世界中心以及四夷作为被动客体的图景。

⑤ 渡辺信一郎『天空の玉座——中国古代帝国の朝政と儀礼—』、柏書房、1996、198、234頁。

对郡国制的分析，指出汉初“天下”是皇帝与诸侯王的“天下共有体制”，而西嶋不当地预设了作为整体的中国及其“国际”关系。[①] 上述日本学者的研究倾向于基于自身专业方向讨论具体时段的个案性问题，而中国台湾地区的一些学者则将类似思路扩展到对“东亚世界论”的全面挑战。比如，甘怀真认为“天下”从来列国并立，是各地域集团不断构建的一个生存空间，并指出“东亚历史世界说”忽视了“中国”本身复数的地域社会、王权与历史世界。[②] 黄俊杰亦批评西嶋预设了“中国”这个抽象而普遍的中心，并强调应该将东亚各地区交流史理解为各个政权建构文化主体性的互动过程，“与其说是中、韩交流或中、日交流活动，不如说是江浙地区与日本的交流，或是山东半岛与朝鲜的交流，更具有历史的实体性”。[③] 这类研究以区域史的方法，提倡从中国文物制度向边缘扩散的“结果”回到各区域互动的“过程”，但其消解中国中心性的方式只能诉诸泛泛的“自远古以来，各民族之间早已进行跨文化的交流”，无法从根本上否认中国作为东亚不可忽视的事实性中心存在之位置。[④] 如刘志伟等人所论，这类研究自称超越了预设“国家”的历史，但实际上只是用同一种逻辑将研究对象转换为预设的区域，而非真正从人的互动设置动态的“中心—边缘”。[⑤] 最后，消解中国中心性的方式还促进了学界关注中国周边诸国接受中国文物制度的主动性以及间接接纳的情况。比如，李成市通过考证 6 世纪前半期新罗石碑与木简，指出早在与中国结成册封关系之前，汉字文化已经深深地渗透到新罗社会中，新罗对律令制、儒教、佛教的接受也早于中、新结成册封关系。由此，李成市提出册封关系并非东亚地区文化传播的唯一

① 阿部幸信「漢初の天下秩序に関する一考察」、『中央大学文学部紀要　史学編』第 62 号、2017、37-68 頁。

② 甘怀真：《从天下到地上——天下学说与东亚国际关系的检讨》，《台大东亚文化研究》第 5 期，2018，第 289~317 页。

③ 黄俊杰：《作为区域史的东亚文化交流史——问题意识与研究主题》，《台大历史学报》第 43 期，2009 年 6 月，第 195~196 页。

④ 黄俊杰：《作为区域史的东亚文化交流史——问题意识与研究主题》，第 196 页。

⑤ 刘志伟、孙歌：《在历史中寻找中国——关于区域史研究认识论的对话》，大家良友书局有限公司，2014，第 18~20、第 71~74 页。

媒介，应对邻接诸地域间相互交流及由之而来的复杂传播、接受关系做进一步考察。[①]

不同于上述消解中国中心性的方式，社会史的兴起唤起了研究者对非国家主体以及边境地域（境界）的关注。日本学者藤间生大等较早以此方式批判“东亚世界论”，指出其缺少民间视角。[②] 以社会史为研究旨趣的村井章介和网野善彦等学者推进了这一方式。村井认为在近代国民国家出现前，国家对外围地区控制力度较弱，而多个外围地区重叠为“境界”，其中活跃着不严格属于任何国家的“境界人”。[③] 基于此，村井严厉批判了西嶋的理论，认为其将国家和国境视作先验前提，因而仅仅是揭示古代日本国家形成的工具。[④] 网野善彦同样批判了日本学界在统治阶层话语与战后历史学的影响下忽视海洋和海民的倾向。[⑤] 他指出，海民不仅沟通了日本各个地域的交通，还在日本与朝鲜半岛等地的交流中发挥了重要作用。[⑥] 可以看到，同样是研究日本与东亚诸国的关系，村井和网野已经不再像西嶋那样只关注国家层面的文物制度交流，而是将“境界人”或海民等民众作为联结日本内外的历史主体，展开不同旨趣的研究。自村井等研究者以来，越来越多的学者投入这一方向，用“不知姓名与身份的多数人”代替“遣唐使”和“张保皋”们，从边缘反观中心，最终揭示有别于“东亚世界论”的东亚各地域交流与关联的历史。[⑦]

回顾“去中心化”的趋势，如果说反思前近代“国家”及其边境地域的方式体现了历史学家情境化理解过去的努力，那么消解中国中心

---

① 李成市：《从韩国出土木简看东亚世界论——以〈论语〉木简为中心》，葛继勇译，《郑州大学学报》（哲学社会科学版）2016年第6期，第105~109页。另参见李成市『東アジア文化圏の形成』、山川出版社、2000、49-81頁。

② 〔日〕关尾史郎：《古代东亚世界的构造——日本的研究动向及若干问题的提出》，第6页。

③ 〔日〕村井章介：《中世日本的内与外》，康昊译，社会科学文献出版社，2021，第11页。

④ 村井章介「〈地域〉と国家の視点」、『新しい歴史学のために』第230・231号、1998、2-10頁。

⑤ 網野善彦『日本社会再考—海民と列島文化—』、小学館、1994、30-42頁。

⑥ 網野善彦『日本社会再考—海民と列島文化—』、88-97頁。

⑦ 鄭淳一『九世紀の来航新羅人と日本列島』、勉誠出版、2015、2頁。

性的方式有时难免在学术与权力的张力中过度将学者的现实政治主张投射到过去。比如，20世纪末以来，日本学界就诞生了不但反对东亚世界是以中国为中心的，更直接否认日本曾是“东亚文明圈”之成员的观点。[①] 正如王柯所说，这些观点与战时日本学者极力批判“中华思想”蔑视周边民族的一面，以制造“暴支膺惩”合理性的做法别无二致，都是借古喻今的产物。[②] 因此，唯有通过现实问题媒介与西嶋展开对话，而非在权力裹挟下一味生产现实投射式的政治话语，才有可能诞生真正有生命力的对“东亚世界论”的“去中心化”批判。

结语：“东亚世界论”的遗留问题

到了20世纪末，日本历史学界的旨趣已与西嶋活跃的20世纪50~70年代大不一样。1997年，西嶋在翻阅了新版“岩波讲座・世界历史”系列图书的内容后喟叹道：

> 如果在此所追求的世界史像是取代过去追求体系化的世界史像，以反体系性乃至无体系性为意图的产物，其作为冷战终结后现代世界之混沌的表现或许也是有意义的吧。因为历史只能从现在出发来书写，也因为混沌（カオス）是众神的家。[③]

可见，20世纪后期以来，围绕“东亚世界论”的“去稳定化”与“去中心化”的论争谱系并非孤例，而是反映了体系性“历史理论”的衰落和历史学范式的转变。在此背景下，“东亚世界论”虽仍不失为理解东亚历史的合适框架，但其形式以及构建新世界史像的功能已然边缘化。可是，这并不代表“东亚世界论”所希望解决的问题已经不复存

① 参见古田博司『日本文明圏の覚醒』、筑摩書房、2010。

② 王柯：《亦师亦友亦敌：民族主义与近代中日关系》，香港中文大学出版社，2019，第492~493页。

③ 西嶋定生「世界史像について」、259-264頁。

在。应当说，“东亚世界论”所体现的历史认识至少仍潜藏着两个方面的危险。首先是“一国史观”和日本中心论的问题。尽管许多论者认为“东亚世界论”是突破战前日本“一国史”研究的一种努力，但如同村井章介所批判的那样，西嶋的理论是另一个意义上的“一国史观”，即以国家、民族、国境为先验前提，再把这种非历史性的事物投射到过去。事实上，在西嶋的著作中，的确不乏“我国的文化”“日本固有的文化”“日本独自的创造物”等表述。[①] 因此，如果不加批判地接受“东亚世界论”中这种非历史性的言说，势必在这一新世界史像中埋没其他地区的特殊性，甚至滑向日本中心主义。其次是欧洲中心主义的问题。正如羽田正所说，在西嶋等人的努力下，日本世界史的主流结构从战前东洋、西洋、日本三分转变为战后的复数文化圈论，但这又在当下日本的世界史教育中孕育了两种“不言自明的前提”：世界由相异的、拥有各自独特历史的复数的地域构成；在各地域中，欧洲被默认处于优位，是数百年以来世界历史发展的绝对动力。[②] “东亚世界论”所代表的新世界史像并未一劳永逸地解决问题，仍潜藏凸显自他分离和滑入欧洲中心主义的风险。

因此，如果我们不是在真诚反思“东亚世界论”的问题意识和理论价值的基础上对其加以辩证否定，则“以反体系性乃至无体系性为意图”的历史知识生产就仅仅像布尔迪厄讥诮的那样——“年轻人和后来者要搞异端革命，无论这种革命是真是假”。[③] 重新认识西嶋“东亚世界论”的问题意识，并克服其在世界史中认识日本的过程中所遗留的日本中心主义和欧洲中心主义风险，当下的中国历史学界就能合理借鉴这一理论，进而“从史学理论重回历史理论，着力构建基于本土经验的中国史观”。[④] 正如西嶋在中日建交前夕写给日本国民的呼吁那

① 李成市『東アジア文化圏の形成』、84頁。

② 羽田正『新しい世界史へ—地球市民のための構想—』、岩波書店、2011。

③ 〔法〕皮埃尔·布尔迪厄、罗杰·夏蒂埃：《社会学家与历史学家：布尔迪厄与夏蒂埃对话录》，马胜利译，北京大学出版社，2011，第64~65页。

④ 王学典：《中国历史学的再出发——改革开放40年历史学的回顾与展望》，《中国高校社会科学》2019年第1期，第26~27页。

样，“世界史不是人类近代历史的积累，而是世界本身更新的历史，以及人们如何参与其中的历史，这就是为什么目前的课题是创造新的世界”。[1] 西嶋并不避讳历史学家被自身的时代所限制，相反，他希望历史学家能将当下的现实置入新的世界史像来定位，构建面向未来生活的人们的新世界观。

（审校：陈　祥）

① 西嶋定生「世界史における中国　上」、『朝日新聞（夕刊）』（東京）1971年10月27日、第7版。

• 文学篇 •

谫论古代日本对唐赋的接受*

——以《和汉朗咏集》《新撰朗咏集》所收唐人赋句为中心

冯　芒**

内容提要：《和汉朗咏集》《新撰朗咏集》是成书于日本平安中后期的两部词华选粹集，摘录了颇多唐人赋句。与平安文学深受白居易影响的一般认知不同，《和汉朗咏集》未摘白氏赋句，《新撰朗咏集》仅摘白赋一句，体现出以藤原公任为代表的宫廷贵族的辞赋观是弃“丽则”而取“丽淫”。与平安中前期日人仿唐赋而作赋不同，两部“朗咏集”体现出宫廷贵族碎片化接受唐赋的特点，他们以“摘句”的方式来解构，又以“朗咏”的方式来重构。通过对唐赋的“去经义化”、“去作者化”与“去作品化”，完成了将异国文学纳入本国文艺的过程。

关 键 词：《和汉朗咏集》　《新撰朗咏集》　唐赋　文学接受　白居易

德国文艺理论家、美学家姚斯（H. R. Jauss）有言：“如果理解文学作品的历史连续性时像文学史的连贯性一样找到一种新的解决方法，那么过去在这个封闭的生产和再现的圆圈中运动的文学研究的方

* 本文为国家社会科学基金后期资助项目“唐代律赋在日本的传播与影响研究”（编号：21FZWB096）阶段性成果。

** 冯芒，文学博士，鲁东大学外国语学院副教授，主要研究方向为日本古典文学、中日比较文学。

法论就必须向接受美学和影响美学开放。"[①] 不唯文学作品的"历史连续性"，在理解其跨语言、跨文化的传播与影响时，同样需要更新研究方法并扩大研究视野。这一"走向读者"的理论观点自20世纪60年代开始影响学界，在比较文学研究中，人们对"接受研究"的重视已不亚于传统的"影响研究"。例如，美国比较文学学者乌尔利希·韦斯坦因（Ulrich Weisstein）提出："'影响'（influence）应该用来指已经完成的文学作品之间的关系，而'接受'（reception）则可以指明更宽泛的研究范围，也就是说，它可以指明这些作品和其所处环境、氛围、作者、读者、评论者、出版者及其周围情况的种种关系。因此，文学'接受'的研究指向了文学的社会学和文学的心理学范畴。"[②] 然而具体到一些研究对象，其现状未必是"接受"与"影响"并重。

"赋"是中国古典文学中极具代表性的一种文体，常常与"诗"并举，在深受汉文化影响的朝鲜半岛、日本和越南等国家和地区也并不陌生。就日本而言，天长四年（827）成书的《经国集》中可见藤原宇合（694~737）《枣赋》、石上宅嗣（729~781）《小山赋》及贺阳丰年（751~815）《和石上卿小山赋》，这表明早在奈良时代日本人就已开始辞赋写作，为日本汉文学注入了一股新鲜的血液。由于日本处于以中国为核心的汉字文化圈，所以人们自然推想到这是中国辞赋影响古代日本的结果。松浦友久撰有《上代日本汉文学中的辞赋系列——以〈经国集〉〈本朝文粹〉为中心》一文，该文是辞赋领域中极具代表性的影响研究。他考察日本中世以前的赋作后指出，收录于《经国集》中的早期日本辞赋受到中国六朝及初唐骈赋的影响（如钟会《菊花赋》、张华《鷦鷯赋》、夏侯湛《秋可哀赋》、唐太宗《小山赋》等），而9世纪中叶至平安末期的辞赋作品

① 〔德〕H.R.姚斯、〔美〕R.C.霍拉勃：《接受美学与接受理论》，周宁、金元浦译，辽宁人民出版社，1987，第24页。

② 〔美〕乌尔利希·韦斯坦因：《比较文学与文学理论》，刘象愚译，辽宁人民出版社，1987，第47页。

受到以白居易为代表的唐人律赋的影响。[①] 笔者通过考察纪长谷雄《柳化为松赋》与大江朝纲《男女婚姻赋》指出，平安时代的辞赋作品还受到白居易的胞弟白行简所作辞赋的影响。[②] 唐人辞赋对古代日本有所影响已毋庸置疑，但影响研究与接受研究的侧重点不同，既有的影响研究不足以揭示问题的全貌。

依笔者管见，目前学界就古代日本对唐赋的接受鲜有讨论，这不仅妨碍我们对“接受者”的认识，也会使我们失去一只观察唐赋的“他者之眼”。因此，本文聚焦平安中后期的两部文学作品，通过其中摘录的唐人赋句来管窥古代日本对唐赋的接受状况，以补过往研究之不足。

一　《和汉朗咏集》《新撰朗咏集》所见唐赋

《和汉朗咏集》是平安中期文人藤原公任（966~1041）编纂的一部诗文选粹集，成书时间未确，早至长和元年（1012）前后，晚不迟于宽仁年间（1017~1021）。该集采取与类书相似的编纂体例，分列春、夏、秋、冬和杂五部，每部之内又细分为多项，每项之下依次胪列中国汉诗文中的“长句”（多为一联“隔句对”）、诗句，日本汉诗文中的“长句”、诗句以及和歌。与全录和歌不同，汉诗文均是摘句辑录。尽管摘录的形式已见于大江维时（888~963）的《千载佳句》（唐诗佳句选），但《和汉朗咏集》和汉兼录，且不局限于诗句，而是并摘“长句”，别具特色。这一编纂体例又为平安后期的藤原基俊（1060~1142）所继承，保安三年至长承二年（1122~1133）编成

① 参见松浦友久「上代日本漢文学における賦の系列—『経国集』『本朝文粋』を中心に—」、『国語と国文学』1963年10月号；松浦友久『日本上代漢詩文論考』、研文出版、2004。

② 参阅冯芒《再考白行简的赋与大江朝纲的〈男女婚姻赋〉——兼谈“律赋”与“性”》，载张伯伟编《域外汉籍研究集刊》第17辑，中华书局，2018；冯芒《纪长谷雄〈柳化为松赋〉与唐代律赋关系考论》，载张伯伟编《域外汉籍研究集刊》第18辑，中华书局，2019。

《新撰朗咏集》。

这两部“朗咏集”对唐代辞赋研究而言，兼具文献学与比较文学的双重意义。一者，二集从唐赋中摘录了不少赋句，大都源于中国已经散佚的辞赋作品，弥足珍贵[①]；二者，二集同时又是我们管窥古代日本接受唐赋的重要文本，可辨古代日本人对唐赋的认识。二集共摘唐人赋句 32 处，其中《和汉朗咏集》共摘 25 处，《新撰朗咏集》共摘 7 处。[②] 作品见摘于二集的唐代赋家共有 8 人，略述如下。

白居易（772~846），字乐天，中唐著名诗人，亦以赋知名。元稹《白氏长庆集序》云：“乐天一举擢上第。明年，拔萃甲科。由是《性习相近远》《求玄珠》《斩白蛇》等赋，及百道判，新进士竞相传于京师矣。”[③] 白居易本人亦称：“日者又闻亲友间说，礼、吏部举选人，多以仆私试赋判传为准的。”[④] 赵璘《因话录》又云：“李相国程，王仆射起，白少傅居易兄弟，张舍人仲素，为场中词赋之最，言程式者，宗此五人。”[⑤] 后世推崇其赋的评论还有很多，不具述。今存辞赋 16 篇，《白氏文集》收《动静交相养赋》《泛渭赋》等 13 篇，《文苑英华》补收《叔孙通定朝仪赋》《洛川晴望赋》《荷珠赋》3 篇。

皇甫湜（约 777~835），字持正，中唐著名文学家，因与韩愈亦师亦友的关系而为人熟知。今人多把皇甫湜看作古文运动的名家，对其辞赋认识不够。事实上，皇甫湜在《答李生第二书》中驳斥李生说：“生以一诗一赋为非文章，抑不知一之少便非文章耶，直诗赋不是文章

① 国内最具代表性的辑佚当属陈尚君的《全唐文补编》（中华书局，2005），蒙显鹏《〈和汉朗咏集〉〈新撰朗咏集〉及注释所见诗文辑佚》（《中国典籍与文化》2019 年第 3 期）后又增补数条。

② 具体摘取如下：公乘亿《立春日内园使进花赋》《八月十五夜赋》《连昌宫赋》《送友人赋》《愁赋》共摘 10 处，谢观《晓赋》《白赋》《清赋》共摘 10 处，张读《闲赋》《愁赋》共摘 5 处，贾嵩《凤为王赋》《晓赋》共摘 3 处，左牢《密雨散如丝赋》摘 1 处，皇甫湜《鹤处鸡群赋》摘 1 处，浩虚舟《贫女赋》摘 1 处，白居易《汉高帝斩白蛇赋》摘 1 处。

③ 元稹：《元稹集》卷五一，中华书局，2010，第 641 页。

④ 白居易：《与元九书》，《白居易文集校注》，谢思炜校注，中华书局，2011，第 325 页。

⑤ 赵璘：《因话录》卷三，上海古籍出版社，1979，第 82 页。

耶？……既为甲赋矣，不得称不作声病文也。”[①] 可见其并不排斥科场诗赋。《新唐书·艺文志》《通志·艺文略》著录《皇甫湜集》3卷，《宋史·艺文志》则著录《皇甫湜集》8卷，《崇文总目》著录《皇甫湜文集》1卷。今存《皇甫持正集》卷一收《东还赋》《伤独孤赋》《醉赋》3篇，《文苑英华》补收《鹤处鸡群赋》、《履薄冰赋》（八韵律赋）、《山鸡舞镜赋》（八韵律赋）3篇。

谢观（793~865），字梦锡，晚唐赋家，两《唐书》无传，幸有自撰墓志存世。中云：“生世七岁，好学就傅，能文。及长，著述凡卌卷，尤工律赋，似得楷模，前辈作者，往往见许。开成二年，举进士，中第。”[②] 可知其以律赋见长。《新唐书·艺文志》著录《谢观赋》8卷，《宋史·艺文志》亦著录《谢观赋集》8卷，《崇文总目》则注明已阙，今佚，但其不少赋作见收于总集。《文苑英华》收其《初雷起蛰赋》《大演虚其一赋》等20篇，《全唐文》卷七五八增收《禹拜昌言赋》《朝呼韩邪赋》《琴瑟合奏赋》3篇，大都为律赋，证其墓志所言不虚。

浩虚舟，生卒年不详，长庆二年（822）进士，又中宏词科，是当时名重一时的律赋名手。晚唐的赋格著作《赋谱》频频征引浩虚舟的赋句，可见其作品在指导后学写作时具有典范意义。李匡乂《资暇集》卷上云：“近代浩虚舟作《苏武不拜单于赋》，尔来童稚时便熟，讽咏至于垂白，莫悟赋题之误。”[③] 虽言赋题之误，却说明浩虚舟《苏武不拜单于赋》播在人口的事实。《新唐书·艺文志》《宋史·艺文志》《崇文总目》都著录了浩虚舟《赋门》1卷，这是指导律赋写作的格法著作，今佚。《文苑英华》收其《解议围赋》《王者父事天兄事日赋》等8篇，均是八韵律赋。

贾嵩，字阆仙，生卒年不详，会昌年间（二年或四年）进士。从与其交游的诗人评价来看，贾嵩工于律赋。例如，赵嘏《成名年献座主仆射兼呈同年》云：“贾嵩词赋相如手，杨乘歌篇李白身”（《全唐诗》卷五四九）；郑谷《寄前水部贾员外嵩》云：“相如词赋外，骚雅

---

① 《全唐文》卷六八五，中华书局，1983，第7022页。

② 周绍良主编《唐代墓志汇编》，上海古籍出版社，1992，第2428页。

③ 李匡乂：《资暇集》，中华书局，1985，第1页。

趣何长”（《全唐诗》卷六七四）；郑谷《弔水部贾员外嵩》又云：“八韵与五字，俱为时所先”（《全唐诗》卷六七五）。可见时人常将其比拟为司马相如，认为他的“八韵”律赋与“五字”试帖诗尤为优长。《新唐书·艺文志》著录《贾嵩赋》3卷，《宋史·艺文志》著录《贾嵩赋集》3卷，《崇文总目》则注明《贾嵩赋》2卷已阙，今佚。《文苑英华》卷五收其《夏日可畏赋》，为八韵律赋。

左牢，字惪胶，生卒年不详，会昌三年（843）进士。关于左牢的文献记载甚少，史志也未著录其作品。据《唐摭言》卷三，知其于王起榜下及第。王起是中唐律赋名家，能于其主试下及第，想必左牢是善于律赋写作的。《文苑英华》卷一四一收其《蝉蜕赋》，为八韵律赋。

张读（833~889），字圣朋，大中六年（852）进士，因著有《宣室志》而多被人目为传奇小说家，但出土墓志表明他好作律赋，且为时人推崇。徐彦若《唐故通议大夫尚书左丞上柱国赐紫金鱼袋赠兵部尚书常山张公墓志铭并序》云：“七岁为文，偏好八韵赋。（句绝）最高者天才，不仿效摸写，下笔皆心胸中奇绝语，赋成，旋为人取去。与苗台符齐名，时人号为张苗。”[①]《唐摭言》亦云：“张读亦幼擅词赋，年十八及第。”[②] 虽然史志未著录其辞赋，但墓志明言：“制诰诗赋杂著凡五十卷，行于世。”[③] 可见有文集流传，今佚。

公乘亿，字寿山（又作“寿仙”），生卒年不详，咸通十二年（871）进士。由《唐摭言》《文苑英华》《新唐书》《唐诗纪事》等文献记载可知其工诗善赋，尤以辞赋著名。周祖譔、吴在庆校笺《唐才子传》“公乘亿”条甚详，可参。[④]《新唐书·艺文志》著录公乘亿《赋集》12卷，同见录于《宋史·艺文志》《通志·艺文略》，今佚。《文苑英华》卷六六收其《复河湟赋》之残篇。

从今人的认知而言，这8人中既有白居易这样无人不知的大诗人，

---

① 陈尚君：《〈宣室志〉作者张读墓志考释》，《岭南学报》2017年第1辑，第76页。
② 王定保：《唐摭言》卷三，中华书局，1959，第43页。
③ 陈尚君：《〈宣室志〉作者张读墓志考释》，《岭南学报》2017年第7辑，第77页。
④ 傅璇琮主编《唐才子传校笺》（第4册），中华书局，1990，第30~34页。

也有左牢等不治唐代文学则不曾耳闻之人。不过所谓“知名度”不仅古今未必相同，中外亦可能有差。就如中日两国学界所熟知的那样，平安时代的日本人最为熟悉的唐代文人既不是李白，也不是杜甫，而非白居易莫属。就《和汉朗咏集》《新撰朗咏集》摘录唐人赋句的频次来看，这 8 人似乎有着云泥之别，只是白居易并非我们推想的“云”，而是令人瞠目的“泥”。这是他们在平安时代的知名度不同所致，还是另有原因，需要我们仔细做一番追究。

二 丽则与丽淫：无“白”的问题

梳理完二“朗咏集”所收唐赋后，最先让人感到困惑的就是白居易。二集仅摘白居易辞赋中的一句，与摘句较多的谢观和公乘亿相比可谓天壤之别，尤其是作为朗咏文本之肇始的《和汉朗咏集》竟然一句未摘。有没有可能是白居易不善辞赋、没有名声，或者其辞赋没有舶来之故呢？事实上，如前所述，白居易是辞赋写作的行家里手，完全不输谢观和公乘亿，而且传入日本后风靡平安一朝的《白氏文集》收录了 13 篇辞赋。不管从哪一方面考虑，都不应该出现《和汉朗咏集》摘唐人赋句 25 处却不摘白氏一句的情况。更何况，《和汉朗咏集》摘中国诗句 195 处，其中白居易之诗多达 135 处①，占比约七成，显然说明藤原公任在编选时不仅注意到白居易，而且极力推崇白居易。《和汉朗咏集》多摘白诗，却不摘白赋，恐怕不能用偶然来解释。

（一）白居易之赋作

虽然前面指出白居易现存赋作 16 篇，但需要斟酌哪些作品传入当时的日本，在藤原公任所处的时期，目前确定无疑的只有收入《白氏文集》的 13 篇，而见于《文苑英华》的 3 篇尚无文献证据支撑。因此下面的讨论将围绕《白氏文集》的 13 篇展开，具体见表 1。

---

① 『和漢朗詠集』解説、新潮社、1983、310 頁。

表 1 《白氏文集》所收辞赋一览

赋题	题下注	类型
动静交相养赋	并序	论说
泛渭赋	并序	抒情
伤远行赋		抒情
宣州试射中正鹄赋	以“诸侯立戒，众士知训”为韵，任不依次用。限三百五十字已上成之	论说
省试性习相近远赋	以“君子之所慎焉”为韵，依次用。限三百五十字已上成。中书高郢侍郎下试，贞元十六年二月十四日及第	论说
求玄珠赋	以“玄非智求，珠以真得”，依次为韵	论说
汉高帝斩白蛇赋	以“汉高皇帝，亲斩长蛇”，依次为韵	咏史
大巧若拙赋	以“随物成器，巧在乎中”为韵，依次用	论说
鸡距笔赋	以“中山兔毫，作之尤妙”为韵，任不依次用	咏物
黑龙饮渭赋	以“出为汉祥，下饮渭水”为韵	写景
敢谏鼓赋	以“圣人来谏诤之道”为韵	咏物
君子不器赋	以“用之则行，无施不可”为韵	论说
赋赋	以“赋者古诗之流也”为韵	论说

注：赋题及题下注据日本金泽文库本《白氏文集》卷二一，参见大東急記念文庫『金沢文庫本白氏文集　四』、勉誠社、1984。

如表 1 “题下注” 所示，这 13 篇辞赋除了《动静交相养赋》《泛渭赋》《伤远行赋》之外，均有 “以……为韵” 的押韵限制，这正是唐代新兴赋体律赋的显著标志。唐廷将律赋纳入科举考试极大地刺激了士人写作律赋的热情，在白居易所处的中唐时期，律赋早已成为唐人制赋的主流，《白氏文集》所收 13 篇辞赋中律赋居 10 篇就是明证。前文元稹、赵璘等人评价的白居易之赋正是这一类律赋，即白氏是以律赋为时人所推崇的。从中晚唐人制赋多为律赋这一点来说，白居易虽可看作其中一个代表，却并无特殊之处。赋体当非藤原公任不摘白赋的原因。

再看表中的 “类型” 可以发现，白居易作赋偏好 “论说”，造成此现象的原因有二。一是赋题及官韵的规制。白氏作品中，题目及官韵典出《礼记》《论语》《老子》《庄子》《史记》的达半数，尤其是律赋，即便不出自经史，也能在《淮南子》《三秦记》等典籍中找到依据，没有无根之游谈。这与唐人科举课赋的命题限定直接相关，但除去《宣州试射中正鹄赋》（贞元十五年州试作品）和《省试性习相近远赋》（贞元十六年省试作品）也不能改变上述倾向，可知白居易自身便喜好在经史典籍中寻章制赋。二是白氏在辞赋写作上长于义理论述。无论是谋篇布局还是遣词用句，均能体现出白居易思维缜密、善发议论的特点。为便于与后文“朗咏集”所摘唐人赋句进行对照，这里不扩展为篇章、段落和语句来详细论述，只借清人李调元的评语来管窥白氏的赋句。

> 唐白居易《射中正鹄赋》云：“正其色，温如洒如；游于艺，匪疾匪徐。妙能曲尽，勇可贯余。”此数语，乃自道其行文之乐也。《敢谏鼓赋》云：“洋洋盈耳，幽赞逆耳之言；坎坎动心，明启沃心之谏。”取材经籍，撰句绝工，所谓不烦绳削而自合者。①

“游于艺”典出《论语·述而》“志于道，据于德，依于仁，游于艺”。“匪疾匪徐”典出《庄子·天道》“不徐不疾，得之于手而应于心”。“逆耳之言”典出《史记·留侯世家》“忠言逆耳利于行，毒药苦口利于病”。“沃心之谏”典出《尚书·说命上》“启乃心，沃朕心”。白居易在赋句中熔铸经典于短短数语，却不着痕迹，使隔句对不只是对偶工整、音律和谐，且赋予其庄重典雅、义理富赡的特色，体现出他良好的经史修养和扎实的文字功底。又如：

> 唐白居易《动静交相养赋》云：“所以动之为用，在气为春，在鸟为飞，在舟为楫，在弩为机。不有动也，静将畴依？所以静之为用，在虫为蛰，在水为止，在门为键，在轮为柅。不有静也，动奚资始？”超超玄箸，中多见道之言，不当徒以慧业文人相目。且通篇局阵整齐，两两相比，此调自乐天创为之，后来制义分股之法，实滥觞于此种。②

① 李调元：《赋话》卷一，王冠辑《赋话广聚》第3册，北京图书馆出版社，2006，第22页。

② 李调元：《赋话》卷二，第44~45页。

白氏将比喻、排比、反问多种技法杂糅，使其论说透彻深入、气势恢宏，更被李调元目为后世八股文之滥觞。当古代日人读到特点如此鲜明的白赋时会做何感想？我们很难想象他们在翻阅《白氏文集》时会对此视而不见，那么藤原公任不摘白赋恐怕就只有三种情况方可解释。一是公任不曾翻阅过《白氏文集》，二是公任不具备读赋的能力，三是白赋不合公任的胃口。藤原公任是其时的知名学者，兼通汉诗、和歌与音乐，若无深厚的学殖断然无法编纂出《和汉朗咏集》，故前两种可能性都微乎其微，我们还是要回到白赋的特点上来思考。

上述白居易依附典籍、化用经义、长于议论的特点并非中晚唐人作赋的共通之处，而是其自己的辞赋主张映射在创作实践的结果。

（二）白居易之赋论

有关辞赋的论争古已有之，演至唐代常聚焦于“以赋取士”的问题，中唐尤甚。在白居易之前就已有这样的论调。例如，“进士者，时共贵之，主司褒贬，实在诗赋，务求巧丽，以此为贤。不惟无益于用，实亦妨其正习；不惟挠其淳和，实又长其佻薄”。[①] 又如，“考文者以声病为是非，而惟择浮艳”。[②] 再如，“近之作者，先文后理，词冶不雅，既不关于讽刺，又不足以见情”。[③] 白居易登上文坛之后仍不乏这样的声音。例如，“近者祖习绮靡，过于雕虫，俗谓之甲赋、律诗，俪偶对属”。[④] 又如，前引皇甫湜《答李生第二书》中，李生以为“一诗一赋”不是“文章”，把科场之赋称作“声病文”。再如，舒元舆云：“及睹今之甲赋、律诗，皆是偷折经诰，侮圣人之言者，乃知非圣人之徒也。……试甲赋、律诗，是待之以雕虫微艺，非所以观人文化成之道也”。[⑤]

面对以上的种种痛斥，白居易旗帜鲜明地亮出了自己的观点，集中体现在其所作的《赋赋》之中。限韵与首句“赋者古诗之流也”，借班

---

① 赵匡：《选举议》，《全唐文》卷三五五，第 3602 页。

② 贾至：《议杨绾条奏贡举疏》，《全唐文》卷三六八，第 3735 页。

③ 刘秩：《选举论》，《全唐文》卷三七二，第 3785~3786 页。

④ 权德舆：《答柳福州书》，《全唐文》卷四八九，第 4994 页。

⑤ 舒元舆：《上论贡士书》，《全唐文》卷七二七，第 7487~7488 页。

固《两都赋序》直追赋的诗教源头，认为赋“变本于典坟”“增华于风雅”。接着正面提出国家课赋是“恐文道浸衰，颂声凌迟”，科场之赋“四始尽在，六义无遗”，将《毛诗序》的“四始”“六义”囊括其中。然后顺势展开铺排：“义类错综，词采舒布。文谐宫律，言中章句。华而不艳，美而有度。雅音浏亮，必先体物以成章；逸思飘飖，不独登高而能赋。”对前人与时人口中的“巧丽”“佻薄”“浮艳”“词冶不雅”“绮靡”“雕虫”等非难进行了反驳，认为皇唐律赋不亚于班固《两京赋》、左思《三都赋》，有过于扬雄《长杨赋》《羽猎赋》、何晏《景福殿赋》、王延寿《鲁灵光殿赋》。他进一步指出，“立意为先，能文为主”，这样的赋可以“凌轹风骚，超轶今古”，作为“雅之列，颂之俦”，还有“润色鸿业”“发挥皇猷”的功用。

若将唐人分为“倒赋派”与“挺赋派”，白居易就是典型的“挺赋派”，而对于“倒赋派”诟病的辞赋缺陷，汉人早就有所认识。最有代表性的反思就来自西汉末的著名赋家扬雄。

> 或问：“景差、唐勒、宋玉、枚乘之赋也，益乎？”曰：“必也淫。”“淫，则奈何？”曰：“诗人之赋丽以则，辞人之赋丽以淫。如孔氏之门用赋也，则贾谊升堂，相如入室矣。如其不用何？”[①]

扬雄由此提出中国赋学批评上的两则标准——“丽则”与“丽淫”。只要摒弃“奢侈相胜，靡丽相越”的缺陷，复归诗教传统，“陈威仪，布法则”，就是符合儒家理念的辞赋。白居易在《赋赋》中对律赋的阐释和对国家“以赋取士”的讴歌正表明其雅正的“丽则”观，他在制赋实践中也是身体力行。白氏赋作体现出浓厚的尊经重义色彩，做到以诗赋来会通经义，巧妙地调和了“经义取士”与“诗赋取士”的矛盾，让“倒赋派”难以攻讦。那么秉持“丽则”的白居易的辞赋观会得到古代日本人的接受与认同吗？

---

① 汪荣宝：《法言义疏》上册，中华书局，1987，第 49~50 页。

（三）从"朗咏集"的摘句特色来看编者趣味

遗憾的是，现存日本文献中品评白居易辞赋的记载凤毛麟角，收录平安末期著名汉学家大江匡房（1041～1111）晚年言论的《江谈抄》中有一条评语："居易之弟也。赋，行简胜。"[①] 匡房认为白居易胞弟白行简之赋胜过其兄，只是这一评价依据什么标准却没有明确记载。但存世文献不足并不妨碍我们从其他角度来继续探讨这一问题，至少可以利用"朗咏集"所摘的唐人赋句（见表 2）来与白居易之赋做一对照，由此管窥其编者的喜好。

表 2　"朗咏集"所摘唐人赋句

赋家	赋篇	赋句	出处
公乘亿	《立春日内园使进花赋》	逐吹潜开，不待芳菲之候； 迎春乍变，将希雨露之恩	《和汉朗咏集》卷上"立春"
	《八月十五夜赋》	秦甸之一千余里，凛凛冰铺； 汉家之三十六宫，澄澄粉饰	《和汉朗咏集》卷上"十五夜"
		织锦机中，已辨相思之字； 捣衣砧上，俄添怨别之声	
		乍临团扇，悲莫悲兮班婕妤； 稍过长门，愁莫愁于陈皇后	《新撰朗咏集》卷下"恋"
	《连昌宫赋》	一声凤管，秋惊秦岭之云； 数拍霓裳，晓送缑山之月	《和汉朗咏集》卷下"管弦"
		阴森古柳疏槐，春无春色； 获落危牖坏宇，秋有秋风	《和汉朗咏集》卷下"故宫"
	《送友人赋》	新丰酒色，清冷鹦鹉杯中； 长乐歌声，幽咽凤凰管里	《和汉朗咏集》卷下"酒"
	《愁赋》	巴猿一叫，停舟于明月峡之边； 胡马忽嘶，失路于黄沙碛之里	《和汉朗咏集》卷下"山水"
		石家之门客长辞，水流金谷； 魏帝之宫人已散，草满铜台	《新撰朗咏集》卷下"故宫"
		将军守塞，北流戎羯之乡； 壮士辞燕，西入虎狼之国	《新撰朗咏集》卷下"将军"

① 『新日本古典文学大系 32　江談抄　巻五』、岩波書店、1997、526-527 頁。

续表

赋家	赋篇	赋句	出处
贾嵩	《凤为王赋》	鸡既鸣，忠臣待旦； 莺未出，遗贤在谷	《和汉朗咏集》卷上"莺"
贾嵩	《凤为王赋》	嫌少人而踏高位，鹤有乘轩； 恶利口之覆邦家，雀能穿屋	《和汉朗咏集》卷下"鹤"
贾嵩	《晓赋》	佳人尽饰于晨妆，魏宫钟动； 游子犹行于残月，函谷鸡鸣	《和汉朗咏集》卷下"晓"
谢观	《晓赋》	谁家碧树，莺鸣而罗幕犹垂； 几处华堂，梦觉而珠帘未卷*	《和汉朗咏集》卷上"莺"
谢观	《晓赋》	几行南去之雁， 一片西倾之月。 赴征路独行之子，旅店犹扃； 泣孤城百战之师，胡笳未歇	《和汉朗咏集》卷下"晓"
谢观	《晓赋》	严妆金屋之中，青蛾正画； 罢宴琼筵之上，红烛空余	《和汉朗咏集》卷下"晓"
谢观	《晓赋》	边城之牧马连嘶，平沙眇眇； 行路之征帆尽去，远岸苍苍	《和汉朗咏集》卷下"水"
谢观	《晓赋》	愁思妇于深窗，轻纱渐白； 眠幽人于古屋，暗隙才明	《新撰朗咏集》卷下"晓"
谢观	《晓赋》	华亭风里，依依之鹤唳犹闻； 巴峡雨中，悄悄而猿啼已息	《新撰朗咏集》卷下"鹤"
谢观	《白赋》	晓入梁王之苑，雪满群山； 夜登庾公之楼，月明千里	《和汉朗咏集》卷上"雪"
谢观	《白赋》	秦皇惊叹，燕丹之去日乌头； 汉帝伤嗟，苏武之来时鹤发	《和汉朗咏集》卷下"白"
谢观	《白赋》	寸阴景里，将窥过隙之驹； 广陌尘中，欲认度关之马	《新撰朗咏集》卷下"白"
谢观	《清赋》	瑶台霜满，一声之玄鹤唳天； 巴峡秋深，五夜之哀猿叫月	《和汉朗咏集》卷下"猿"
左牢	《密雨散如丝赋》	或垂花下，潜增墨子之悲； 时舞鬓间，暗动潘郎之思	《和汉朗咏集》卷上"雨"

续表

赋家	赋篇	赋句	出处
张读	《闲赋》	花明上苑，轻轩驰九陌之尘；猿叫空山，斜月莹千岩之路	《和汉朗咏集》卷上“花”
		苍茫雾雨之霁初，寒汀鹭立；重叠烟岚之断处，晚寺僧归	《和汉朗咏集》卷下“僧”
		宫车一去，楼台之十二长空；隙驷难追，绮罗之三千暗老	《和汉朗咏集》卷下“闲居”
	《愁赋》	三秋而宫漏正长，空阶雨滴；万里而乡园何在，落叶窗深	《和汉朗咏集》卷上“落叶”
		竹斑湘浦，云凝鼓瑟之踪；凤去秦台，月老吹箫之地	《和汉朗咏集》卷下“云”
皇甫湜	《鹤处鸡群赋》	同李陵之入胡，但见异类；似屈原之在楚，众人皆醉	《和汉朗咏集》卷下“鹤”
浩虚舟	《贫女赋》	幽思不穷，深巷无人之处；愁肠欲断，闲窗有月之时	《和汉朗咏集》卷下“闲居”
白居易	《汉高帝斩白蛇赋》	人在威而不在众，我王也万夫之防；器在利而不在大，斯剑也三尺之长	《新撰朗咏集》卷下“帝王”

注：＊佐藤校本据其架藏三河风来寺旧藏历应二年本校作张读《晓赋》之赋句，陆颖瑶指出此句当是谢观《晓赋》的摘句，参见陸穎瑤「『和漢朗詠集』『新撰朗詠集』所収『暁賦』佚句考—東アジアに流伝した晚唐律賦—」、『日本中国学会報』2021年10月号。

资料来源：『和歌文学大系第47卷　和漢朗詠集・新撰朗詠集』、明治書院、2011。

从题目来看，出现了14个赋题，其中11个毫无典据，不乏“愁”“晓”“白”“清”“闲”这样的一字题，宽泛无比。再看余下的3个赋题，左牢《密雨散如丝赋》典出张协《杂诗》其三“腾云似涌烟，密雨如散丝”（《文选》卷二九），皇甫湜《鹤处鸡群赋》典出《世说新语·容止》“嵇延祖卓卓如野鹤之在鸡群”，即便白居易的《汉高帝斩白蛇赋》也是典出《史记·高祖本纪》，全无依附《尚书》《诗经》《论语》等经义之题。

从赋句来看，特色就更为突出了。大多数赋句风格接近，即绮靡华美、纤细清丽，对偶精工、用典巧妙，这在晚唐律赋中最为常见。由于赋句大都不见于中国，我们可以借清人对晚唐赋句的评点来做一参照。

> 唐王棨《凉风至赋》，其警句云："倏摇曳于红梁，潜催归燕；乍离披于碧树，渐息鸣蝉。"又"恨添壮士，朝晴而易水寒生；愁杀骚人，落日而洞庭波起。"又"虚槛清泠，颇惬开襟之子；衡门凄紧，偏惊无褐之人。"又"张翰庭前暗度，正忆鲈鱼；班姬帐下爰来，已悲纨扇。"按：晚唐律赋较前人更为巧密，王辅文、黄文江，一时之瑜、亮也。文江戛戛独造，不肯一字犹人；辅文则锦心绣口，丰韵嫣然，更有渐近自然之妙。[①]

> 唐黄滔《汉宫人诵洞箫赋》，最多丽句传在人口。如"十二琼楼，不唱鸾歌于夜月；三千玉貌，皆吟凤藻于春风。"又"如燕人人，却以词锋而厉吻；雕龙字字，爰于禁署而飞声。"又如"一千余字之珠玑，不逢汉帝；三十六宫之牙齿，讵启秦娥。"皆极清新隽永。按：文江律赋，美不胜收，此篇尤胜，句调之新异，字法之尖颖，开后人多少法门。[②]

李调元从王棨《凉风至赋》和黄滔《汉宫人诵洞箫赋》中摘评了不少警句、丽句，即便将"朗咏集"所摘的唐人赋句与这些句子混在一起，也看不出有任何异样。这些被摘出来的赋句没有一处说理论道，熔铸的不是经义，而是典故逸事，使作品的庄严雅正色彩大减甚至消失，远异于以白居易为代表的中唐律赋。有关中唐与晚唐赋的差别，宋人早已注意：

> 唐天宝十二载，始诏举人策问外，试诗、赋各一首，自此八韵律赋始盛。其后作者如陆宣公、裴晋公、吕温、李程，犹未能极

① 李调元：《赋话》卷二，第40~41页。

② 李调元：《赋话》卷四，第80~81页。

> 工。逮至晚唐薛逢、宋言及吴融，出于场屋，然后曲尽其妙。然但山川草木、雪风花月，或以古之故实为景题赋，于人情物态为无余地。若夫礼乐刑政、典章文物之体，略未备也。（王铚《四六话序》）①

可以说，若以白居易之赋为“丽则”之代表，那么晚唐赋作便是“丽淫”之代表。

由上观之，“朗咏集”的摘句倾向便一目了然。尤其是《和汉朗咏集》未摘白赋一句，突出表明藤原公任的审美世界是“丽淫”而非“丽则”，其对辞赋的喜好是“辞人之赋”而非“诗人之赋”。白居易或寓理于赋或借赋申论，其穿穴经史的能力确实高超，但与之相应的是作品的文学意义在经学的强力彰显之下相对弱化了。对藤原公任而言，白赋的政教意味过于浓厚，无法引起他的共鸣，也就是情理之中了。事实上，藤原公任摘录的白诗也有如此倾向。白居易写过大量的讽喻诗以针砭时弊、反映民间疾苦，却罕入《和汉朗咏集》，且没有高声疾呼、直言规谏的句子为公任摘取。公任选取的大都是白诗中以“雪月花”为代表的反映自然之美的诗句以及追求宁静淡泊等个人感受的诗句，这与其不取白赋的精神是一致的。

那么舍弃“丽则”的白赋而倾心于“丽淫”的晚唐诸赋是不是藤原公任的个人喜好呢？本文在下面讨论摘句问题时一并解答这个疑问。

三　解构与重构：摘句的问题

摘句，即摘录文章诗歌之句。摘句用在文学创作上会给人贬义之感，如用以嘲讽的“寻章摘句”，但在文学鉴赏上则无关褒贬，反而常常因句子精彩才为人摘录。《和汉朗咏集》《新撰朗咏集》是古代日本

---

① 浦铣：《续历代赋话》卷十三，王冠辑《赋话广聚》第4册，北京图书馆出版社，2006，第654页。

人摘句以鉴赏中国诗文的代表作品，而非资人以写作。故本文所论摘句这一行为的结果便是产生了“秀句”“佳句”“警句”等精彩赋句。此外，两部作品还有一个共同的关键词“朗咏”需要我们的关注。

（一）摘句朗咏

首先需要指出的是，摘句是中国古代极为常见的一种文学现象，并不是藤原公任的发明。学者对此早有专论①，只是论者多举诗句为例，下面补充两个赋句的例子。

> 乔彝京兆府解试，时有二试官。彝日午扣门，试官令引入，则已醺醉，视题，曰《幽兰赋》，不肯作，曰：“两个汉相对作此题。速改之。”遂改为《渥洼马赋》，曰：“校些子。”奋笔斯须而就。警句云：“四蹄曳练，翻瀚海之惊澜；一喷生风，下胡山之乱叶。”②

中唐人乔彝解试所作《渥洼马赋》收于《文苑英华》卷一三二，在对神马的描写中此联隔句对最为生动形象且充满气势，盖人们目为“警句”的原因。

> 寇豹，不知何许人，与谢观同在唐崔裔孙相公门下，以词藻相尚。谓观曰：“君《白赋》有何佳语？”对曰：“晓入梁王之苑，雪满群山；夜登庾亮之楼，月明千里。”豹唯唯。观大言曰：“仆已擅名海内，子才调多，胡不作《赤赋》？”豹未搜思，厉声曰：“田单破燕之日，火燎平原；武王伐纣之时，血流漂杵。”观大骇。③

上引谢观的隔句对已收入《和汉朗咏集》，可知其在中日两国都被

---

① 参见张伯伟《中国古代文学批评方法研究》，中华书局，2002；马歌东《日本汉诗溯源比较研究》，商务印书馆，2011。

② 张固：《幽闲鼓吹》，中华书局，2019，第65页。

③ 阮阅编《诗话总龟·前集》，人民文学出版社，1987，第438页。

目为“佳语”。其与寇豹《赤赋》之句都妙在引典故入句，且句句关“白”或“赤”。上面两则奇闻逸事表明，在中晚唐，以摘句方式来鉴赏品评唐赋的情况并不罕见，这种方式是否传入日本并影响了日本人对唐赋的接受还不能断言，有待未来进一步讨论。

相较只摘唐诗的《千载佳句》来说，并摘唐人赋句的《和汉朗咏集》不可不谓一大“进步”，但我们还是不能归功于藤原公任，因为平安中期摘取唐人赋句的情况还见诸其他文献。

第二六五段　月下的雪景

十二月二十四日，中宫举办御佛名会，听了第一夜供奉法师诵读佛名经之后，退出宫来的人，那时候已经过了半夜了吧，或是回私宅去，或是偷偷的要去什么地方，那么这种夜间行路，往往有同乘一程的事，也是很有意思的。

几日来下着的雪，今日停止了。风还是很猛的刮着，挂下了许多的冰柱，地面上处处现出黑的地方，屋顶上却是一面的雪白，就是卑贱的平民的住宅，也都表面上遮盖过去了。下弦的月光普遍的照着，非常的觉得有趣。好像是在用白银造成的屋顶上，装着水晶的瀑布似的，或长或短的特地那么挂着，真是说不出的漂亮。〔在自己的车前,〕走着一辆车子……

因为月光很是明亮，〔女人〕有点害羞，将身子往里边靠拢，却被〔男子〕拉住了，外边全都看见，很是为难的样子，看了很有意思。〔男子〕朗咏着“凛凛冰铺”这一句诗，反复的吟诵，也是很有趣的事。很想一夜里都跟着走路，但是要去的地方已经到了，很感觉遗憾。①

上文是平安时期著名女作家清少纳言（966？~1025？）《枕草子》（成书于10世纪与11世纪之交）中的一段文字，描写了她参加完宫里

① 〔日〕清少纳言：《枕草子》，周作人译，中国对外翻译出版公司，2001，第398~399页。

的佛名会后半夜乘车走在京城的景象。时值寒冬腊月，连下数日的雪终于停了，在冰雪和月光的交相映照下，平安京变成了银白色的世界，锃亮耀眼。与其前后同行的还有一辆车子，乘着一对贵族男女，男子口中朗咏的“凛凛冰铺”就是见摘于《和汉朗咏集》的公乘亿赋句：“秦甸之一千余里，凛凛冰铺；汉家之三十六宫，澄澄粉饰。”公乘亿《八月十五夜赋》中的此句显然描绘的是长安城内外八月十五的夜景，虽然季节与清少纳言的经历不符，景象却分外相似。那位与清少纳言同路的贵族男子当然也是看到雪后的平安京夜景而随口诵出，这一月夜朗咏的情景让清少纳言感到十分风雅，于是记入了其随笔集《枕草子》。

第二七六段 声惊明王之眠

大纳言来到主上面前，关于学问的事有所奏上，这时候照例已是夜很深了……

第二天的夜里，中宫进到寝宫里了。在半夜的时候，我出到廊下来叫用人，大纳言说道：

“退出到女官房去么？我送你去吧。”我就把唐衣和下裳挂在屏风上，退了出来，月光很是明亮，大纳言的直衣显得雪白，缚脚裤的下端很长的踏着，抓住了我的袖子，说道：

“请不要跌倒呀。”这样一同走着的中间，大纳言就吟起诗来道：

“游子犹行于残月。”这又是非常漂亮的事。大纳言笑说道：

“这样的事，也值得你那么的乱称赞么。”虽是这么说，可是实在有意思的事，〔也不能不佩服呵〕。①

上文同样出自《枕草子》，时任大纳言藤原伊周（974～1010）入宫参上，恰与其妹中宫定子的女官清少纳言相逢，并护送清少纳言回到女官住所。时已入夜，明月高悬，二人同行的路上，伊周朗咏起“游

① 〔日〕清少纳言：《枕草子》，第420～421页。

子犹行于残月”，让清少纳言大为感动。该句即见摘于《和汉朗咏集》的贾嵩赋句：“佳人尽饰于晨妆，魏宫钟动；游子犹行于残月，函谷鸡鸣。”贾嵩《晓赋》中的此句描写的是破晓之前的宫人与游子，与伊周二人夜行京城亦有几分契合。

与清少纳言夜路同行的无名男子也好，藤原伊周也好，都与藤原公任一样是平安中期的贵族，他们都利用了当时已大为流行的“朗咏”方式来摘句处理唐赋，只是公任进行了系统的编选。所以这里要强调：无论是公任摘句时回避白赋的选择，还是其摘句收录唐赋的方式，都不应看作其个人的偏好和行为，而应当看作当时宫廷贵族的“共通偏好”和“集体行为”，公任只是其中的代表而已。那么我们继续追究摘句的问题也就有了更为普泛的意义。

（二）摘句的利弊与朗咏的传承

日人以摘句形式接受唐赋最显而易见的弊端就是断章取义。前面所引情境下吟诵贾嵩《晓赋》之“游子犹行于残月”尚勉强说得过去，但雪夜吟诵公乘亿《八月十五夜赋》之“凛凛冰铺”显然就抛却了“八月十五”这一原赋题中的限定。无名贵族男子在冬夜诵出秋夜的赋句，无论景象有多么相似，到底偏离了原赋。此外，摘句毕竟导致原赋残缺，会弱化读者对该句的理解。比如，同出于公乘亿《八月十五夜赋》的“乍临团扇，悲莫悲兮班婕妤；稍过长门，愁莫愁于陈皇后”见摘于《新撰朗咏集》，单看赋句则难以理解该句所指，原因就在于缺失了“乍临团扇”与“稍过长门”的主语。只有置于“八月十五夜”这一背景之下，方能明了其主语为“满月”，描写了仲秋之月催生出失宠之人的悲愁。又如，见摘于《和汉朗咏集》的“一声凤管，秋惊秦岭之云；数拍霓裳，晓送缑山之月”之句，同样不能脱离“连昌宫”这一关键词。句中的“凤管”“霓裳”并非泛指歌舞，而是特写玄宗巡幸连昌宫的景象，在原赋之中，它与“阴森古柳疏槐，春无春色；获落危牖坏宇，秋有秋风”之句（见摘于《和汉朗咏集》）形成了鲜明对比，一写歌舞升平、醉生梦死的连昌宫，一写破败不堪、人去楼空的连昌宫。还有的赋句独立出来后让人不知所云。例如,"鸡既鸣,忠臣待旦;莺未出,遗贤在谷",中国似无以鸡、莺来关联忠臣、遗贤的典故,只有在《凤为王赋》中才能理解鸡与莺均是凤王之陪衬,鸡喻忠臣、莺喻遗贤的含义。由此看来,摘句造成的语意不明甚至残缺断裂是古代日人接受唐赋时难以避免的缺憾。不过张伯伟辩证地指出:

> 摘句法从其本质上来说,是一种形式主义批评(这里的"形式主义"并不含有贬义)。这种批评的焦点,集中在文学本身的各项素质,诸如韵律、辞藻、对偶以及文字的弹性、张力等等,在精神上颇接近于二十世纪兴起的俄国形式主义(Russian Formalism)和英美新批评(New Criticism)。……它从作品中摘取一联,使人们可以不顾它与作者的关系,甚至不必考虑与作品的其余部分的关系,而将注意力集中于这一联句。因为摘句本身就意味着独立、凸出,它必然具有疏离(estranging)或陌生(defamiliarizing)的效果。①

张伯伟的观点提醒我们要留意摘句的另一面。受雅克·德里达(Jacques Derrida)解构主义的影响,法国文艺理论家罗兰·巴特(Roland Barthes)提出"作者已死",从理论上阐述了作品脱离作者的文学现象。实际上,早在《和汉朗咏集》摘录唐人赋句时,藤原公任就只在句下标注赋题而割舍了作者信息,这也直接导致后世出现不同写本、注本将赋句归属于不同作者的情况。② 或可这样说,这些赋句的作

---

① 张伯伟:《中国古代文学批评方法研究》,第344页。

② 比如,"谁家碧树,莺鸣而罗幕犹垂;几处华堂,梦觉而珠帘未卷"一句,池田龟鉴博士藏影写传世尊寺行尹笔本、岩濑文库藏延庆本、古梓堂文库藏嘉历本、天理图书馆藏贞和三年安倍直明写本均作"张读",前田侯爵家藏传二条为氏笔本则作"谢观",京都府立图书馆藏古抄本、某氏藏正安二年本则并书"张读、谢观"(正安二年本是划去"张读"后又书"谢观"),专修大学图书馆藏建长三年菅原长成写本则朱书"贾嵩",书陵部藏释信阿《和汉朗咏集私注》应安四年本甚至在标记"张读作、谢规イ(异本之意)"的同时还将"张读"注为"唐人","谢规"注为"日本人"。参见堀部正二編、片桐洋一補『校異和漢朗詠集』、大学堂書店、1981;伊藤正義·黒田彰[等]『和漢朗詠集古注釈集成』、大学堂書店、1989。

者到底是谁对古代日人而言并不重要。更进一步说，“作品亦死”，原赋篇讲述了什么对古代日人而言也不重要，重要的是摘取的赋句骈偶之工、音律之谐、辞藻之美、典故之巧、意境之妙更为古代日人看重。仍以前面所引的公乘亿《八月十五夜赋》为例，原赋的“凛凛冰铺”本是说月光照满大地仿佛铺上了一层冬冰，用以形容八月十五月光之皎洁明亮，但无名贵族男子转用到冬季冰封的月夜，既是实指，又是虚引，称得上一种创造性的“断章取义”。“凛凛冰铺”在这里脱离了作者，也脱离了原赋，显然是一次“解构”的过程；但其又十分贴切地用在了异国的平安京之冬夜，并深深打动了清少纳言，不得不说这又是一次巧妙的“重构”，给该赋句注入了新的生命力。

更为重要的是，与平安中期以降日人作赋的热情难以为继不同[①]，以《和汉朗咏集》为代表的朗咏唐赋的方式却在日本传承下来。所谓朗咏是给一联汉诗文配以一定的曲调来吟诵，一般以源雅信（920~993）为朗咏之祖。自雅信开始配曲吟诵之后，朗咏就在宫廷贵族之间迅速风靡开来，成为平安王朝的一种风雅之举。而后世的文学作品中又屡屡可见朗咏唐赋的身影，可见朗咏已经内化为古代日本接受唐赋的重要方式。例如，《增镜》第十“老のなみ”章：“兼行‘花上苑に明なり’とうち出だしたるに、いとど物の音もてはやされて、えもいはずきこゆ。”[②] 讲的是后深草、龟山两位上皇与东宫（后来的伏见天皇）参拜妙音堂时，恰逢一株晚开的樱树始绽，同席公卿随即准备管弦之宴，笛、笙、筚篥、琵琶等乐器悉数登场，表演起“采桑老”“苏合香”“白柱”等乐舞。兼行此时出口朗咏的即见摘于《和汉朗咏集》的张读《闲赋》之“花明上苑，轻轩驰九陌之尘；猿叫空山，斜月莹千岩之路”。“上苑”指汉武帝所造上林苑，“花”自然喻指晚开的樱花，优美的唐人赋句配以悠扬的管弦雅乐，为三位贵人的行幸添色不少。此

① 《本朝文粹》收录的最晚的日本赋家是大江以言（955~1010）和纪齐名（957~999），之后的《本朝续文粹》收录的日本赋家则仅有大江匡房一人，辞赋在平安中后期有明显的退潮趋势。

② 佐成謙太郎『增鏡通釈』、星野書店、1938、386-387頁。

外，还能看到《狭衣物语》卷三中朗咏张读《愁赋》之“三秋而宫漏正长，空阶雨滴；万里而乡园何在，落叶窗深”。《源平盛衰记》卷二六中朗咏张读《愁赋》之“竹斑湘浦，云凝鼓瑟之踪；凤去秦台，月老吹箫之地”。《保元物语》卷下“新院御経沈めの事”中有浩虚舟《贫女赋》之“幽思不穷，深巷无人之处；愁肠欲断，闲窗有月之时”。前辈学者都曾一一指出，不再详述。在这些场景中，这些句子是否唐人所作、是否属于唐赋都不重要，叙事的焦点在于赋句本身，在于是否再现王朝风雅。如果说摘句是对唐赋的解构，那么朗咏就是重构，重构后的赋句已不只属于唐赋，也同时成为融入日本文艺的有机部分。时至今日，日本宫内厅式部职乐部演奏的雅乐中仍能听到以下四首唐人赋句的朗咏：

晓梁王：晓入梁王之苑，雪满群山；夜登庾公之楼，月明千里。（谢观《白赋》）

新丰：新丰酒色，清冷鹦鹉杯中；长乐歌声，幽咽凤凰管里。（公乘亿《送友人赋》）

一声：一声凤管，秋惊秦岭之云；数拍霓裳，晓送缑山之月。（公乘亿《连昌宫赋》）

花上苑：花明上苑，轻轩驰九陌之尘；猿叫空山，斜月莹千岩之路。（张读《闲赋》）

四　余论

庆历四年（1044），宋仁宗诏曰：

儒者通天地人之理，明古今治乱之源，可谓博矣。然学者不得骋其说，而有司务先声病章句以拘牵之，则夫英俊奇伟之士，何以奋焉？……进士试三场……如白居易《性习相近远赋》、独孤绶

> 《放驯象赋》，皆当时试礼部，对偶之外，自有义意可观，宜许仿唐体，使驰骋于其间。[①]

在北宋，当统治者认识到辞赋要复归诗教传统，标榜白居易《性习相近远赋》那样的中唐“丽则”之作时，一海之隔的日本却逆势走向风格艳丽、内容空洞的齐梁，标榜晚唐的“丽淫”之作，呈现出东亚汉文化圈中“东边日出西边雨”的景象。唐赋本如仁宗诏令所云，“对偶之外，自有义意可观”，具备文学与经学的双重意义，但古代日人对此并未全盘接受，至少在以藤原公任为代表的平安宫廷贵族那里，通过“过滤”白居易之赋而有意无意地消解了唐赋中附庸经义的一面。个中原因，或许可以从铃木修次那里得到启发。铃木很早就注意到中日文学观的差异及日本文学的超政治性。[②] 他认为采取“短诗形式”的日本传统诗歌不注重说明和说服的意识并非因为篇幅限制，而是日本固有的“民族性”所致。这种不要求说明和说服、一味欣赏咏叹的诗歌，“是一种只有在狭小的同民族共同社会的交流中才可能出现的文艺形式”。[③] 如此看来，善于阐释经义与好发议论的白居易之赋，终究因与日本的民族性格格格不入，而无法扎根融入日本社会。

与此同时，谢观、公乘亿等人创作的晚唐赋契合日本平安时期宫廷贵族的审美，只是他们的赋作并未以完篇的形式被接受。前有《千载佳句》这样的摘汉诗之句而播于人口的成功典范，又适值宫中开始流行“朗咏”，摘取唐人赋句以单独鉴赏也就是水到渠成的事情了。我们可以仿照后世兴起的“古笔切”（古人墨迹断片）一语，将这些独立出来的唐人赋句看作“唐赋切”，它们在进入摘句过程之前已经完成了“去经义化”，而后在宫廷贵族的一次次朗咏中又完成了“去作者化”与“去作品化”，最终缩微成“和歌”那般长短的篇幅扎根在岛国风土

---

① 李焘：《续资治通鉴长编》卷一四七，中华书局，2004，第3563~3565页。

② 〔日〕铃木修次：《中国文学与日本文学》，吉林大学日本研究所文学研究室译，海峡文艺出版社，1989。

③ 〔日〕铃木修次：《中国文学与日本文学》，第46页。

之中。正如加藤周一所说：“日本人世界观的历史性演变，比起外来思想的渗透来，更多的是由于执拗地保持土著的世界观，反复多次地使外来的体系‘日本化’所导致，这是独具其特征。”① 唐赋在日本的接受也无法逃避“日本化”的宿命。

川口久雄曾校注过《和汉朗咏集》，对“朗咏文学”有自己独到的见解，认为其有两种特性：一是弥漫着一股对四六骈俪文的“怀念”，二是编织着一首对宫廷应制的“赞歌”。而无论是四六骈俪文，还是宫廷应制，都是在中国社会被日趋否定和超越的过去。他进而指出：“‘朗咏文学’通过‘摘句’这一断章取义的方法，瓦解了中国辞赋的长篇骨架，开辟了一条通往日本短诗文学的道路，倾心陶醉于丽句带来的骈偶韵律之美，而丢失了‘为时’‘为民’的社会意识。”② 可谓极为精到的总结。唐赋传入日本后终究要接受日本读者的审视，并被改造为日人想要看到的唐赋，方能流传至今。“朗咏集”中的唐人赋句虽如遗址中的文物碎片般残缺不全，但还是反映出古代日本接受中国文学的一些共性，值得重视。

（审校：陈梦莉）

---

① 〔日〕加藤周一：《日本文学史序说》卷上，叶渭渠、唐月梅译，开明出版社，1995，第20页。

② 『日本古典文学大系 73　和漢朗詠集』、岩波書店、1965、39頁。

战后初期日本马克思主义者的宗教批判：以服部之总的亲鸾论为中心*

赵文文**

内容提要： 服部之总的亲鸾论是战后初期日本马克思主义者的宗教批判的代表。他通过对净土真宗的“祖师”亲鸾的阶级分析和实证研究，揭示了依附权力体制的真宗教团从根本上背离同农民立场一致、主张本愿面前人皆平等的亲鸾思想。服部之总的亲鸾论是日本战后初期清算战争责任和民主化改革等时代课题的产物，具有鲜明的体制批判色彩。这一思想也反映了当时日本马克思主义者宗教认识的转变——其重心由战前的无神论斗争转向对宗教体制的批判。

关 键 词： 服部之总　亲鸾论　马克思主义史学　净土真宗　战争责任

服部之总（1901～1956）是日本马克思主义“讲座派”的代表人物之一。他先后于1928年、1931年参与编写了《马克思主义讲座》《日本资本主义发达史讲座》，以理论成熟的唯物论明治维新史研究著称。自此直至日本发动全面侵华战争，服部之总一直以唯物论史家、马克思主义者的身份活跃于各类论坛和社会主义组织，在战时迫于形势而封笔、转业。但随着1945年日本战败，在占领军进驻、日本逐步实施民主化改革的背景下，马克思主义者重新恢复言论活动。服部之

* 本文为教育部人文社会科学重点研究基地重大项目“多维视角下的日本现代化专题研究”（项目批准号：22JJD770040）的阶段性成果。

** 赵文文，南开大学日本研究院历史学博士研究生，主要研究方向为日本近现代思想史。

总于同年8月即从战时就职的公司辞职，以加入民主主义科学者协会为起点重拾史笔。除再版的随笔集《黑船前后》和《明治维新史研究》外，1947年2月刊载的《三木清和〈亲鸾〉》是其战后公开的第3篇论文，其中提起了跨越服部之总史笔四载的问题中心——日本规模最大的佛教教派净土真宗所尊称的“祖师”亲鸾（1173～1262）[①]。1947～1950年，服部之总陆续发表了近30篇以亲鸾及净土真宗教团为主题的文章，其中的主体最终汇成体系性的研究著作《亲鸾笔记》及其续作和《莲如》。

日本战后初期是所谓重建社会思想和价值观“废墟”的阶段，以马克思主义史学为代表的进步史学致力于“肃清旧史学，建立科学的历史学，给人民以正确的历史观”[②]。作为其中“旗手”的服部之总如此关注一宗之“祖师”，有明确的破除过去的亲鸾“神话”的意识，更要抵抗捏造和利用亲鸾“神话”的近代净土真宗教团的行径。净土真宗奉亲鸾的主要著作《教行信证》为根本教义，可以说其存在和发展的“合理性”均建立在亲鸾的思想和实践上。服部之总重新书写真宗教团的“传统”，意味着对其“合理性”的批判或“革新”诉求。在这一过程中，服部之总立足于唯物史学的研究方法，力图揭示作为组织实体的真宗教团对其“祖师”亲鸾的诸多背离之处，从根本上向真宗教团提出质疑。

中国史学界关于服部之总的研究集中于其明治维新观，相比之下，对服部之总包括宗教思想在内的其他方面的关注较少[③]。在日本，《亲

① 亲鸾是净土宗创始人法然（1133～1212）的弟子，在吸收净土宗教义的基础上对其做了进一步的发展。亲鸾的主要著作《显净土真实教行证文类》以教、行、信、证规定了净土真宗各派的基本教义。真宗在日本各地传播的过程中建立了诸多教团，在后世形成真宗十派，以东本愿寺派（大谷派）和西本愿寺派为首。各派均奉亲鸾为祖师，教义相同，但并未形成统一的组织。参见杨曾文《日本佛教史》，浙江人民出版社，1995，第267～270页。

② 沈仁安：《日本史研究序说》，香港社会科学出版社，2001，第379页。

③ 段世磊分析了20世纪30年代服部之总的“宗教消亡说”“马克思主义者与宗教界人士之间具备合作的可能性”等宗教论，将其定位为“德语系的马克思主义者”。参见段世磊《从“马克思主义与宗教论争”到“日本战斗无神论者同盟”——日本马克思主义者的宗教观》，《科学与无神论》2022年第4期，第37～39页。

鸾笔记》出版后便引起了家永三郎、二叶宪香、赤松俊秀、森龙吉等诸多佛教史研究者的关注①，这些学者多围绕亲鸾研究展开学术讨论。在专门研究领域，内田芳明从作为研究方法的"韦伯问题"的角度，指出了服部之总在战后的宗教研究中将宗教现象二分的理论局限性。②山折哲雄以"亲鸾及其家族构成、支持亲鸾信仰和思想的阶层与亲鸾教义对护国思想的否定"三点梳理了服部之总亲鸾研究的内容。③河野纯一和桐原健真分别从亲鸾论的创作背景和服部之总宗教观的内容等角度分析了服部之总战前与战后宗教认识的差异性问题。④近藤俊太郎在"马克思主义者的亲鸾理解"的脉络中分析了服部之总亲鸾论中体现的"政治消解性""宗教改革论"与对民众的绝对信赖等内容和特征。⑤总体上，日本学者指出了服部之总亲鸾论中"农民的立场""反护国性"等关键点，多从亲鸾和佛教史研究的角度理解或批判。若从服部之总的

① 主要包括以下观点：家永三郎发表书评，坦言自己对亲鸾书信中"王法为本"的护国思想论一直存在怀疑与困惑，服部之总通过史料解读将其还原为"信心为本"具有划时代的意义；日本佛教史家赤松俊秀则进行了激烈的批判，认为服部之总的亲鸾论"无论是从书信文意，还是从亲鸾的宗教原则来看，都完全是一种误解，服部之总为了强调反抗史观而引用亲鸾，同战时强调护国性一样，在自己设定的史观框架内硬将亲鸾套进来"；二叶宪香认同赤松俊秀所指出的服部在史料解读上的谬误，同时也认为不能简单地将服部之总的解释归于无意义，他在批判日本战后的亲鸾研究方法的背景下，充分肯定了服部之总在推进亲鸾研究方法发展上的划时代意义；森龙吉从作为思想家的亲鸾在近现代社会中的"发现"与探索的角度，回顾了服部之总对三木清《亲鸾》的批判，指出了他作为"讲座派"史学家具有重视阶级的特点，认为其将亲鸾思想大胆"放生"于现代的研究方式，使作为思想家的亲鸾的面目焕然一新，战后的亲鸾思想史研究在服部之总提出的问题的基础上得以展开。参见家永三郎「書評」、『読書倶楽部』1949 年第 4 号、26 頁；赤松俊秀『親鸞』、吉川弘文館、1961、289 頁；二葉憲香『親鸞の人間像』、常磐印刷所、1954、1-5 頁；森竜吉『親鸞：その思想史』、三一書房、1961、237-240 頁。

② 参见内田芳明『ヴェーバーとマルクス—日本社会科学の思想構造—』、岩波書店、1972、215-225 頁。

③ 参见山折哲雄『日本仏教思想論序説』、三一書房、1973、281-291 頁。

④ 参见桐原健真「連続と断絶—服部之総の親鸞—」、『宗教研究』2013 年第 4 号、80-81 頁；河野純一「服部之総の宗教観」、『宗教哲学研究』第 32 号、2015、133 頁；桐原健真『服部之総—「生得の因縁」と戦後親鸞論の出発点—』、オリオン・クラウタウ編『戦後歴史学と日本仏教』、法藏館、2016、49-77 頁。

⑤ 参见近藤俊太郎『親鸞とマルクス主義—闘争・イデオロギー・普遍性—』、法藏館、2021、324-334 頁。

宗教批判思想的视角来看，其中仍有很多值得进一步分析的空间，例如亲鸾论在服部之总整体宗教论中的位置，以及中国的日本史研究者在今日应如何认识和把握其宗教批判。此外，由于服部之总亲鸾论始于且贯穿着对真宗教团的批判，有必要对服部之总的“真宗教团和亲鸾”观进行综合的考察。因此本文立足于服部之总的《亲鸾笔记》及其续作、《莲如》和其他宗教相关的文章，在整体把握他的宗教认识的基础上，分析其亲鸾论中教团与“祖师”间的互动和背离，重审战后服部之总以亲鸾论为核心的宗教批判思想。

一　从“宗教否定”到亲鸾论：服部之总宗教认识的转变历程

服部之总宗教论的提出集中于20世纪30年代初期和40年代后半期。对于日本的马克思主义者来说，经由20世纪20年代后半期马克思主义宗教批判理论的翻译、引进，[①] 到了30年代初期，他们对宗教问题的关心“及其与宗教家、宗教学者之间就宗教观问题的争论开始表面化和激烈化”[②]。而40年代后半期是“败战后内外因素施加下的宗教领域激进变动”的时期，是“日本宗教突然被送上历史总决算的试验台”[③] 的阶段，并且它们均为日本唯物史学发展的关键节点。服部之总的宗教认识大体可以划分为上述两个阶段，亲鸾论则是具体的分界点，是其30年代中断的宗教论在战后的重新出发。因此，亲鸾论作为服部之总战后的宗教论的起点和核心，在把握其个体乃至日本马克思主义者的宗教认识等多种层面上都具有不容小觑的重要性。结合服部之总的成长经历来梳理其整体的宗教论可以明晰亲鸾论的具体形成过程。

---

① 参见本村四郎「日本マルクス主義無神論史序論」、季報唯物論研究編『季報唯物論研究』第16-17号、1985、19-20頁。

② 段世磊：《从“马克思主义与宗教论争”到“日本战斗无神论者同盟”——日本马克思主义者的宗教观》，第36页。

③ 佐木秋夫「戦後の宗教変動と問題の進展」、佐木秋夫『日本宗教史講座第四巻　現代の宗教問題』、三一書房、1959、369頁。

服部之总同宗教的关系始于净土真宗家庭的出身，作为长子的他本是真宗西本愿寺的末寺①——岛根县那贺郡木田村正莲寺的继承人。1919~1922 年，服部之总就读于旧制第三高等学校，其间通过阅读河上肇（1879~1946）的作品接触了马克思主义学说。后来升入东京帝国大学攻读社会学，主要活跃于新人会②组织。1927 年，服部之总进入野坂参三（1892~1993）的产业劳动调查所，次年加入当时合法的无产阶级政党——劳动农民党，这导致他在“三一五”事件后被检举入狱，被拘留 20 日。1928 年，服部之总以参与撰写《马克思主义讲座》为契机，正式踏上了马克思主义历史学家的道路。1931 年作为《日本资本主义发达史讲座》的执笔者之一，成为日本唯物史学“讲座派”的旗手。20 世纪 30 年代初期，服部之总活跃于无产阶级科学研究所、唯物论研究会等团体且成为重要成员。但随着日本国内言论镇压力度逐步加大，服部之总最终选择搁笔，直到日本战败后才重新开始写作。可以认为，服部之总在早期经历了舍弃真宗、走向马克思主义的过程。

服部之总战前的著作和公开言论中并未显露出对亲鸾的系统性关注，但无论是在“马克思主义与宗教论争”③ 阶段，还是马克思主义者的反宗教运动④掀起后，服部之总均展露出对宗教问题的关心。1930 年前后，日本马克思主义者和宗教人士的交锋日益激烈，反映在当时佛教

① 指本山控制和管理之下的寺院。本山与末寺的制度化是在江户时期，由德川幕府为统制佛教教团而确立。参见山折哲雄「本願寺教团とその血のよどみ—血脈相承論—」、上原専禄・真継伸彦［他］『本願寺教団—親鸞は現代によみがえるか—』、学芸書林、1971、247-265 頁。

② 最早是 1918 年由吉野作造组织起来的以自由主义、人道主义为理念的学生团体，后逐渐转向社会主义。服部之总于 1923 年参加新人会，积极参与社会福利运动，曾参与东京大地震赈灾活动，后来成为新人会成员的中心。

③ 段世磊：《从“马克思主义与宗教论争”到“日本战斗无神论者同盟”——日本马克思主义者的宗教观》，第 35 页。

④ 指 20 世纪 30 年代前半期日本马克思主义者组织的“日本战斗的无神论者同盟”和“反宗教斗争”。1931 年，以川内唯彦为中心的无产阶级科学研究所成员组织“反宗教斗争同盟准备会”（后改称“日本战斗的无神论者同盟”），创办《反宗教斗争》（后改称《战斗的无神论者》）。反宗教运动以“将劳动人民从一切形式的宗教观念中解放出来，确立马克思列宁主义的世界观，使之变成阶级斗争的战士”为目标，持续到 1934 年 5 月。参见柏原祐泉『日本仏教史　近代』、吉川弘文館、1990、220-225 頁；近藤俊太郎「近代日本における反宗教運動と仏教の論争」、『宗教研究』2015 年 3 月号、312 頁。

界的“老牌”时事报刊《中外日报》[①]上，最终促成了两场座谈会——“马克思主义和宗教”和“佛教和马克思主义”的举办，双方代表以此为舞台集中展开了批判与反批判的论争。服部之总作为马克思主义者的代表出席了这两场座谈会，积极表达自身的立场，且同期以《中外日报》为载体，与“论敌”三木清（1897～1945）等人讨论马克思主义的宗教认识。这一阶段，服部之总在“宗教是民众幻想的幸福，宗教的苦难是现实苦难的表现”[②]理解的基础上，主张在理论上要坚决否定宗教——“唯物辩证法的（宗教）否定是现实否定，是根本的、究极的否定”[③]，坚持“宗教消亡说”[④]；在实践层面，服部之总则有限地肯定以三木清为代表的“青年宗教家”的探索，即寻求无产阶级运动和宗教的具体结合。但随着马克思主义者的反宗教运动兴起，服部之总和三木清的文章均遭到运动的中心人物川内唯彦批判[⑤]。运动正式组织化之后，服部之总于 1931 年 4 月加入“反宗教斗争同盟准备会”，论争就此停止。在反宗教运动期间，服部之总发表《宗门经营的分析》，其中的论点实际为其在“佛教和马克思主义”座谈会上发言[⑥]的延伸，将矛头指向教团腐败及其实质——本山与末寺、教团与农村信徒之间的阶级矛盾。这一时期，服部之总宗教论的重心是在论争中阐明马克思主义的无神论，并通过经济基础分析来揭示“教团与农村”这一压榨与被压榨的对立关系。真宗教团与“祖师”的悖论在他论述宗教的反动性时

① 1897 年由净土真宗本愿寺派的真溪泪骨创办的日本宗教界报纸，最初刊名为《教学报知》，1902 年改称《中外日报》，是日本近代最重要的宗教媒体之一。内容以宗教报道为中心，同时广泛涉及文学、教育、文化、政治等领域。

② 「マルキシズムと宗教座談會」、中外日報東京支局編『マルキシズムと宗教』、大鳳閣書房、1930、226 頁。

③ 服部之総「三木清氏の宗敎學」、中外日報東京支局編『マルキシズムと宗教』、47 頁。

④ 在“宗教会不会自然消亡”的问题上，服部之总主张“宗教是特定历史阶段中，一种社会存在的产物”，反对三木清提出的“在人类解放后的没有矛盾的世界，宗教便获得了存在和发展的可能性”。参见服部之総「三木清氏の宗敎學」、44 頁；三木清「如何に宗敎を批判するか」、中外日報東京支局編『マルキシズムと宗教』、32 頁。

⑤ 段世磊：《从“马克思主义与宗教论争”到“日本战斗无神论者同盟”——日本马克思主义者的宗教观》，第 38 页。

⑥ 参见林淳「座談会・仏教とマルクス主義」、『東京大学宗教学年報』第 25 号、2007、181 頁。

初次显露，但并未进一步延伸：

> 宗教在现实中和世俗权力进一步结合，虽然诸多宗教祖师出现了从这样的阶级压榨中解放出来的观念，但是很快宗教便支持当前的阶级社会，成为支配阶级的黏合剂，然后承担永远埋葬被支配阶级的任务。[①]

战后，服部之总的宗教论转向净土真宗研究，以“祖师”亲鸾论为起始点和核心。1947 年 2 月，服部之总在国土社发表《三木清和〈亲鸾〉》，以回应三木清的遗作《亲鸾》[②] 为开端，正式着手研究亲鸾。尽管在文章结尾，他以偏离马克思主义学说为由将三木清的亲鸾论评为“三木清哲学路线的冬至点”[③]，但对于始终未中断批判日本侵华战争的故友三木清，无论是对其人还是其亲鸾论，服部之总都是在积极理解的基础上进一步展开批判。在对亲鸾的“倾倒”以及将亲鸾从寺庙中解放出来等观点中，明显能看到服部之总受到了三木清的影响。但在这同一前提下，两人实际上走向了不同的路径和终点。首先，不同于三木清的哲学式叙述，服部之总立足于唯物史学的方法，强调要具体地分析特定历史条件下的亲鸾教义及实践。而另一关键的差异，可以从服部之总批判三木清的立论中揭示：

> 三木绝非有意识地为了救济本愿寺教团及其现实教义而组织遗稿《亲鸾》的结构。若以三木喜用的语言来说，他之所以如此埋头于《亲鸾》，是因为它展示了其自身的“危机与危机意识”。[④]

---

① 「マルキシズムと宗教座談會」、237 頁。

② 1945 年，三木清因帮助共产党友人而被逮捕，最终在日本战败前夜死于狱中，其遗稿《亲鸾》实际上是一部未完成的作品，在战后才得以公开。

③ 服部之総「三木清と『親鸞』」、服部之総『親鸞ノート 正編』、福村出版、1967、40 頁。

④ 服部之総「三木清と『親鸞』」、39 頁。

服部之总批判的重点不是三木清的亲鸾理解正确与否，而是他是否在亲鸾论的框架内纳入对现实的真宗教团的分析。结合后述“危机与危机意识的实体”① ——“他所处的异常黑暗的时代也是宗教批判沉默的时代，过去的清醒像被麻药支配一样陷入了不健康的沉睡”②，其中追溯和检讨近代绝对主义国家体制的意识极为鲜明。故而，若要理解服部之总的亲鸾论，必须首先弄清他如何思考亲鸾和现实教团的关系。

究其根本，服部之总是在追问真宗教团和“祖师”之间的距离，以及真宗教团在发展“祖师”信仰的过程中如何“陷入”阶级压迫、国家体制与战争的课题。《三木清和〈亲鸾〉》提出了亲鸾的阶级以及亲鸾思想中是否存在“护国主义”的问题，以这些问题为切入点，服部之总构筑起真宗教团与“祖师”的悖论。1947年10月和次年5~9月，服部之总接连发表《日本宗教改革的神学准备》和《关于所谓护国思想》，进一步详细分析上述问题，并于1948年10月汇编为其亲鸾论的首部著作——《亲鸾笔记》。同时，服部之总还以亲鸾的妻子惠信尼（1182~1268）的文书发掘为契机，考证了亲鸾的家族构成，1950年4月收录在《续亲鸾笔记》中。此外，服部之总展开了对真宗本愿寺派的“中兴之祖”莲如（1415~1499）和一向一揆的研究，亲鸾论在莲如与“祖师”的对比、农民战争论中充实、延伸。

概观服部之总的宗教论，对真宗教团的批判贯穿始终，具有很强的实践色彩。而在战败初期时代变革的浪潮中，服部之总开始从真宗的教义传统——“祖师”亲鸾身上寻求现实批判的思想资源。所谓“对本愿寺亲鸾神话的战斗和怒火”③，即通过唯物史学的研究方法，清算现实教团的“虚假”，从而还原亲鸾教义和实践的“真实”，为教团改革论提供思想支点。从这一意义来说，在如何看待服部之总两个

① 以1930年入狱为转机，三木清的思想从以马克思主义者自任“后退”到对“危机意识的哲学阐明”与“不安的思想及其超克”的探讨。这种“危机”与“不安”是九一八事变发生后笼罩在日本知识界的一种精神氛围。参见刘岳兵《日本近现代思想史》，世界知识出版社，2009，第306页。

② 服部之総「三木清と『親鸞』」、51~52頁。

③ 服部之総「新版への序文」、服部之総『親鸞ノート　正編』、4頁。

阶段的宗教认识的问题上，除了日本学者已经提及的三木清的影响[①]之外，从真宗教团与“祖师”之悖论的内容中也能看到服部之总不同阶段的宗教认识的连续性。

二 服部之总的体制批判：“护国主义”真宗教团对“无体制”亲鸾的背离

同国家主义紧密贴合的净土真宗教团与“无体制”的亲鸾之间的背离，体现的是服部之总针对真宗教团的体制批判思想，其背后的问题意识是清算作为组织的净土真宗所背负的战争责任。日本佛教在应对近代天皇制国家的神道国教化政策的过程中，积极地谋求与国家权力融合，“为了获得在国家中的‘正当’位置”[②]，开展了一系列同“皇国”相适应的宗教运动。具体至净土真宗，以势力最大的东、西本愿寺派为主，很早就开启了所谓“海外传道”行动，它们在“满洲”地区积极拓展布教事业，同时担任被镇压者的“监狱教诲”先锋，近代引人注目的左翼人士的监狱“转向”现象便同其有紧密的联系。“国民精神总动员”实行之后，真宗教团被政府强行纳入战争体制下管控和利用，其自身也响应国家政策，延续此前的“监狱教诲”事业而对政治犯、思想犯开展思想攻势，同时通过捐献军用机、海外从军传教、军队慰问等活动积极协助战争。真宗教团面对战时统制的这种无抵抗性也体现在其教义中的教典删除问题，即根据“敬神爱国、奉戴皇上、尊崇超旨”三条教则，删除或修改教典中同国体观念、天皇权威相抵触的内容。[③]正是从上述背景出发，服部之总试图通过亲鸾研究层层解析并驳斥真宗教团利用亲鸾教义为自身辩护的“合理性”。

---

① 桐原健真回顾服部之总同三木清的宗教论争，指出服部之总宗教观的“连续性”来自其所受到的三木清亲鸾论的深刻影响。参见桐原健真「連続と断絶—服部之総の親鸞—」、『宗教研究』2013年第4号。

② 孝本貢編『論集日本仏教史』、雄山閣出版、1986、12頁。

③ 柏原祐泉『日本仏教史　近代』、246頁。

服部之总首先批判的是真宗教团的“护国主义”亲鸾神话，指出所谓亲鸾的“护国主义”是真宗教团在创建和发展过程中为利用世俗权力捏造的。这种思想的萌芽最初体现在亲鸾的曾孙、《本愿寺圣人亲鸾传绘》的作者觉如[①]（1270~1351）的撰述中。觉如为建教团而作《本愿寺圣人传绘》，故而在开篇即描绘了亲鸾出身的尊贵性。至亲鸾的第十世孙——本愿寺“中兴之祖”莲如[②]时，真宗教团发展为一种政治势力，“莲如的王法为本、仁义为先在德川时代定型”[③]。“王法为本”思想在明治维新时期的真宗教团内更进一步，表现为公开宣扬的“真俗二谛论”[④]。1871年，本愿寺派宗主广如[⑤]（1798~1871）在《御遗训消息》中公开表明“宗门王法为本、仁义为先，敬神明守人伦……罔顾皇恩者，来世不得往生西方，身处永劫苦难，无上开山上人之法流”的勤皇主张。[⑥] 广如《御遗训消息》彰显了迈入明治时期的真宗教团向国家政权积极靠近的姿态。在教义和教学实践上，真宗教团适应政府的佛教再编政策，公开强调“王法为本”的教说。

在服部之总看来，上述“王法为本”思想的萌芽和发展过程是“不可思议”的，它们完全背离了亲鸾的神祇不拜观念，违背了亲鸾的信仰体系。他指出，“王法为本是莲如的‘世道’，这样的世道在亲鸾的佛法中没有任何空间”。[⑦] 这是“净土真宗教团发展过程中充斥真俗二谛论、护国主义思想，但‘亲鸾的护国思想’的教义理论实际上

① 本愿寺的第3代法主。亲鸾死后第10年，他的女儿觉信尼和门徒在京都建立了大谷本庙，此处安置了亲鸾的墓地，后逐渐寺院化，即本愿寺教团的前身。护持这里的“留守职”经觉信尼及其子觉慧之后，1309年始由觉慧之子觉如担任。觉如著有亲鸾传记《本愿寺圣人亲鸾传绘》等，其行动和著述被认为是本愿寺教团建立、法主世袭制诞生过程的重要一环。参见山折哲雄「本願寺教団とその血のよどみ—血脈相承論—」、249−251頁。

② 本愿寺的第8代法主。大谷本庙并非在建立之后便如后世本愿寺派一般兴盛，而是长期未得到显著的发展，直至莲如在位时期才获得飞跃发展，成为净土真宗中势力最大的教团。故莲如被称为本愿寺“中兴之祖”。参见杨曾文《日本佛教史》，第506页。

③ 服部之総「三木清と『親鸞』」、42頁。

④ 真俗二谛，被近代真宗教团解释为所谓在俗世忠于天皇、报谢皇恩，来世往生西方。

⑤ 本愿寺派第20代法主，西本愿寺的住职（真宗本愿寺派在德川初期分为东、西两本愿寺）。

⑥ 服部之総「三木清と『親鸞』」、38頁。

⑦ 服部之総「三木清と『親鸞』」、44頁。

自觉如至战败之日完全没有进一步发展”的根本原因，即“发展的内在契机——亲鸾的教义本身并不存在‘护国思想’”。[①] 服部之总从实证主义的史料批判切入，对所谓亲鸾的“护国主义”的唯一一段史料[②]进行解析，从“祖师”思想的根本向真宗教团的“护国性”提出质疑：

> 只要是具备国语阅读素养的人，便很容易看出这段书信中的“念佛者们”后面的话同“往生不定的人”后面形式上是对语，内容上是反语……这段书信并非像一般所解释的那样是“王法为本”思想的体现，实际上吐露的是“信心为本”思想。[③]

这段史料是亲鸾给弟子性信房（1187~1215）的书信中的一段话，其中的“为了朝家、国民念佛”是近代真宗教团用来塑造“皇国崇拜、爱国精神”的“金科玉律”[④]。服部之总重新解读了这段史料中的“国家主义”——三木清和亲鸾传记的实证研究者中泽见明将这段话解读为“护国思想”，他从语言逻辑的角度指出亲鸾唯以“信心为本”。服部之总在全面地分析相关书信资料的基础上，还原书信背后的史实——1207 年禁止“专修念佛”事件[⑤]中亲鸾被流放至越后（今上越市）以及 1256 年

① 服部之総「いわゆる護国思想について」、服部之総『親鸞ノート　正編』、194 頁。

② 服部之总引用的这段史料原文为：“念仏まふさんひとびとは、わが御身の料はおぼしめさずとも、朝家の御ため、国民のために、念仏をまふしあはせたまひさふらはゞ、めでたふさふらふべし。往生をふぢやう不定におぼしめさんひとは、まづわが御身の往生をおぼしめして、おんねんぶつ御念仏さふらふべし。わが御身のわうじやうゐちぢやう往生一定とおぼしめさんひとは、仏の御恩をおぼしめさんに、ごほうおん御報恩のために、御念仏こゝろにいれてまふして、世のなかあんおん安穏なれ、仏法ひろまれとおぼしめすべしとぞおぼえさふらふ。”参见名畑応順・多屋頼俊校注『日本思想大系 11　親鸞』、岩波書店、1971、154 頁。

③ 服部之総「いわゆる護国思想について」、30 頁。

④ 阿満利麿『宗教は国家を超えられるか』、筑摩書房、2005、234 頁。

⑤ 亲鸾曾是净土宗“宗祖”法然门下的弟子，随着净土宗影响力扩大，其与旧有佛教宗派之间的矛盾逐渐激化，1204 年，比叡山众僧决议禁止“专修念佛”。至 1207 年，朝廷下旨禁止“专修念佛”，将包括法然与亲鸾在内的弟子 7 人流放。亲鸾被革除僧籍，流放至越后，自称“非僧非俗”“愚秃亲鸾”。参见杨曾文《日本佛教史》，第 248 页。

的善鸾事件[①]，从而得出："领家、地头、名主"是亲鸾笔下"心怀嫉恨的世人""妨碍念佛之人"，反之，亲鸾从百姓身上看到了由"往生不定"到"确定一定往生"的信心；善鸾散播借助强权传播念佛的做法，在亲鸾看来是一种"邪义"；因此"为了朝家、国民念佛"的人只是作为反面的"领家、地头、名主"，而非亲鸾思想的真意。最终得出结论，真宗教义的原点——亲鸾的信仰中只有纯粹的"信心为本"，但真宗教团"将'王法为本'教条化"[②]，最终导致亲鸾的教义在教团内部失去了生命力。

无体制的亲鸾与真宗教团的另一根本性悖论在于，若追溯亲鸾的思想和实践，真宗教团便失去其存在的合理性。作为教团"祖师"的亲鸾形象和"无立教开宗之志向""无弟子一人""在世时从未建立一座自己的寺庙"的实际亲鸾实践之间存在割裂性。"净土真宗的教义虽继承自亲鸾，但这是对亲鸾的一种歪曲。对于作为90年无开一宗之志向的彻底的念佛行者的亲鸾，将其作为祖师圣人来祭祀的净土真宗的教义与亲鸾的信仰内容完全背离。因为教团包含难以使信仰纯一的性质。"[③] 亲鸾的著述和妻子惠信尼的书信中"仍然将法然称为'上人'"，而自始至终未曾称亲鸾为"上人"，亲鸾在世时也始终"以法然门下的念佛行者"自称。被后世尊为教典的《教行信证》也是"为论证京都的法然门第、同门之间念佛的真实信心"所作；数百首和赞在形式上也是"作为念佛者为在关东的同信者写的和文赞歌"。[④] 其中丝毫没有亲鸾将自己作为"立教开宗"祖师的痕迹。在著作中亲鸾强调的始终是"无弟子一人"，"亲鸾发誓称自己没有一个弟子，（信徒们）不过是同朋而已"。[⑤]

---

① 善鸾事件是学者在关注亲鸾的社会实践时不可忽视的标志性事件。善鸾是亲鸾的儿子，目前生卒年不详。1256年，以关东教团的矛盾纷争为背景，亲鸾最终选择和在关东传教的善鸾断绝父子关系。这一事件作为亲鸾最重要的人生经历之一，强烈地反映了亲鸾的教义主张、社会观，此次事件后留下的"义绝状"和亲鸾给信徒的书信等资料是回溯事件中当事人立场的最直观资料，服部之总的分析主要由此入手。

② 服部之総「いわゆる護国思想について」、195頁。

③ 服部之総「三木清と『親鸞』」、40頁。

④ 服部之総「三木清と『親鸞』」、32頁。

⑤ 服部之総「日本における宗教改革の神学的前件」、服部之総『親鸞ノート　正編』、66頁。

追溯亲鸾的教义原点，服部之总发现了贯彻“本愿面前所有的人都是念佛的同朋”的信仰纯粹的念佛者形象，亲鸾的视野中并不存在祖师和弟子的关系构造。

与此相对，服部之总笔下的真宗教团发展史实际上是亲鸾思想的“变质”过程，是“真宗教团的堕落”历史。亲鸾死后，京都东山的大谷在关东信徒的布施下建立了小规模的“御影堂”，觉信尼死后此处原本属于关东信徒共有之物，“大谷的庙所没有住持，只有世代继承的留守居”。[①] 关东的信徒则有着“自然生长的教团”，即“仍然遵从亲鸾的教说，以法然为师”。[②] 第一次“变质”发生在 1294 年亲鸾第 33 次忌日：亲鸾的曾孙觉如著《报恩讲式》，首次“将净土真宗开宗之功从法然那里夺走，交给亲鸾”[③]，并向关东教团发起挑战，展开了一系列将大谷庙堂独立化的行动。在这一过程中觉如还显现了积极依附权力的姿态：觉如所著《御传抄》题名“本愿寺圣人亲鸾传绘”，将本愿寺的寺名吹嘘为庙所建立不久后龟山天皇（1259～1274 年在位）所赐的敕号，服部之总指出这“恐怕是觉如自己假造的寺名”。[④] 如此在本愿寺内部，非僧非俗的三代“留守居”便转变为僧侣。“与此同时，关东教团也开始变质”。高田专修寺[⑤]模仿觉如《本愿寺圣人亲鸾传绘》而作《高田开山亲鸾圣人传绘抄》，“关东教团不再是同朋同行的信仰共同体，就像京都本愿寺对门徒那样，高田专修寺也堕落为君临门徒之上的本山，和本愿寺相互对抗的丑恶的历史就此展开”。[⑥] 真宗本愿寺教团在莲如时期真正发展和壮大起来。净土真宗和本愿寺相继开宗和建立，至莲如时净土真宗已经形成了十派，但后世所见之兴盛的真宗本愿寺在莲如继

---

① 服部之総「蓮如と親鸞と」、『服部之総全集 14　蓮如』、福村出版、1973、25 頁。

② 服部之総「蓮如と親鸞と」、25 頁。

③ 服部之総「蓮如と親鸞と」、26 頁。

④ 据日本佛教史学者研究，实际上“本愿寺”这一寺名确实应该是在很久之后 1321 年的诉状中才首次出现。参见二葉憲香「本願寺教団の成立とその展開：宗教性喪失の一断面」、上原専禄・真継伸彦［他］『本願寺教団―親鸞は現代によみがえるか―』、40 頁。

⑤ 高田教团由亲鸾在关东的“弟子”真佛、显智等人建立，以专修寺为中心，在镰仓时期势力较大。

⑥ 服部之総「蓮如と親鸞と」、27 頁。

承宗主后才真正实现。

综上所述，在服部之总的亲鸾论中，真宗教团以亲鸾为“祖师”而立教开宗之行为无根据、不合理，而教团发展过程中所呈现的“国家主义”姿态更是与真实的亲鸾对立，即亲鸾教义在真宗产生和发展过程中已经失去了生命力。这一背离的阐释以恢复非“护国主义”、“无立教开宗之志向”的体制之外的亲鸾像为具体内容，是从根本上对真宗教团及其“堕落史”的否定。服部之总从亲鸾遭受流放的经历，主要著作《教行信证》中所宣扬的对弥陀本愿的“绝对信心”，以及弟子唯圆（1222～1289）所撰亲鸾语录《叹异抄》中的“无弟子一人”等教说中，看到了不顺从任何世间权力的理想的亲鸾形象，进而探寻以这些传统的思想资源对抗现实“反动”的真宗教团的可能性，从而迈出了反“亲鸾神话”的第一步——反抗真宗教团及其所代表的权力依附姿态。

三 服部之总的阶级分析：权贵教团对“农民”亲鸾的背离

依附统治阶级的真宗教团与站在“农民”立场上的亲鸾之间的矛盾，是亲鸾论提出的另一大悖论。服部之总运用阶级分析这一唯物史观的重要方法，描绘站在底层民众立场上的亲鸾，试图从中发掘战后“宗教改革”的承担者，包括特定历史条件下的“农民”、女性等一切被压迫阶层。服部之总之所以将“宗教改革”的希望寄托于民众，是因为他关注到这一现实：尽管战后民主化改革施行后，一系列民主化、自由主义化路线指导下的新宗教政策随之出台，“一反明治维新以来延续的国家主义路线”[①]，足以称之为日本“宗教改革”的民主主义、信教自由的新局面，但这并非借由“日本佛教主体的努力”获得的，而

① 柏原祐泉『日本仏教史　近代』、256頁。

是一种“战败的代价”[①]。因此，面对“压制、耸立在一切（呼吁教团改革）的声音和人之上的本愿寺大寺院”，服部之总认为需要追寻“谁是教团的改革者”这一问题。[②]

服部之总从底层民众的立场上阐释亲鸾宗教。他接着三木清的“宗教真理”论[③]而继续谈“特定历史范围内”的“宗教真理”，即在现代意义上的科学进入民众的视野之前，亲鸾的宗教对于他们来说意味着唯一、绝对的“真理”：

> 对于亲鸾、圣·弗朗西斯、惠信尼和人世间永远看不到解放条件的封建农奴来说，宗教是自己和自己拥有的世界的唯一科学、哲学、思想和真理。在这一意义上，亲鸾传递的宗教真理不应同科学的谬误做对比，更何况科学的真理？亲鸾宗教的真理是唯一、绝对的真理。只有凭借世界史的自觉、人类史的广阔性的一以贯之的思索，将最广泛、最下层的多数者——农民和女性放置于主体的位置，才能够做到这一点。[④]

这一“真理”之所以能够成立，是因为亲鸾自身便站在所处时代的底层民众——农民和女性的立场上。服部之总在此处论述的亲鸾宗教的真理性，与其说是结合历史时代和社会背景的客观考量，不如称之为具有唯物论史学特色的“站在底层民众角度上”的论述更为恰当。这种意识从他对亲鸾的历史意识的表现——末法观的论述中也能够捕捉到。他认为亲鸾的末法观产生于客观的社会存在，即日本封建时代的底

---

① 吉田久一『近現代仏教の歴史』、筑摩書房、1998、243 頁。

② 服部之総「あまえしんのありか」、服部之総『服部之総全集 15　文学と宗教』、福村出版、1973、205 頁。

③ 在《亲鸾》的“宗教的真理”一节，三木清提出宗教有与科学、哲学性质不一的真理，并通过经文的客观性、《大无量寿经》的超越性、现实性和“自信教人信”的普遍性等层面分析了亲鸾宗教的真理性。参见三木清「親鸞」、住谷一彦編『近代日本思想大系 27　三木清集』、筑摩書房、1975、437-440 頁。

④ 服部之総「三木清と『親鸞』」、37 頁。

层人士——农奴、女性的“绝望”的苦难。“在客观上，同封建的农奴和女性在世间绝望的存在状态互为表里，在主观上，贯穿着作为世界人的世界史的自觉（这一世界史的自觉也被覆盖着世界的封建实在所支配）。”[①] 因此，服部之总从具体历史阶段中的人民的立场理解亲鸾宗教，并有意识地将其纳入中世封建压迫的框架。

具体而言，书写作为“农民”的亲鸾形象是服部之总亲鸾论的出发点，主要通过对亲鸾及其妻子、信徒的阶级分析完成。在《亲鸾笔记》“第一版序言”的开端，服部之总便划定范围：“在本书中，我要把亲鸾从寺庙中取出来，使其远离西欧风寺庙般的日本‘哲学’的桎梏，放在农民的旁边——这正是亲鸾生前所在的地位。”[②] 首先，亲鸾信徒的阶级基础决定着“亲鸾自始至终都和农民站在一起”。[③] 服部之总分析，“（亲鸾）所处的平安末期、镰仓初期有（与西欧宗教改革时期相对应的）罗马、教皇、持有庄园的僧团和贵族、毒蛇般缠绕的高利贷者，农民在他们那里受到令人绝望的阶级和身份压迫”，处于如此阶级对立之中的亲鸾“在和师父法然一起被流放的过程中，被自己成长之地——充满了贵族、法王、荣华和名望的罗马流放，来到了支撑起上述阶层的底层农民身边”。[④] 服部之总根据亲鸾的妻子惠信尼留下的遗文推断，亲鸾被流放到越后国之后，离他最近的是拥有供差遣的下人的富农。[⑤] 1211年亲鸾被赦免后，没有多久便离开越后，自1214年开始在常陆国笠间郡的稻田草庵居住，[⑥] 一直到1235年才回到京都。服部

① 服部之総「三木清と『親鸞』」、36頁。

② 服部之総『親鸞ノート　正編』、9頁。

③ 服部之総「日本における宗教改革の神学の前件」、服部之総『親鸞ノート　正編』、85頁。

④ 服部之総「日本における宗教改革の神学の前件」、92頁。

⑤ 服部之総「日本における宗教改革の神学の前件」、87頁。

⑥ 关于亲鸾自越后去往常陆的原因，尚无足够的史料，故而存在不同的说法。服部之总认为，常陆国有大量从北陆来到此处垦荒的农民，亲鸾因为与其中越后农民的联系而来到此处。除服部之总这一推论外，还包括以下几种观点：常陆稻田有亲鸾的妻子惠信尼的父亲三善为教的领地；亲鸾为写作《教行信证》须参考“一切经”而来到稻田，这里存有“宋版一切经”。参见服部之総「日本における宗教改革の神学の前件」、89頁；杨曾文《日本佛教史》，第252页。

之总认为，常陆国的亲鸾信徒主体是从越后移居过来垦荒的“新百姓”，而这些新百姓“相比本百姓①更加受人轻视，遭受着如部落民般不公正的待遇”。②

其次，亲鸾是被统治阶级，而非战时被利用的“战时体制版”统治阶级。服部之总依据亲鸾的真笔“让状”③ 推论，“让状”中的“末女”就是指亲鸾的女儿觉信尼，这封亲笔信传递的信息是亲鸾将自己的亲女儿卖给他人；他在这一推论的基础上指出，年老的亲鸾是“到了卖女儿地步”的“无产”的亲鸾。因而亲鸾绝非本愿寺教团宣称的出身高贵，而是“和常陆的从北越移居的农民、下人、新百姓一起生活”、同“无产者”站在一起的人。并且亲鸾的妻子惠信尼也不是通常所说的越后豪族三善为教的女儿，服部之总认为她也是农民出身，并且很可能是“豪族武士家的侍女”④。“从越后到关东时期陪伴亲鸾、同信徒一起留在关东从此生别的亲鸾最后的妻子惠信尼，不是当时的统治阶层武家出身，更不是本愿寺传说中的公卿出身，从她的姓和名都不明确

---

① 主要指江户时代负担年贡的阶层，是被登录在“检地帐”上的农民。服部之总指出，亲鸾时的日本已经步入庄园制的崩坏期，本百姓分解为下作（直接耕种的百姓）、小作、又作职（小作的小作，农村的最下层阶级）等阶层，前述新百姓便是此处的又作职。参见服部之総「いわゆる護国思想について」、143-145 頁。

② 服部之総「日本における宗教改革の神学の前件」、89 頁。服部之总提出上述推论是因为他接受了友人樱井武雄的观点。樱井家是茨城县石冈市有名的亲鸾旧迹——恋濑村中同亲鸾存在联系的居处，据称，这里是历史上亲鸾往返于常陆的稻田和鹿岛时经常居住的地方。在 1947 年 1 月发表的《加波山》中，服部之总认为常陆信徒主要是“像樱井家族一样的豪农”，这一观点遭到樱井武雄的反驳。在同年 5 月发表的《日本宗教改革的神学准备》中，服部之总结合友人樱井武雄的观点，引用《叹异抄》第十三条的内容，更改了其论述：“在海边撒网、以打渔为生”的水乡贫民，也是操着越后口音努力开垦的自耕农；“在田野和山间狩猎、捕鸟为生”的、在自力圣道门中被视为不可救济的稻田和山岳地带的猎人，他们正因为献出了自己田地上的所有财物而陷入贫穷，所以才愿意从事这种具有惩罚性的职业。也就是说，《叹异抄》中讲述的“善恶乃宿业”，“要一心一意皈依弥陀本愿”不是亲鸾停留于“谛观”的表达，而是包含了他在常陆、越后的切实体验。由此服部之总最终得出了常陆信徒是最底层贫农的结论。参见杨曾文《日本佛教史》，第 252 页；服部之総「加波山」、『服部之総全集 12』、福村出版、1973、33 頁。

③ 日文为“譲状”，出自亲鸾 1243 年 12 月 21 日的真笔“ゆずりわたすいやおんなこと”。信中显示，亲鸾将“いやおんな”作为赎金送给照阿弥陀佛，いやおんな被照阿弥陀佛作为仆人交给了东女房。“いやおんな”的身份存疑，服部之总提出亲鸾女儿觉信尼之说。

④ 服部之総「いわゆる護国思想について」、129 頁。

这一点来看，与她的书信中流露出的朴素诚实的语言互为表里，惠信尼也是不折不扣的农民出身。”[①] 由此，服部之总完成了对亲鸾阶级构成的分析。“从此亲鸾娶妻生子，已经体验到骨肉相连、得不到救济的农民的脉搏”，亲鸾的宗教体验建立在被支配者——农民的基础之上。亲鸾的形象、其信仰的立场完完全全同日本中世的农民紧密联系在一起。

以上述阶级分析为基础，服部之总提出亲鸾同依附世俗强权的真宗教团之间的立场对立。在分析亲鸾重要的社会实践——善鸾事件时，服部之总指出其背景是关东地区长期存在的自称亲鸾教义“正统”的异端派，“亲鸾为了对抗异端、保护正信之徒，自建长四年以来教说以无义为义的闻信之道”。[②] 亲鸾将这些异端“同‘领家、地头、名主的处置’[③] 深刻地联系在一起”[④]，即亲鸾在书信中呈现了视这些支配者为恶的判断坐标。因此服部之总认为，善鸾事件的本质是同“百姓”站在一起的亲鸾与同世俗强权站在一起的善鸾之间的矛盾和对立。善鸾将“借助领家、地头、名主的强权势力传播佛法”假传为亲鸾的方针，在关东地区传播所谓亲鸾深夜秘密传授给他一人的“他力中的他力”。是故亲鸾同善鸾断绝了关系，这也是同“背理”的宗教、“借助世俗势力的强权教团”的一种斗争。但亲鸾死后，以善鸾为代表的异端势力在真宗教团内仍在发展，而这一现象正是唯圆的《叹异抄》之“叹异”的激烈性所在。接受了亲鸾正统教义的唯圆激烈批判的“不只是‘异安心’，还有奉‘异安心’为教义、在现实中构筑起来的教团的存在”。[⑤] 如是，“作为农业者”“在最下层农民中”的亲鸾，面对教团这

---

① 服部之総「三木清と『親鸞』」、21頁。

② 服部之総「いわゆる護国思想について」、137頁。以无义为义，义即“はからい”，意为判断善恶、处理事情，修行者如果为“义”便是自力，但亲鸾教导的他力是信乐本愿、必定往生，所以无义；闻信，听闻佛的誓愿且不怀疑。

③ 此处为服部之总所引用的亲鸾书信原文，原意为领家、地头、名主通过禁止念佛等手段处置念佛者。参见名畑応順・多屋頼俊校注『日本古典文学大系 82　親鸞集』、岩波書店、158頁。

④ 服部之総「いわゆる護国思想について」、140頁。

⑤ 服部之総「『嘆異抄』の異の本質」、服部之総『服部之総全集 15　文学と宗教』、177頁。

一“寄生者”，才有其纯粹且激烈的僧团批判教义。[①]

此外，服部之总从解读亲鸾的“女性往生观”入手，批判真宗乃至佛教思想中关于女性的不合理教义，其出发点是日本战后的所谓历史“健忘症”现象。“高唱佛法僧、将僧人捧上最高位的思想体系，将女人贬低为动物一样的非理性存在。对被歧视女性自我厌恶、尊僧、崇佛感到不可思议的人，是不了解神权天皇制时代的人吗？这不过是在战败后就得了健忘症的人。”[②] 由此，服部之总首先揭示了佛教教义中压榨、歧视女性的诸多理论，如“五障三从”[③]，而觉如之子存觉（1290~1373）和莲如的教义中均充斥着上述观点。存觉著《女人往生闻书》，广泛引用经文以表达“佛道修行专为男子的课题，女子是修行的障碍”；莲如的《御文章》中同样多次论及“五障三从”说。[④] 在服部之总看来，佛教教义中对女性的严防本质上是历史上男性专制的体现，是“男子专制的社会、专制的支配阶层的分身僧侣”塑造的结果。[⑤] 与上述压迫女性的教义相对立，服部之总从“祖师”亲鸾的教义中找到了男女平等的思想资源：亲鸾的“女性往生观”内含于“十方众生”皆可开悟的平等性，往生的一切限定条件在亲鸾宗教面前均被具有绝对性的标准——对本愿的“信心”所打破，“第十八愿中当然包含女人”。[⑥] 其次，亲鸾在《高僧和赞》《净土和赞》中提及的使女子成佛的第三十

① 服部之総「『嘆異抄』の異の本質」、184 頁。

② 服部之総「女人往生の論理」、『服部之総全集 15　文学と宗教』、186 頁。

③ 五障三从，即五障和三从。五障指“女人之身具五种障碍”，不能成为梵天王、帝释、魔王、转轮王、佛；三从指女性幼年从亲、婚后从夫、年老后从子，又称三监、三隔。服部之总指出，女性在这一理论中“最终失去了主体性，不能发菩提心，流转于三界、难断恩爱被归为女性本身具有的性质，连成为梵天王、帝释、魔王、转轮王乃至佛身的资格都没有”。比将修行归于男性专属的“五障三从”更进一步的是将女子看作修行之“大敌”的诸多论述，在这一逻辑内，女性在本质上便罪恶深重，是妨碍男子修行的“女贼”。参见丁福保编《佛学大辞典》，上海书店出版社，1991，第 571 页；服部之総「女人往生の論理」、189 頁。

④ 服部之総「女人往生の論理」、194-195 頁。

⑤ 服部之総「女人往生の論理」、189 頁。

⑥ 服部之総「女人往生の論理」、195 頁。

五愿[①]给予女性成佛的途径，使她们也能到达没有阶级的极乐世界，从而在实质上否定了包含压迫女性教义的僧团。由此，“祖师”信仰中的女性解放观和扭曲这一原始信仰的僧团的对立在其中清晰可见。

综上所述，亲鸾的“农民”形象是服部之总的阶级分析图式的核心，它与依附“领家、地头、名主”等统治权力的真宗教团相对置。以“农民”为核心着力点的亲鸾像，既体现出服部之总个体对家乡农村信徒的切身关怀意识，也是“站在人民的立场上”研究日本历史这一日本战后初期进步史学特征的表现。亲鸾宗教中体现的“不屈服于来自国家或同国家一体化的旧佛教的种种弹压，仍贯彻其以民众为中心的立场”[②] 的“镰仓新佛教”趋势，在教义中表现为简化修行方法、主张对弥陀本愿的绝对信心，从而吸引了大批农民、渔民等民众，[③] 再加上真宗地方寺院在发展过程中便扎根于农村，这些因素均为服部之总阐述作为“农民”的亲鸾形象提供了现实和思想基础，并通过唯物史观的阶级分析等方法得到具体解释。如上所述，服部之总关注亲鸾的“立场”，实际上其中隐含着他探索自身所信赖的战后改革主体的意识。对于服部之总来说，阐明亲鸾“同农民站在一起”[④]，同时也是在阐明亲鸾“同共产主义者站在一起”，进而以回归“祖师”思想的原点为桥梁，支撑起对近代真宗教团的批判、对战后教团改革的设想。

结　语

服部之总的亲鸾论通过唯物史观的亲鸾研究，寻求战后日本宗教问题的“破局之道”。他揭示真宗教团对“祖师”的多层背离，将代表农

① 第三十五愿，指阿弥陀佛四十八愿中的第三十五愿，其内容包括通过发愿，使女性抛弃女身，变为男性，从而得到救济。参见丁福保编《佛学大辞典》，第461页。

② 〔日〕末木文美士：《日本佛教史：思想史的探索》，涂玉盏译，上海古籍出版社，2016，第92页。

③ 杨曾文：《日本佛教史》，第267页。

④ 服部之総「真宗教団に與う—大谷光照氏の『蓮如』読後感に答えて—」、『服部之総全集15　文学と宗教』、225頁。

民、具有纯粹信仰的亲鸾与趋附权贵、作为组织的真宗教团二元对立，实际上是对“虚假”与“神话”包裹着的近代权力体制的清算。故而尽管在追溯传统、还原信仰的原点等路径上，亲鸾论与西欧的文艺复兴或宗教改革呈现出一定的相似性，但服部之总的落脚点并非“复兴”亲鸾教义本身，而在于对现实真宗教团的改革诉求。对于服部之总来说，他所面对的亲鸾宗教的“异端”实体是在近代日本走上侵略的过程中，始终没有挣脱出“王法为本”“真俗二谛”框架的真宗教团及其极端的皇国佛教形象，还有教团体制内遗留的血脉相承的法主制、等级制和腐败的捐募行为等问题。从上述意义来说，亲鸾论是日本战后初期特殊背景下的产物，它对“此岸”的净土真宗教团展开批判，从而开启了实证的“祖师”思想和社会实践研究。这是唯物史学注重实践问题之特点所在，其中也满溢服部之总个人的现实关怀意识。

服部之总的亲鸾论是战后初期日本马克思主义者宗教批判的代表，他的宗教认识的转变也是其中一个鲜明的实例。从整体上说，这一时期日本的马克思主义者不再如20世纪30年代的反宗教运动一般，从理论和实践上彻底否定宗教，而是在宗教认识上呈现出区别宗教信仰与宗教体制的倾向，将宗教批判的重心限定在后者的范围内。也就是说，在国际上和平民主势力发展、日本国内开启民主化改革等形势之下，他们调整了战前的无神论斗争，主张在坚持无神论的前提下，了解并尊重民众个体的信仰自由。同时，将批判的对象由全体宗教转移至与国家权力勾连的宗教组织，重视揭露后者的反动性。在客观上，这种转变适应了当时日本的宗教现状和民众的信仰需求。服部之总的亲鸾论既构成了其中的一部分，也具有不可忽视的影响力。

服部之总是日本战后首个系统论述亲鸾的学者，作为马克思主义者，他对亲鸾的诸多新阐释、提出的问题点给战后的日本佛教史研究带来了长足的影响。诸多佛教史领域的学者，如家永三郎、赤松俊秀、二叶宪香等人在其影响下展开了充分的讨论。与此同时，真宗教团在服部之总的“唯物论的亲鸾像”和教团批判的冲击下开展自我改革，主要标志是1948年真宗大谷派内部的真人社运动。但是，随着日本史学界对“战后历史学”的检讨，服部之总所提示的将民众的亲鸾与代表权力体制的真宗教团截然对立的分析方式受到挑战。故而对照今日日本佛教教团的动向，如何在理解与继承服部之总亲鸾论的方法和内容的基础上进一步反思及检讨，仍然是极为关键的课题。

（审校：陈　祥）

集刊 Collection of Japanese Studies
Volume 11, Issue 1
June 2024

Table of Contents & Abstracts

· Special Topic: Japanese Post-War Cultural Studies ·

A Comparative Study of Japanese Geino Culture from the Perspective of East Asia

Abstract: Geino culture is an important component of Japanese culture and an important cultural soft power resource for enhancing Japan's national image. The interdisciplinary and transnational comparative study of Japanese geino culture has been the main method adopted in the study of Japanese geino culture since World War II. This article interprets the historical material "Kawahara Scroll" and sorts out the relationship between the discriminated masses of the main inheritors of Japanese geino culture before modern times and the Chinese Pangu Mythology. It also explains the necessity of strengthening the research on the background of Japanese geino culture from the perspective of East Asia. We hope that such typical case studies can not only deepen the comparative study of Japanese geino culture, but also contribute to a more diverse understanding of the characteristics of Japanese culture.

Keywords: East Asian Perspective; Japan; Geino Culture; Discriminated Mass; Comparative Study

Psychoculturological Approach to Japanese Studies

Shang Huipeng / 12

Abstract: Psychoculturology provides a model to grasp people as a whole with the two core concepts of "Psychosocial Homeostasis" and "Human Constant" ("jen" in Chinese), The conceptual tools of Psychoculturology refers to the cognitive experience of "people" (jen) in Chinese and Japanese culture and the research results of scholars in the two countries. It takes the Japanese as a subtype of "people" in the overall model— the "Yuan-jen", and discusses the characteristics of the Japanese Human Constant in the four dimensions of group, exchange, emotional control and self-cognition. The psychoculturological approach to "Japanism" (nihonrasisa) is not out of date today, as it provides a persuasive explanation for how Japan quickly integrated into modern civilization, the cultural identity of the Japanese people, and the particular problems that arose in the modernization process of Japanese society.

Keywords: Psychoculturology; Japanese Studies; Human Constant; The Contextual; The "Yuan-jen"

The Application of Picture Historiography in the Study of Japanese Culture

Zhang Jianli / 24

Abstract: The situation of Japanese cultural studies as well as the evaluation of the Japanese ethnic group is often changed due to the rise and fall of Japan's national strength. The three intensive discussions on Japanese cultural research methods in the late 1980s, late 1990s and late 2020s are also closely related to the economic development of Japan. To a certain extent, the study of Japanese culture varies according to the country and the cultural background. Methods such as interdisciplinary and transnational comparative research have been proposed for a long time, but the concrete implementation needs to be detailed. Objects and images left over from history are not only the form of cultural expression, but also an aspect of historical generation and exhibition. With the further study of cultural history, it has become a new trend to explore the historical significance and cultural value of objects and images themselves. From the "Historical theory of painting" and "Culturology of custom painting" proposed by Japanese scholars to the theory of picture historiography based on Chinese historical and cultural experience proposed by Chinese scholars in recent years, it can be said that it is a theoretical method of interdisciplinary research that comes into being for deepening the study of Japanese culture.

Keywords: Japanese Cultural; Historical Theory of Painting; Culturology of Custom Painting; Picture Historiography; Interdisciplinary Research

· Historical Research ·

Taoism and Ancient Japanese Politics

Abstract: Taoism is an indigenous Chinese religion with the highest belief in ultimate pursuit of immortality. Elements of Taoism were introduced to Japan before the Han and Wei dynasties. The earliest introduction of

Chinese culture and thought into Japan and the one that had the greatest influence on Japanese politics before the 7th century was Taoism, which had impact on a series of political reforms implemented in Japan in the 7th century, the formation of the "Three Sacred Treasures" in ancient Japan, the establishment of the emperor system and the construction of Fujiwara-kyō. Taoism provided an important ideological and theoretical instrument for the establishment of the emperor system with centralized state power in ancient Japan. Like Sinicized Buddhism and Confucianism, Taoism also had a significant influence on the developing process of politics and cultural thought in ancient Japan.

Keywords: Taoism; *The Book of Changes*; Taoist Philosophy; Ancient Japanese Politics; The Emperor System

In Search of *Black Tide Monthly*

Abstract: Regardless of various difficulties, Lu Youbai encouraged by the May Fourth movement created *Black Tide Monthly* in Shanghai in August 1919 whose columns were composed of comment, monograph, literature and document with the goal to awaken the masses to protect China's territory and sovereignty. A lot of papers from some scholars including Guo Moruo, Xie Jinqing and Dai Jitao were published in this academic journal to analyze the Sino-Japanese relationship, to predict the general trend of the Eastern Asia conditions, and to dissect Japan's domestic problems such as politics, economy, army, culture, education and religion dependent on rich materials in Japanese as well as personal experiences in Japan. There were some different opinions among the articles of this journal on how to resist Japan's invasion. Although *Black Tide Monthly* had to terminate after three issues in January 1920 for lack of fund, it was the first academic journal to focus on Japan since 1912, playing a breakthrough role in the Japan research's specialization, subjectization and systematization in Modern China.

Keywords: Lu Youbai; *Black Tide Monthly*; Japan Research; Role

The Shogunate's "Procurement" from China during the Tokugawa Yoshimune Period

Abstract: In the literature of the Tokugawa shogunate, the goods purchased and technologies imported by the shogunate and its leaders are referred to as "goyobutsu". After Tokugawa Yoshimune came to power, facing a financial crisis, the shogunate implemented the so-called "Kyoho reform". One of the important features of the reform is "opening up resources and reducing costs". This characteristic was also reflected in the shogunate's trade with China during this period. In terms of so-called "goyo" consumer goods, its procurement from China has shown a "thrifty" characteristic. For example, purchasing calligraphy and painting works is not about focusing on rare and authentic works, but directly purchasing imitations. The greater characteristic of the shogunate's "procurement" from China during the Tokugawa Yoshimune period was the inclusion of technology obtaining in commodity procurement. The shogunate obtained the seeds of some medicinal herbs and the technology of brewing sugar through means such as issuing imperial edicts and using trade tokens as a threat. Especially the introduction of sugar making technology had a profound impact on agriculture and economy during the Tokugawa period. Of course, in the process of the shogunate's attempt to acquire advanced technology, Chinese merchants also adopted indirect methods to partially protect their own technology.

Keywords: Tokugawa Yoshimune; Kyoho Reform; Goyobutsu Procurement; History of China-Japan Trade History

Sun Tzu's Art of War and the Japanese Shogunate's Response to "Military Anxiety" in the Late Period

—Centered on Sakuma Syōzan and Yoshida Shōin

Wang Qiming / 124

Abstract: Under the crisis at the end of the Tokugawa shogunate in Japan, Sakuma Syōzan and Yoshida Shōin were anxious about the modernization of military science, and *Sun Tzu's Art of War* became a major ideological resource for them to explore the way forward. They recognize the shortcomings of Japan's armed forces during the Edo period and armchair strategy. To this end, Syōzan devoted himself to writing books and theories and personally experimented with Western artillery and other practices, and in the process formed a response logic based on "know the enemy and know yourself". After the "black ship incident", Shōin was also deeply shaken. His views on *Sun Tzu's Art of War* were close to those of his teacher, Syōzan, and he was responsible for the implementation of the epoch-setting "Sailing off Shimoda" operation, which added a key link to the logic of "using spies". As a public product of East Asian thought before modern times, *Sun Tzu's Art of War* provided theoretical reference and methodological guidance for coping with the changes of The Times, while the interpretation and practice characteristics of the visionary of the end of the shogunate also showed the unique orientation of Japan towards foreign cultures and the evolution curve of Chinese military art outside the region.

Keywords: *Sun Tzu's Art of War*; Sakuma Syōzan; Yoshida Shōin; "Sailing off Shimoda"

Understanding Japan in World History: The History of the Founding of Nishijima Sadao's "East Asian World" Theory and the Genealogy of Its Arguments

Abstract: Nishijima Sadao was one of the most influential historians in Japan in the mid to late twentieth century, and his "East Asian World" theory was an important effort to build a new world history image in the Japanese academy. The dilemmas and realities of Japanese historiography in the early postwar period nourished Nishijima's problem awareness of constructing a new world history image. With this problem awareness, Nishijima studied the economic history of China, the staging of Chinese history, and the structure of the state in the Qin and Han dynasties, and then proposed the theory of "investiture system". This was an opportunity for Nishijima to concretize the vision of the East Asian world in Japanese academy, culminating in the "East Asian World" theory. At the end of the twentieth century, with the decline of the grand "theory of history", the "East Asian World" theory has given rise to arguments on two trends: "destabilization" and "decentering". These arguments are the concretization of the paradigm shift in historiography and have enriched our understanding of the "East Asian World" theory, but the problem awareness and theoretical value of the "East Asian World" theory still deserve to be re-understood in order to provide a reference for the development of Chinese historiography.

Keywords: Nishijima Sadao; Japanese Historiography; Investiture System Theory; "East Asian World" Theory; Theory of History

· Literary Research ·

The Ancient Japanese Acceptance of Tang Fu

—Centered on the Tang Fu Lines Collected in *Wakanroueishu* and *Shinsenroueishu*

Feng Mang / 168

Abstract: The *Wakanroueishu* and *Shinsenroueishu* are two anthologies written in the middle and late period of Ping'an, which contain a lot of Tang Fu sentences. Different from the general understanding that Ping An literature was deeply influenced by Bai Juyi, Bai's Fu was not picked up in the *Wakanroueishu*, and only one sentence was picked up in the *Shinsenroueishu*, which reflects that the view of Fu of the court aristocracies represented by Fujiwara no kintou is to abandon "lize" and take "liyin". Different from the Japanese Fu imitated by Tang Fu in the middle and early period of Ping'an, the two "Rouei Collections" reflect the characteristics of the fragmented acceptance of Tang Fu by the court aristocracies. They deconstruct it in the way of "excerpts" and reconstruct it in the way of "rouei". The process of bringing Chinese literature into Japanese literature and art was completed through the "de-confucian classics", "de-authorship" and "de-literary works" of Tang Fu.

Keywords: *Wakanroueishu*; *Shinsenroueishu*; Tang Fu; Literary Acceptance; Bai Juyi

· Thoughts Research ·

The Religious Criticism of Japanese Marxists in the Early Postwar Period: Focusing on Hattori Shiso's Shinran Theory

Zhao Wenwen / 193

Abstract: Hattori Shiso's Shinran theory is a representative of religious criticism by Japanese Marxists in the early postwar period. He revealed through class analysis and empirical research on the "soshi" of Jodo Shinshu, that the Jodo Shinshu sect of Buddhism colluding with the power system fundamentally deviates from Shinran's ideology that is consistent with the stance of farmers and advocates equality before the Primal Vow. Hattori Shiso's Shinran theory is a product of Japan's Early Postwar Period, including the settlement of war responsibilities and the democratization reform, and has a distinct color of institutional criticism. This ideology also reflects the shift in religious view among Japanese Marxists at that time—their focus shifted from irreligious struggles before the war to criticizing the religious system.

Keywords: Hattori Shiso; Shinran Theory; Marxist Historiography; Jodo Shinshu; Responsibility for the War

《日本文论》征稿启事

为了促进日本研究学科发展，2019 年日本学刊杂志社创办学术集刊《日本文论》。《日本文论》前身为日本学刊杂志社曾办学术期刊《日本问题资料》（1982 年创刊），以“长周期日本”为研究对象，重视基础研究，通过长时段、广视域、深层次、跨学科研究，深刻透析日本，广泛涵盖社会、文化、思想、政治、经济、外交及历史、教育、文学等领域。《日本文论》以半年刊的形式，由社会科学文献出版社出版发行。2023 年 1 月，《日本文论》入选“中国人文社会科学期刊 AMI 综合评价”核心集刊。2023 年 6 月，《日本文论》入选“中文社会科学引文索引”（CSSCI）（2023—2024）来源集刊和收录集刊。自创刊以来，连续 4 年被社会科学文献出版社收入“CNI 名录集刊”。期待广大海内外学界同人惠赐高水平研究成果。

一、《日本文论》将以专题形式刊发重大理论研究成果；注重刊发具有世界和区域视角、跨学科和综合性的比较研究，论证深入而富于启示意义的成果；注重刊发应用社会科学基础理论的学理性文章，特别是以问题研究为导向的创新性研究成果。

二、本刊实行双向匿名审稿制度。在向本刊提供的稿件正文中，请隐去作者姓名及其他有关作者的信息（包括“拙著”等字样）。可另页提供作者的情况，包括姓名、职称、工作单位、通信地址、邮政编码、电话、电子邮箱等。

三、本刊只接受电子投稿，投稿邮箱：rbyjjk@ 126. com。

四、论文每篇不低于 1 万字。请附 200~300 字的中文及英文摘要和 3~5 个关键词。稿件务请遵守学术规范，遵守国家有关著作、文字、标点符号和数字使用的法律及相关规定，以及《日本学刊》现行体例的要求（详见日本学刊网 http：//www. rbxk. org）。

五、切勿一稿多投。作者自发出稿件之日起 3 个月内未接到采用通知，可自行处理。

六、本刊不收版面费。来稿一经刊出即付稿酬（包括中国学术期刊电子版和日本学刊网及其他主流媒体转载、翻译部分）和样刊（1 册）。作者未收到时，请及时垂询，以便核实补寄。

图书在版编目(CIP)数据

日本文论. 2024年. 第1辑: 总第11辑 / 吴怀中主编. -- 北京: 社会科学文献出版社, 2024.6. -- ISBN 978-7-5228-3806-9

Ⅰ. K313.07-53

中国国家版本馆 CIP 数据核字第 2024CB8342 号

日本文论 2024年第1辑(总第11辑)

主　　编 / 吴怀中

出 版 人 / 冀祥德
组稿编辑 / 祝得彬
责任编辑 / 郭红婷
责任印制 / 王京美

出　　版 / 社会科学文献出版社 · 文化传媒分社 (010) 59367004
地址: 北京市北三环中路甲29号院华龙大厦　邮编: 100029
网址: www.ssap.com.cn
发　　行 / 社会科学文献出版社 (010) 59367028
印　　装 / 唐山玺诚印务有限公司

规　　格 / 开 本: 787mm×1092mm　1/16
印 张: 14.25　字 数: 213千字
版　　次 / 2024年6月第1版　2024年6月第1次印刷
书　　号 / ISBN 978-7-5228-3806-9
定　　价 / 68.00元

读者服务电话: 4008918866